Informatik—Fachberichte

Band 142: H.-J. Novak, Textgenerierung aus visuellen Daten: Beschreibungen von Straßenszenen. XII, 143 Seiten. 1987.

Band 143: R. R. Wagner, R. Traunmüller, H. C. Mayr (Hrsg.), Informationsbedarfsermittlung und -analyse für den Entwurf von Informationssystemen. Fachtagung EMISA, Linz, Juli 1987. VIII, 257 Seiten. 1987.

Band 144: H. Oberquelle, Sprachkonzepte für benutzergerechte Systeme. XI, 315 Seiten. 1987.

Band 145: K. Rothermel, Kommunikationskonzepte für verteilte transaktionsorientierte Systeme. XI, 224 Seiten. 1987.

Band 146: W. Damm, Entwurf und Verifikation mikroprogrammierter Rechnerarchitekturen. VIII, 327 Seiten. 1987.

Band 147: F. Belli, W. Görke (Hrsg.), Fehlertolerierende Rechensysteme / Fault-Tolerant Computing Systems. 3. Internationale GI/ITG/GMA-Fachtagung, Bremerhaven, September 1987. Proceedings. XI, 389 Seiten. 1987.

Band 148: F. Puppe, Diagnostisches Problemlösen mit Expertensystemen. IX, 257 Seiten. 1987.

Band 149: E. Paulus (Hrsg.), Mustererkennung 1987. 9. DAGM-Symposium, Braunschweig, Sept./Okt. 1987. Proceedings. XVII, 324 Seiten. 1987.

Band 150: J. Halin (Hrsg.), Simulationstechnik. 4. Symposium, Zürich, September 1987. Proceedings. XIV, 690 Seiten. 1987.

Band 151: E. Buchberger, J. Retti (Hrsg.), 3. Österreichische Artificial-Intelligence-Tagung. Wien, September 1987. Proceedings. VIII, 181 Seiten. 1987.

Band 152: K. Morik (Ed.), GWAI-87. 11th German Workshop on Artificial Intelligence. Geseke, Sept./Okt. 1987. Proceedings. XI, 405 Seiten. 1987.

Band 153: D. Meyer-Ebrecht (Hrsg.), ASST'87. 6. Aachener Symposium für Signaltheorie. Aachen, September 1987. Proceedings. XII, 390 Seiten. 1987.

Band 154: U. Herzog, M. Paterok (Hrsg.), Messung, Modellierung und Bewertung von Rechensystemen. 4. GI/ITG-Fachtagung, Erlangen, Sept./Okt. 1987. Proceedings. XI, 388 Seiten. 1987.

Band 155: W. Brauer, W. Wahlster (Hrsg.), Wissensbasierte Systeme. 2. Internationaler GI-Kongreß, München, Oktober 1987. XIV, 432 Seiten. 1987.

Band 156: M. Paul (Hrsg.), GI – 17. Jahrestagung. Computerintegrierter Arbeitsplatz im Büro. München, Oktober 1987. Proceedings. XIII, 934 Seiten. 1987.

Band 157: U. Mahn, Attributierte Grammatiken und Attributierungsalgorithmen. IX, 272 Seiten. 1988.

Band 158: G. Cyranek, A. Kachru, H. Kaiser (Hrsg.), Informatik und „Dritte Welt". X, 302 Seiten. 1988.

Band 159: Th. Christaller, H.-W. Hein, M. M. Richter (Hrsg.), Künstliche Intelligenz. Frühjahrsschulen, Dassel, 1985 und 1986. VII, 342 Seiten. 1988.

Band 160: H. Mäncher, Fehlertolerante dezentrale Prozeßautomatisierung. XVI, 243 Seiten. 1987.

Band 161: P. Peinl, Synchronisation in zentralisierten Datenbanksystemen. XII, 227 Seiten. 1987.

Band 162: H. Stoyan (Hrsg.), Begründungsverwaltung. Proceedings, 1986. VII, 153 Seiten. 1988.

Band 163: H. Müller, Realistische Computergraphik. VII, 146 Seiten. 1988.

Band 164: M. Eulenstein, Generierung portabler Compiler. X, 235 Seiten. 1988.

Band 165: H.-U. Heiß, Überlast in Rechensystemen. IX, 176 Seiten. 1988.

Band 166: K. Hörmann, Kollisionsfreie Bahnen für Industrieroboter. XII, 157 Seiten. 1988.

Band 167: R. Lauber (Hrsg.), Prozeßrechensysteme '88. Stuttgart, März 1988. Proceedings. XIV, 799 Seiten. 1988.

Band 168: U. Kastens, F. J. Rammig (Hrsg.), Architektur und Betrieb von Rechensystemen. 10. GI/ITG-Fachtagung, Paderborn, März 1988. Proceedings. IX, 405 Seiten. 1988.

Band 169: G. Heyer, J. Krems, G. Görz (Hrsg.), Wissensarten und ihre Darstellung. VIII, 292 Seiten. 1988.

Band 170: A. Jaeschke, B. Page (Hrsg.), Informatikanwendungen im Umweltbereich. 2. Symposium, Karlsruhe, 1987. Proceedings. X, 201 Seiten. 1988.

Band 171: H. Lutterbach (Hrsg.), Non-Standard Datenbanken für Anwendungen der Graphischen Datenverarbeitung. GI-Fachgespräch, Dortmund, März 1988, Proceedings. VII, 183 Seiten. 1988.

Band 172: G. Rahmstorf (Hrsg.), Wissensrepräsentation in Expertensystemen. Workshop, Herrenberg, März 1987. Proceedings. VII, 189 Seiten. 1988.

Band 173: M. H. Schulz, Testmustergenerierung und Fehlersimulation in digitalen Schaltungen mit hoher Komplexität. IX, 165 Seiten. 1988.

Band 174: A. Endrös, Rechtsprechung und Computer in den neunziger Jahren. XIX, 129 Seiten. 1988.

Band 175: J. Hülsemann, Funktioneller Test der Auflösung von Zugriffskonflikten in Mehrrechnersystemen. X, 179 Seiten. 1988.

Band 176: H. Trost (Hrsg.), 4. Österreichische Artificial-Intelligence-Tagung. Wien, August 1988. Proceedings. VIII, 207 Seiten. 1988.

Band 177: L. Voelkel, J. Pliquett, Signaturanalyse. 223 Seiten. 1989.

Band 178: H. Göttler, Graphgrammatiken in der Softwaretechnik. VIII, 244 Seiten. 1988.

Band 179: W. Ameling (Hrsg.), Simulationstechnik. 5. Symposium. Aachen, September 1988. Proceedings. XIV, 538 Seiten. 1988.

Band 180: H. Bunke, O. Kübler, P. Stucki (Hrsg.), Mustererkennung 1988. 10. DAGM-Symposium, Zürich, September 1988. Proceedings. XV, 361 Seiten. 1988.

Band 181: W. Hoeppner (Hrsg.), Künstliche Intelligenz. GWAI-88, 12. Jahrestagung. Eringerfeld, September 1988. Proceedings. XII, 333 Seiten. 1988.

Band 182: W. Barth (Hrsg.), Visualisierungstechniken und Algorithmen. Fachgespräch, Wien, September 1988. Proceedings. VIII, 247 Seiten. 1988.

Band 183: A. Clauer, W. Purgathofer (Hrsg.), AUSTROGRAPHICS '88. Fachtagung, Wien, September 1988. Proceedings. VIII, 267 Seiten. 1988.

Band 184: B. Gollan, W. Paul, A. Schmitt (Hrsg.), Innovative Informations-Infrastrukturen. I. I. I. – Forum, Saarbrücken, Oktober 1988. Proceedings. VIII, 291 Seiten. 1988.

Band 185: B. Mitschang, Ein Molekül-Atom-Datenmodell für Non-Standard-Anwendungen. XI, 230 Seiten. 1988.

Band 186: E. Rahm, Synchronisation in Mehrrechner-Datenbanksystemen. IX, 272 Seiten. 1988.

Band 187: R. Valk (Hrsg.), GI – 18. Jahrestagung I. Vernetzte und komplexe Informatik-Systeme. Hamburg, Oktober 1988. Proceedings. XVI, 776 Seiten.

Band 188: R. Valk (Hrsg.), GI – 18. Jahrestagung II. Vernetzte und komplexe Informatik-Systeme. Hamburg, Oktober 1988. Proceedings. XVI, 704 Seiten.

Band 189: B. Wolfinger (Hrsg.), Vernetzte und komplexe Informatik-Systeme. Industrieprogramm zur 18. Jahrestagung der GI, Hamburg, Oktober 1988. Proceedings. X, 229 Seiten. 1988.

Informatik-Fachberichte 235

Herausgeber: W. Brauer
im Auftrag der Gesellschaft für Informatik (GI)

Christiane Feder

Ausnahmebehandlung in objektorientierten Programmiersprachen

Springer-Verlag
Berlin Heidelberg New York
London Paris Tokyo Hong Kong

Autorin

Christiane Feder
Lehrstuhl für Programmiersprachen
Universität Erlangen-Nürnberg
Martensstr. 3, D-8520 Erlangen

CR Subject Classifications (1987): D.2.2, D.3.1, D.3.3, F.3.2-3

ISBN-13:978-3-540-52467-0   e-ISBN-13:978-3-642-84166-8
DOI: 10.1007/978-3-642-84166-8

CIP-Titelaufnahme der Deutschen Bibliothek.
Feder, Christiane:
Ausnahmebehandlung in objektorientierten Programmiersprachen / Christiane Feder. – Berlin;
Heidelberg; New York; London; Paris; Tokyo: Springer, 1990
  (Informatik-Fachberichte; 235)
  ISBN-13:978-3-540-52467-0

NE: GT

2145/3140-543210 – Gedruckt auf säurefreiem Papier

Vorwort

Der Begriff des Ausnahmeereignisses hat bei der Programmierung von Prozeßsystemen schon immer eine entscheidende Rolle gespielt. Dies spiegelt sich
vor allem darin wider, daß bereits frühzeitig Mechanismen für eine Ausnahmebehandlung in Sprachen zur Realzeitprogrammierung integriert wurden. Damit
hat man die Möglichkeit, auf Ereignisse zu reagieren, die zur Laufzeit eines
Programms erwartet werden, jedoch im sequentiellen Programmablauf keiner
festen Stelle zugeordnet werden können. Die Vorteile eines solchen Sprachmittels sind inzwischen über die Grenzen der Realzeitprogrammierung hinaus
anerkannt. Doch obwohl bisher viele Reaktionsmöglichkeiten auf das Eintreten
von Ausnahmeereignissen vorgeschlagen und diskutiert wurden, blieben die
formalen Aspekte der Ausnahmebehandlung weitgehend unberücksichtigt.

In diesem Buch werden nun gerade die theoretischen Eigenschaften der Ausnahmebehandlung untersucht. Dabei soll der Begriff "theoretisch" nicht etwa
negativ im Sinne einer "nicht auf die Praxis übertragbaren", sondern ganz im
Gegenteil positiv im Sinne der "exakten, eindeutigen" Darstellung verstanden
werden. Es zeigt sich nämlich, daß die - nicht exakte - Begriffswelt bisheriger
Veröffentlichungen dazu führt, daß verschiedene Autoren zwar die gleichen
Begriffe verwenden, aber Unterschiedliches meinen. Ebenso häufig werden
natürlich neue Begriffe für gleiche Sachverhalte eingeführt. Die Ursache
dieser Problematik liegt genau in den bisher fehlenden formalen Definitionen
zu den Begriffen. Hier versuche ich Abhilfe zu schaffen.

Diese Arbeit ist der Ausnahmebehandlung für objektorientierte Programmiersprachen gewidmet. Nun werden sich manche Leser fragen, warum gerade
objektorientierte Sprachen gewählt wurden. In erster Linie verwende ich
diese Sprachfamilie als Hilfsmittel zur Beschreibung der Umgebung, in der
Ausnahmen behandelt werden. Für diesen Zweck scheint sie mir, wie in
diesem Buch auch gezeigt wird, besser geeignet als alle anderen Sprachfamilien.
Die Tatsache, daß gleichzeitig ein mächtiges Ausnahmekonzept für objekt-

orientierte Sprachen entsteht, ist dagegen eher ein Seiteneffekt. Für Sprachentwickler kann das Konzept insofern von Interesse sein, als eine Ausnahmebehandlung für diese Sprachen bisher lediglich in Ansätzen vorgesehen ist.

Um dem Leser die Arbeit mit diesem Buch zu erleichtern, habe ich mich bemüht, eine verständliche und nachvollziehbare Darstellung, insbesondere der formalen Beschreibungen, zu geben. Aus dem gleichen Grund werden, neben der Ausnahmebehandlung, auch die zum Verständnis nötigen Begriffe, Eigenschaften und Sprechweisen der objektorientierten Programmierung und der Methode zur formalen Semantikdefinition vorgestellt. Ich hoffe, daß sich damit das Nachschlagen in der jeweiligen Fachliteratur erübrigt.

Bei dem vorliegenden Buch handelt es sich um meine von der Technischen Fakultät der Friedrich-Alexander-Universität Erlangen-Nürnberg im Oktober 1989 genehmigte Dissertation. Ich möchte mich deshalb an dieser Stelle bei all denen bedanken, die·zum Gelingen dieser Arbeit beigetragen haben.

Herr Prof. Dr. H. J. Schneider gab mir die Möglichkeit, diese Arbeit als Mitarbeiterin seines Lehrstuhls durchzuführen. Für die dabei gewährte Unterstützung danke ich ihm herzlich. Herrn Prof. Dr. F. Hofmann danke ich für die Übernahme des Zweitgutachtens. Meinen Kollegen Herrn K. Barthelmann, Herrn B. Hindel und Herrn Dr. P. Wilke möchte ich für das sorgfältige Korrekturlesen, die konstruktive Kritik und die engagiert geführten Diskussionen danken. Für das abschließende Korrekturlesen und das Lösen des Druckerproblems danke ich meinen Kollegen Herrn W. Behnsen und Herrn T. Küppers. Meinen Eltern gilt mein besonderer Dank für die moralische Unterstützung, die Ermutigung während der Erstellung der Arbeit und das Verständnis, das sie mir entgegenbrachten. Besonders herzlich danken möchte ich schließlich Herrn Dr. Christian Andres für das wiederholte, intensive Lesen dieser Arbeit, seine Ratschläge und seine Bereitschaft zu Gesprächen.

Erlangen, im Januar 1990   Christiane Feder

Inhaltsverzeichnis

0. Zusammenfassung

Die Erstellung komplexer und zuverlässiger Software ist ohne eine planvolle, systematische und kontrollierbare Programmentwicklung nicht möglich. Diese Tatsache wurde spätestens mit der Softwarekrise in den sechziger Jahren offensichtlich. Seitdem wird nach Mitteln gesucht, mit deren Hilfe die Programmentwicklung unterstützt werden kann. Die Ausnahmebehandlung in Programmiersprachen stellt ein Sprachmittel dar, das zur systematischen, "strukturierten" Programmierung beiträgt. Ausnahmen werden dabei als Ereignisse verstanden, die zur Laufzeit eines Programms eintreten können. Die Ausnahmebehandlung ermöglicht es, auf jedes dieser Ausnahmeereignisse mit einer individuell zugeschnittenen Bearbeitung zu reagieren.

In der vorliegenden Arbeit wird ein neuer Ansatz zur Ausnahmebehandlung vorgestellt. Bisher wurde der Integration von Ausnahmekonzepten in Programmiersprachen eine geringe Bedeutung beigemessen. Sehr wenige Programmiersprachen sehen eine Ausnahmebehandlung vor; die dabei realisierten Mechanismen sind meist nur als rudimentär zu bezeichnen. Auf eine formale Definition der Ausnahmemechanismen wird weitgehend verzichtet, an ihre Stelle tritt die umgangssprachliche Beschreibung. Dagegen beschäftigen wir uns gerade mit diesen - bisher vernachlässigten - formalen Aspekten der Ausnahmebehandlung.

Wir sind der Ansicht, daß die Ausnahmebehandlung besonders gut in objektorientierten Programmiersprachen als Strukturierungsmittel eingesetzt werden kann. Als programmiersprachlichen Rahmen, in den die Ausnahmebehandlung integriert wird, wählen wir deshalb diese Sprachklasse. Besonders interessante Aspekte für die Ausnahmebehandlung ergeben sich aus der Datenabstraktion und dem Kommunikationsverhalten objektorientierter Programme.

Die Eigenschaften des neuen Ansatzes zur Ausnahmebehandlung werden in dieser Arbeit sowohl informell als auch formal beschrieben. Eine besondere Stellung nimmt die Diskussion der Fortsetzungsmöglichkeiten nach Eintreten eines Ausnahmeereignisses und anschließender Ausnahmebearbeitung ein. Diese unterschiedlichen Möglichkeiten, den Kontrollfluß im Programm zu beeinflussen, werden systematisch untersucht. Als Ergebnis dieser Untersuchungen schlagen wir ein Gliederungsschema für Fortsetzungsmöglichkeiten vor, das bereits existierende Fortsetzungsmöglichkeiten ebenso erfaßt, wie in der vorliegenden Arbeit neu eingeführte.

Mit dem neuen Ausnahmekonzept wird erstmals in einem Ausnahmemechanismus das Einplanen von Ausnahmen vorgesehen. Es ist möglich, die Bedingung zu formulieren, unter der eine Ausnahme eintritt. Zur Laufzeit wird diese Bedingung automatisch nach jedem Methodenaufruf, d.h. nach der kleinsten Strukturierungseinheit, die in einem objektorientierten Programm Veränderungen vornehmen kann, überprüft. Falls die Ausnahmebedingung erfüllt ist, wird eine Ausnahmebearbeitung durchgeführt. Wir erläutern in diesem Zusammenhang die verfügbaren Sprachmittel zur Einflußnahme auf vorgenommene Einplanungen - wie beispielsweise das Freigeben und Sperren von Ausnahmen.

Als weitere Besonderheit des Ausnahmekonzepts ist die Möglichkeit der Ausnahmebehandlung über Prozeßgrenzen hinweg zu nennen. Die Kommunikation zwischen den Prozessen kann dabei sowohl synchron als auch asynchron erfolgen. Wir zeigen, wie sich die besonderen Prozeßeigenschaften der Nebenläufigkeit und des Prozeßzustandes auf das Ausnahmeverhalten auswirken.

Das von uns entwickelte Ausnahmekonzept zeichnet sich außerdem dadurch aus, daß eine Vielzahl von Korrektheitsprüfungen bereits zur Übersetzungszeit eines Programms durchführbar ist. Diese Prüfungen können im Rahmen der statischen Typprüfung oder Datenflußanalyse erfolgen. Damit wird zur Übersetzungszeit festgestellt, ob für jede Ausnahme, die zur Laufzeit eintreten kann, ein Ausnahmebearbeiter vorgesehen ist und ob die Sprachelemente der Ausnahmebehandlung korrekt definiert und verwendet werden.

Für die formale Definition der Eigenschaften des neuen Ausnahmekonzepts setzen wir die denotationelle Methode der Semantikbeschreibung ein. Mit dieser Methode lassen sich die Besonderheiten der Ausnahmebehandlung – die bereits erwähnten Fortsetzungsmöglichkeiten stellen ein solches Charakteristikum dar – sehr elegant und präzise formulieren.

Wir haben mit der vorliegenden Arbeit die formalen Grundlagen der Ausnahmebehandlung in objektorientierten Programmiersprachen geschaffen. Die Eigenschaften des Ausnahmekonzepts sind umfassend beschrieben und formal definiert. Aufbauend auf den Ergebnissen dieser Arbeit ist es in Zukunft möglich, die vorgeschlagenen Eigenschaften der Ausnahmebehandlung im Rahmen von Sprachneuimplementierungen oder Spracherweiterungen zu realisieren.

1. Ausnahmen und die Konsequenzen

> *"In short, exceptions and exception handling mechanisms
> are not needed just to deal with errors. They are needed,
> in general, as a means of conveniently interleaving actions
> belonging to different levels of abstraction."*

John B. Goodenough, 1975

Mit der Softwarekrise in den sechziger Jahren war deutlich geworden, daß
die Erstellung komplexer und zuverlässiger Softwaresysteme ohne eine
planvolle, systematische und kontrollierbare Programmentwicklung nicht
möglich ist.

Ende der sechziger Jahre wurden von Dijkstra, Hoare und anderen erste
Schritte unternommen, die Programmierung systematisch durchzuführen
/Dijk69/. Ziel der systematischen Programmierung ist es, die Korrektheit der
erstellten Programme nachweisen zu können. Man hatte erkannt, daß dieses
Ziel nur mit einer geeigneten Programmstruktur erreichbar ist; es wird
deshalb in diesem Zusammenhang auch von "strukturierter Programmierung"
gesprochen. Die Programmstruktur umfaßt sowohl die Struktur der dem
Programm zugrundeliegenden Daten als auch die Anweisungsstruktur.

Eine für den Nachweis der Korrektheit eines Programms geeignete Programmstruktur liegt dann vor, wenn "normierte" Sprachkonstrukte zur Beschreibung
der Daten und des Kontrollflusses eingesetzt werden, d.h. wenn die Sprachkonstrukte eine formal beschreibbare, eindeutige Semantik besitzen. Als
Beispiel für normierte Sprachelemente seien die Sequenz, die Alternative, die
Wiederholungsanweisung, aber auch Prozeduren und einfache oder zusammen-

gesetzte Datentypen genannt. Uneingeschränkte Sprunganweisungen sind dagegen im Sinne der strukturierten Programmierung nicht wünschenswert, da dann Korrektheitsbeweise nur sehr schwer durchführbar, wenn nicht sogar unmöglich sind.

Böhm und Jacopini haben gezeigt, daß jedes sequentielle Programm allein mit Sequenz, Alternative und Wiederholung formuliert werden kann /Böhm66/. Programme, die lediglich diese drei Kontrollstrukturen verwenden, werden als wohlstrukturierte Programme bezeichnet. Für den praktischen Einsatz erscheint die alleinige Verwendung obiger drei Kontrollstrukturen jedoch als zu restriktiv. Deshalb versucht man, für bestimmte, kontrollierte Verwendungen der Sprunganweisung im Sinne der strukturierten Programmierung neue Beschreibungsmittel zu finden. Als Beispiel sei der Escape-Mechanismus genannt, der es ermöglicht, Teilalgorithmen vorzeitig zu verlassen.

Auch bei der Ausnahmebehandlung in Programmiersprachen handelt es sich um ein Sprachmittel, das nicht zu den Bestandteilen wohlstrukturierter Programme zählt, aber trotzdem die strukturierte Programmierung unterstützt. Die Ausnahmebehandlung ermöglicht es, auf Ereignisse zu reagieren, die zur Laufzeit eines Programms eintreten und eine besondere Bearbeitung einleiten sollen. Der Zeitpunkt des Eintretens dieses Ausnahmeereignisses ist im allgemeinen nicht bekannt. Es steht lediglich fest, unter welchen Bedingungen das Ausnahmeereignis eintreten kann. Die Behandlung einer Ausnahme wird so durchgeführt, daß der bisherige Programmkontrollfluß nach dem Eintreten des Ausnahmeereignisses unterbrochen und mit einer speziellen Folge von Anweisungen zur Ausnahmebearbeitung fortgesetzt wird. Die Anweisung im Programm, mit der nach Abschluß der Ausnahmebearbeitung fortgesetzt wird, ist durch die Ausnahmebearbeitung bestimmt.

1.1 Ein Beispiel

Wir wollen im folgenden die Einsatzmöglichkeiten der Ausnahmebehandlung
am Beispiel einer Speicherverwaltung mit Speicherbereinigung zur Laufzeit
eines Programms erläutern.

Aufgabe der Speicherbereinigung (engl.: garbage collection) ist es, aus der
Menge aller existierenden programmiersprachlichen Objekte diejenigen heraus-
zusuchen, auf die keine Zugriffsmöglichkeiten mehr existieren. Die so ermittel-
ten Objekte werden gelöscht und ihr Speicherplatz kann zur weiteren Be-
nutzung freigegeben werden. Der Zeitpunkt der Speicherbereinigung wird im
allgemeinen nicht festgelegt.

Zunächst geben wie eine Realisierung der Speicherverwaltung mit herkömm-
lichen Sprachmitteln an. Danach stellen wir eine Lösung vor, bei der die
Ausnahmebehandlung eingesetzt wird.

Da wir in der vorliegenden Arbeit die Ausnahmebehandlung in objektorientierte
Sprachen integrieren, notieren wir das folgende Beispiel unter Verwendung
der von uns auch später eingesetzten Schreibweise. Eine ausführliche Beschreibung dieser Notation wird im 2. Kapitel gegeben.

Betrachten wir folgende Implementierung der Speicherverwaltung mit her-
kömmlichen Sprachmitteln:

```
VAR FreeSpace, ObjectSpace : Number;
/*FreeSpace, ObjectSpace sind lokale Variablen*/
VAR x,y : Class;
/* x,y sind lokale Variablen*/
. . .
IF FreeSpace < ObjectSpace
THEN  GarbageCollection();
        /*GarbageCollection ist Methode*/
```

```
        FreeSpace := Memory.AvailableSpace();
        /*Memory ist Objekt, AvailableSpace ist Methode*/
END IF;
IF FreeSpace < ObjectSpace
THEN  Abort("No more space ! Remove your rubbish !");
        /*Abort ist Methode und führt zum Programmabbruch*/
ELSE  x := Class.New();
        /* Class ist Klasse, New ist Methode und erzeugt neues Objekt*/
        FreeSpace := FreeSpace - ObjectSpace;
END IF;
        .

        .

        .

IF FreeSpace < ObjectSpace
THEN  GarbageCollection();
        FreeSpace := Memory.AvailableSpace();
END IF;
IF FreeSpace < ObjectSpace
THEN  Abort("No more space ! Remove your rubbish !");
ELSE  y := Class.New();
        FreeSpace := FreeSpace - ObjectSpace;
END IF;
        . . .
```

Vor jeder neuen Objekterzeugung muß geprüft werden, ob noch genügend
freier Speicherplatz für das zu erzeugende Objekt vorhanden ist. Steht nicht
mehr genügend Platz zur Verfügung, muß zunächst eine Speicherbereinigung
(*GarbageCollection*) durchgeführt werden. Nach Abschluß der Speicherbereinigung wird *FreeSpace* aktualisiert. Dabei liefert der Aufruf *Memory.Available-
Space()* den nunmehr verfügbaren Speicherplatz. Falls genügend Platz ist,
kann das neue Objekt erzeugt und *FreeSpace* aktualisiert werden. Ist nicht
mehr genügend Speicherplatz vorhanden, wird das Programm beendet und
eine Meldung an den Benutzer ausgegeben.

Diese Prüfungen müssen, wie obiges Beispiel zeigt, bei jeder Objekterzeugung
wieder durchgeführt werden. Sie können in Form einer Methode implementiert
werden, falls nach der Aufrufstelle im Programm fortgesetzt werden soll,

von welcher der Methodenaufruf erfolgt ist. Soll an anderer Stelle fortgesetzt werden, müssen Sprungbefehle und Sprungmarken zur Beschreibung des Kontrollflusses verwendet werden.

Die programmiersprachliche Formulierung des Vorgangs der Speicherverwaltung unter Verwendung spezieller Konstrukte zur Ausnahmebehandlung ist folgendermaßen möglich:

```
EXC NotEnoughSpace;
EXC RemoveRubbish;
. . .
VAR FreeSpace, ObjectSpace : Number;
VAR x,y : Class;
. . .
WHEN FreeSpace < Zero RAISE NotEnoughSpace;
. . .
FreeSpace := FreeSpace - ObjectSpace;
x := Class.New( );
. . .
FreeSpace := FreeSpace - ObjectSpace;
y := Class.New( );
. . .
ON NotEnoughSpace DO
   GarbageCollection( );
   FreeSpace := Memory.AvailableSpace( ) - ObjectSpace;
   IF FreeSpace < Zero
   THEN RAISE RemoveRubbish END IF;
   RESUME;
END ON;
ON RemoveRubbish DO
   . . .
END ON;
   . . .
```

Zunächst werden die Ausnahmen *NotEnoughSpace* und *RemoveRubbish* deklariert. Mit Hilfe der WHEN-Anweisung wird festgelegt, daß die Ausnahme *NotEnoughSpace* eintritt, sobald nicht mehr ausreichend Speicherplatz zur Verfügung steht.

Vor jeder Objekterzeugung wird *FreeSpace* aktualisiert. Dabei kann, bei zu geringem verfügbaren Speicherplatz, die Ausnahme *NotEnoughSpace* eintreten.

Die Anweisungsfolge zur Bearbeitung der Ausnahme *NotEnoughSpace* ist mit

```
ON NotEnoughSpace DO
    . . .
END ON;
```

geklammert. Im Rahmen der Ausnahmebearbeitung wird die Speicherbereinigungsmethode aktiviert und *FreeSpace* aktualisiert. Durch die Anweisung *RESUME* wird angezeigt, daß die Einheit, in der die Ausnahme eingetreten ist, fortgesetzt werden soll. Ist auch nach Durchführung der Speicherbereinigung nicht genügend Speicherplatz zur Verfügung, tritt die Ausnahme *RemoveRubbish* ein. Die zugeordnete, in unserem Beispiel nicht näher angegebene, Ausnahmebearbeitung könnte, eventuell im Dialog mit dem Benutzer, eine Auslagerung von Daten auf Externspeicher vornehmen.

Das Beispiel der Speicherverwaltung zeigt bereits einige der wesentlichen Vorteile auf, die die Ausnahmebehandlung gegenüber der Verwendung herkömmlicher Sprachmittel zur Reaktion auf besondere Ereignisse besitzt:

Es wird an genau einer Stelle des Programms, mit Hilfe der WHEN-Anweisung, definiert, unter welcher Bedingung die Speicherbereinigung durchgeführt werden soll. Ebenfalls nur einmal taucht die Anweisungsfolge zur Ausnahmebearbeitung auf. Die Deklaration dieser Anweisungsfolge geschieht unabhängig davon, bei welcher konkreten Anweisung die Ausnahme eintritt. Die Überprüfung der Ausnahmebedingung wird automatisch vom Laufzeitsystem durchgeführt und muß nicht im Quellprogramm vorgenommen werden.

Bevor wir auf den von uns unterstützten Ausnahmebegriff eingehen, geben wir einen Überblick darüber, welches Verständnis bisherigen Veröffentlichungen zur Ausnahmebehandlung zugrundeliegt.

1.2 Ausnahmen in der Literatur

Bereits zu Beginn der siebziger Jahre, kurze Zeit nach den ersten Veröffentlichungen zur strukturierten Programmierung, setzte die Diskussion der Ausnahmebehandlung - damals noch häufig Fehlerbehandlung genannt - ein /Parn72/, /Hill72/.

Die Grundlage für eine wissenschaftliche Auseinandersetzung mit Mechanismen zur Ausnahmebehandlung wurde von Goodenough geschaffen /Good75/. Er stellte fest, daß eine Ausnahmebehandlung weit mehr zu leisten vermag, als Fehler zu bearbeiten (vgl. Zitat am Anfang von Kapitel 1). Seiner Ansicht nach können Ausnahmen eingesetzt werden zur

- Fehlererkennung bei Operationen

  Verletzungen des Definitions- oder Wertebereichs einer Operation durch ungeeignete aktuelle Parameter können angezeigt werden. Die Ausnahmebehandlung wird damit ein Mittel zur Erweiterung von Definitions- und Wertebereich.

- Ergebnisbewertung von Berechnungen

  Mit Hilfe einer Ausnahme ist es möglich, die äußeren Umstände zu beschreiben, unter denen das (korrekte) Ergebnis der Berechnung geliefert wurde.

- Beobachtung von Berechnungen

  Man möchte Zusatzinformationen über den Zustand, den Verlauf und den Fortschritt der Berechnungen gewinnen. Diese Informationen erhält man unter Verwendung der während der Berechnung eintretenden Ausnahmen.

Trotz dieser grundlegenden Arbeit werden bis heute in einem Großteil der Literatur über Ausnahmebehandlung und in den meisten Programmiersprachen die Ausnahmeereignisse immer noch mit Fehlersituationen gleichgesetzt. Als Ursache für das Eintreten von Ausnahmen werden Beispiele wie Division durch Null, Plattenfehler, fehlerhafte Eingaben oder Betriebssystemverklemmungen angeführt.

Als Standardreaktion auf das Eintreten von Ausnahmen ist häufig der sofortige Programmabbruch mit Fehlermeldung vorgesehen. Einige Programmiersprachen erlauben eine Bearbeitung der eingetretenen Ausnahmen im Rahmen des jeweiligen Programms. Dabei werden zur Ausnahmebearbeitung entweder lediglich Standardsprachmittel, wie Abfragen, Marken, unbedingte Sprungbefehle und Prozeduraufrufe, oder aber spezielle Sprachkonstrukte angeboten. Spezielle Sprachelemente zur Ausnahmebehandlung sind beispielsweise die Möglichkeiten zur Deklaration von Ausnahmen, die Angabe der Bedingungen, unter denen die Ausnahmen eintreten können, und die Definition besonderer Anweisungsfolgen zur Ausnahmebearbeitung.

Untersucht man bereits implementierte oder vorgeschlagene Mechanismen zur Ausnahmebehandlung in Programmiersprachen näher, so kann man sich des Eindrucks nicht erwehren, daß der Integration von Ausnahmekonzepten in einen Sprachentwurf relativ wenig Bedeutung beigemessen wird. Man stellt fest, daß

- die beschriebenen Mechanismen nur einen sehr eingeschränkten Teil der grundsätzlich möglichen und wünschenswerten Eigenschaften enthalten;

- formale Semantikdefinitionen nur ansatzweise vorliegen;

- sich trotz einer Vielzahl von Veröffentlichungen noch keine einheitliche Terminologie herausgebildet hat.

Wir sind der Ansicht, daß bei der Entwicklung der meisten Programmiersprachen mit Ausnahmekonzepten ein wesentlicher Aspekt außer acht gelassen
wurde: die Ausnahmebehandlung stellt einen wertvollen Beitrag zur Strukturierung von Programmen dar.

1.3 Die neue Sicht

In diesem Abschnitt charakterisieren wir den von uns unterstützten Ausnahmebegriff.

Wir wollen im folgenden als Ausnahmen alle Ereignisse bezeichnen, auf
deren Eintreten während des Programmlaufs mit einer speziellen Bearbeitung
reagiert werden soll. Diese Ereignisse kennzeichnen, im Gegensatz zur weit
verbreiteten Ansicht in der Literatur, keine Fehlersituationen.

Eine Ausnahme tritt genau dann ein, wenn die zugeordnete Ausnahmebedingung erfüllt ist. Ausnahmen sind also, entgegen der landläufigen Meinung,
keine unerwarteten Ereignisse. Sie können zu jedem Zeitpunkt während des
Programmlaufs eintreten.

Der Tatsache, daß Ausnahmen zu jedem Zeitpunkt eintreten können, wird
durch die Bereitstellung geeigneter Sprachmittel zur Ausnahmebehandlung
Rechnung getragen. Die Semantik dieser Sprachmittel muß formal eindeutig
definiert werden, um die kontrollierte und überprüfbare Verwendung der
Ausnahmekonzepte sicherzustellen. Dies erleichtert sowohl die Entwicklung
als auch den Korrektheitsbeweis von Programmen. Damit ist die Ausnahmebearbeitung ein Beitrag zur strukturierten Programmierung.

Daneben sehen wir die Ausnahmebehandlung als ein Mittel zur Erhöhung der Robustheit von Programmen, da

- das Überprüfen von Ausnahmebedingungen automatisch zur Laufzeit eines Programms durchgeführt werden kann und nicht nach jeder Anweisung vom Programmierer vorgesehen werden muß;

- der Programmierer über Ausnahmesituationen nachzudenken lernt und einfache Maßnahmen zur Reaktion auf solche Situationen ergreifen kann.

1.4 Ziele der Arbeit

In der vorliegenden Arbeit wird ein neuer Ansatz zur Behandlung von Ausnahmen in Programmiersprachen entwickelt. Bisher sehen nur wenige Programmiersprachen eine Ausnahmebehandlung vor, wobei die realisierten Mechanismen meist nur als rudimentär zu bezeichnen sind. Auf eine formale Definition der Ausnahmemechanismen wurde bisher weitgehend verzichtet, an ihre Stelle tritt häufig eine umgangssprachliche Beschreibung.

Wir dagegen beschäftigen uns im Rahmen dieser Arbeit mit den formalen Grundlagen der Ausnahmebehandlung. Ziel ist es, ein umfassendes Konzept zu entwickeln, dessen Eigenschaften formal definiert sind. Damit wird die Ausnahmebehandlung zu einem mächtigen Sprachmittel der strukturierten Programmierung.

Zur Beschreibung des neuen Ansatzes benötigen wir einen programmiersprachlichen Rahmen, in dem die Ausnahmebehandlung systematisch als Strukturierungsmittel eingesetzt werden kann. Unserer Meinung nach sind hierfür die objektorientierten Sprachen besonders gut geeignet. Im 2. Kapitel stellen wir zunächst die Eigenschaften der unterschiedlichen objektorientierten

Sprachen vor. Da das von uns entwickelte Ausnahmekonzept universell für alle existierenden objektorientierten Sprachen einsetzbar sein soll, untersuchen wir, inwieweit die Eigenschaften objektorientierter Sprachen in Wechselwirkung mit der Ausnahmebehandlung stehen. Auf der Grundlage der dabei erzielten Ergebnisse konzipieren wir eine objektorientierte Spezifikationssprache, in die wir die Ausnahmebehandlung einbetten werden. Die Spezifikationssprache wird für die Formulierung der Beispiele eingesetzt und bei der formalen Definition der Eigenschaften des Ausnahmekonzepts verwendet.

Das 3. Kapitel ist der systematischen, wenn auch noch informellen Beschreibung des neuen Ausnahmekonzepts gewidmet. Hierzu führen wir zunächst eine Terminologie der Ausnahmebehandlung ein. Die zentralen Begriffe und möglichen Eigenschaften von Mechanismen zur Ausnahmebehandlung werden definiert und in Form eines Klassifikationsschemas zusammengefaßt. Diese Klassifikation berücksichtigt noch nicht das sprachliche Umfeld einer Ausnahmebehandlung, so daß die Semantik vieler Eigenschaften für die jeweilige Programmiersprache konkretisiert werden muß.

Wir setzen das Schema ein, um die Eigenschaften des neu entwickelten Ausnahmekonzepts für objektorientierte Programmiersprachen vorzustellen. Eine besondere Stellung nimmt dabei die systematische Erfassung der Fortsetzungsmöglichkeiten nach Eintreten einer Ausnahme und anschließender Ausnahmebearbeitung ein. Wir schlagen ein Gliederungsschema für Fortsetzungen vor, das zum einen die Einordnung der Fortsetzungsmöglichkeiten von bereits realisierten Ausnahmemechanismen zuläßt und zum anderen neue Fortsetzungen enthält.

Eine weitere Besonderheit des Ausnahmekonzepts ist auf den gewählten programmiersprachlichen Kontext zurückzuführen. Objektorientierte Programmiersprachen wurden ursprünglich eingesetzt, um sequentielle Programme zu implementieren; es gibt inzwischen aber auch objektorientierte Sprachen, die die Realisierung von Prozeßsystemen unterstützen. Die von uns vorgeschlagene

Ausnahmebehandlung kann sowohl für sequentielle Programme als auch für objektorientierte Prozeßsysteme mit synchroner und asynchroner Kommunikation durchgeführt werden. Welche Randbedingungen dabei zu beachten sind, werden wir ebenfalls im 3. Kapitel erläutern.

Die formale Definition des Ausnahmekonzepts für objektorientierte Sprachen ist im 4. Kapitel zu finden. Wir verwenden die denotationelle Methode der Semantikbeschreibung und unterscheiden uns damit wesentlich von bisher veröffentlichten Semantikdefinitionen für Ausnahmekonzepte, die ausschließlich die axiomatische Definitionsmethode nach Hoare einsetzen. Eine kritische Untersuchung dieser Ansätze zeigt jedoch, daß die axiomatische Methode, selbst mit den jeweils vorgenommenen Erweiterungen, nur bedingt geeignet ist, die Besonderheiten der Ausnahmebehandlung zu beschreiben. Die bereits erwähnten Fortsetzungen nach der Ausnahmebearbeitung stellen ein solches Charakteristikum dar. Gerade diese Fortsetzungsmöglichkeiten können mit der denotationellen Methode, unter Verwendung von Fortsetzungssemantik, sehr elegant formuliert werden. Bevor wir die Struktur und die Beschreibungsmittel denotationeller Definitionen vorstellen, werden wir eine kurze Einführung in die mathematischen Prinzipien des denotationellen Ansatzes geben. Danach werden die Eigenschaften der Ausnahmebehandlung formal definiert.

Im 5. Kapitel beschreiben wir die Prüfungsmöglichkeiten, die im Rahmen der Datenflußanalyse eines Programms für den Ausnahmemechanismus durchführbar sind. Statische Prüfungen stellen einen Beitrag zur Zuverlässigkeit von Programmen dar und sind somit ganz im Sinne der strukturierten Programmierung. Das vorgestellte Ausnahmekonzept wurde in seiner Syntax und Semantik gerade so konzipiert, daß zum einen möglichst viele Korrektheitsprüfungen bereits zur Übersetzungszeit eines Programms durchführbar sind und andererseits eine den jeweiligen Anforderungen angemessene, flexible Ausnahmebearbeitung möglich ist.

In Kapitel 6 werden die Ergebnisse der Arbeit zusammengefaßt. Ein Ausblick auf Einsatzmöglichkeiten des entwickelten Ausnahmekonzepts und bereits begonnene Untersuchungen zur Ausnahmebehandlung in algebraischen Spezifikationen schließt die Arbeit ab.

2. Der programmiersprachliche Rahmen

Die Beschreibung eines Konzepts zur Ausnahmebehandlung kann nicht unabhängig von dem programmiersprachlichen Umfeld erfolgen, in das die Ausnahmebehandlung integriert ist. Wir haben als programmiersprachlichen Rahmen für die Integration eines neuen Ansatzes zur Ausnahmebehandlung die objektorientierten Sprachen gewählt, da wir mit dieser Umgebung die wichtigen Eigenschaften unseres Ausnahmekonzepts besonders deutlich herausarbeiten können.

Im ersten Abschnitt dieses Kapitels motivieren wir die Wahl objektorientierter Programmiersprachen zur Einbettung der Ausnahmebehandlung ausführlich. Im zweiten Abschnitt führen wir die grundlegenden Begriffe und Definitionen ein, die zum Verständnis objektorientierter Sprachen benötigt werden. Wir stellen im dritten Abschnitt die Eigenschaften objektorientierter Sprachen vor und untersuchen, inwieweit sie in Wechselwirkung mit der Ausnahmebehandlung stehen. Die dabei erzielten Ergebnisse fließen in die Definition des programmiersprachlichen Rahmens ein. Da das Ausnahmekonzept universell in allen objektorientierten Sprachen einsetzbar sein soll, wählen wir für die Einbettung keine spezielle existierende Programmiersprache, sondern entwerfen eine objektorientierte Spezifikationssprache, die gerade die von uns gewünschten Eigenschaften besitzt. Eine Beschreibung dieser Spezifikationssprache wird im vierten Abschnitt gegeben.

2.1 Motivation

Wie bereits ausgeführt, verstehen wir die Ausnahmebehandlung in Programmiersprachen als ein Sprachmittel zur Strukturierung von Programmen. Bei der Wahl einer Programmiersprache bzw. einer Familie von Programmiersprachen werden wir uns deshalb davon leiten lassen, wie gut sich die Ausnahmebehandlung in der jeweiligen Sprache als Strukturierungsmittel einsetzen läßt.

Für die Beschreibung von Mechanismen zur Ausnahmebehandlung ist es wichtig, diejenigen Sprachelemente klar identifizieren zu können,

- in denen eine Ausnahme eintreten kann;

- auf die eine eingetretene Ausnahme unmittelbar Einfluß nehmen kann;

- innerhalb derer eine Ausnahmebearbeitung vorgesehen werden kann;

- die von der Ausnahmebearbeitung unmittelbar beeinflußt werden können.

Wir meinen, daß die objektorientierten Programmiersprachen für eine Integration der Ausnahmebehandlung im Sinne eines Strukturierungsmittels und für den systematischen Entwurf eines Ausnahmekonzepts besonders gut geeignet sind, da

- sie mit wenigen grundlegenden Sprachkonstrukten auskommen:

    Für die wenigen zur Verfügung stehenden Sprachelemente ist es leicht, eine Zuordnung der Aufgaben vorzunehmen, die jedes Sprachelement im Rahmen der Ausnahmebehandlung übernimmt. Es zeigt sich, daß diese Sprachelemente auch ausreichen, um eine mächtige Ausnahmebehandlung zu integrieren.

- der Zugriff auf programmiersprachliche Objekte streng reglementiert ist:

    Durch die eingeschränkten Zugriffsmöglichkeiten auf ein Objekt wird ein hohes Maß an Lokalität erzielt. Einflußnahmen auf Objekte werden immer explizit und nicht implizit oder in Form von Seiteneffekten formuliert. Es ist möglich, die Sprachelemente eindeutig zu identifizieren, in denen Ausnahmen eintreten und auf die sich Ausnahmen auswirken können. Dies unterstützt wiederum die systematische und kontrollierbare Ausnahmebehandlung.

- ein einziges Sprachmittel für die Kommunikation zwischen Objekten ausreicht:

Das Sprachmittel zur Kommunikation zwischen Objekten wird für sequentielle Programme gleichermaßen eingesetzt wie für Prozeßsysteme. Damit kann das Ausnahmekonzept zunächst unabhängig davon entwickelt werden, ob ein sequentielles Programm oder ein Prozeßsystem vorliegt; die Ausnahmebehandlung bezieht sich immer auf das gleiche Sprachmittel. Die unterschiedlichen Semantiken dieses Sprachmittels, d.h. die unterschiedlichen dahinter verborgenen Kommunikationsmechanismen, und ihr Zusammenspiel mit der Ausnahmebehandlung können so gesondert untersucht werden.

- Kontrollstrukturen keiner besonderen Analyse unterzogen werden müssen:

Kontrollstrukturen werden in objektorientierten Sprachen als die Aufforderung an ein Objekt verstanden, bestimmte Anweisungen in einer vorgegebenen Reihenfolge auszuführen. Die Vielzahl denkbarer Kontrollstrukturen wird damit auf den bereits bekannten Objektzugriff und das Sprachmittel zur Kommunikation zwischen Objekten zurückgeführt. Somit müssen Kontrollstrukturen nicht zusätzlich untersucht werden, wodurch sich der Aufwand beim Entwurf des Ausnahmekonzepts erheblich reduziert.

Es zeigt sich, daß die Sprachelemente objektorientierter Programmiersprachen durchaus ausreichen, um eine mächtige Ausnahmebehandlung zu integrieren. Die Möglichkeiten der Ausnahmebehandlung können in diesem Rahmen sogar besonders klar und übersichtlich beschrieben werden, da wir uns auf die

Untersuchung grundlegender Sprachelemente konzentrieren können. Andererseits wird die Leistungsfähigkeit des Ausnahmekonzepts durch die Wahl objektorientierter Sprachen in keiner Weise eingeschränkt. Das entwickelte Ausnahmekonzept kann außerdem auch auf andere Sprachfamilien, wie funktionale oder prozedurale Sprachen, übertragen werden. Zu beachten ist dabei lediglich, daß die dort zur Verfügung stehenden Sprachelemente die gleichen Aufgaben hinsichtlich der Ausnahmebehandlung übernehmen müssen wie die entsprechenden Sprachkonstrukte objektorientierter Sprachen.

2.2 Begriffe der objektorientierten Programmierung

Die im folgenden einzuführenden Begriffe lehnen sich weitgehend an die übliche Begriffsbildung für objektorientierte Programmiersprachen an. Da es jedoch kein zitierfähiges Standardwerk der objektorientierten Programmierung gibt, auf das wir Bezug nehmen könnten, definieren wir, was wir unter den von uns im Rahmen der Arbeit verwendeten Begriffen verstehen wollen.

Ein objektorientiertes Programm wird durch eine Menge von Objekten beschrieben, die miteinander kommunizieren können.

Definition 2-1:

> Ein **Objekt** ist eine Einheit, die einen internen Zustand hat und Operationen zur Verfügung stellt, mit denen der Zustand geändert werden kann.

Definition 2-2:

> Die auf ein Objekt anwendbaren Operationen werden als **Methoden** bezeichnet. Eine Methode besteht aus einem **Methodenkopf**, der die Funktionalität

der Operation beschreibt, und einem **Methodenrumpf**, in dem die konkrete Implementierung der Operation angegeben ist.

Definition 2-3:

Die Menge aller von außen zugänglichen Methoden eines Objekts wird als **Objektschnittstelle** oder **öffentlicher Teil des Objekts** bezeichnet und ist durch die Angabe der jeweiligen Methodenköpfe definiert.

Definition 2-4:

Neben dem öffentlichen Teil ist ein **privater Teil**, der **Implementierungsteil des Objekts**, vorgesehen. Hier werden lokale Methoden, Variablen sowie die Rümpfe der von außen aufrufbaren Methoden definiert. Der Implementierungsteil legt fest, wie der interne Zustand eines Objekts festgehalten oder geändert werden kann.

Ein Objekt kann mit anderen, ihm bekannten, Objekten Informationen austauschen, indem es eine der angebotenen Methoden aufruft. Der Zugriff auf ein Objekt ist nur über die in seiner Schnittstelle definierten Methoden möglich. Ein Methodenaufruf ist die Aufforderung an ein Objekt, die zugehörigen Anweisungen des Methodenrumpfes auszuführen. Das so angesprochene Objekt kann seinerseits wieder andere Methoden aufrufen, seinen internen Zustand ändern und an das aufrufende Objekt Ergebnisse des Methodenaufrufs zurückliefern.

Ein Objekt, das eine Methode aufruft, wollen wir im folgenden als **Aufrufer** bezeichnen. Wird eine Methode von einer Methode aufgerufen, so nennen wir die aufrufende Methode ebenfalls Aufrufer.

In einem sequentiellen Programm wird der Aufrufer einer Methode nach Abarbeitung des Methodenrumpfes mit der Anweisung fortgesetzt, die auf den Methodenaufruf folgt. Andere Semantiken von Methodenaufrufen erläutern wir im nächsten Abschnitt.

Definition 2-5:

> Eine **Klasse** beschreibt eine Menge von Objekten mit gemeinsamen Eigenschaften. Die Deklaration einer Klasse umfaßt die **Klassenschnittstelle** und den **Klassenrumpf**. In der Klassenschnittstelle sind die Schnittstellen der Methoden angegeben, mit deren Hilfe auf Objekte der Klasse zugegriffen werden kann. Im Klassenrumpf wird die Implementierung der Methoden und die interne Struktur der Objekte beschrieben.

Definition 2-6:

> Die Objekte einer Klasse werden als **Exemplare**, **Instanzen** oder **Inkarnationen** der Klasse bezeichnet. Das Erzeugen einer Instanz wird mit Hilfe einer Methode, die jede Klasse für diesen Zweck zur Verfügung stellt, realisiert.

Objekte, wie wir sie eingeführt haben, sind Datenkapseln, d.h. sie können nur über Methoden ihrer Schnittstelle angesprochen und verändert werden. Die interne Struktur der Objekte bleibt dem Benutzer des Objekts verborgen. Insbesondere ist es das Objekt selbst, das eine geeignete Koordinierung oder Synchronisation der aufgerufenen Methoden vornimmt, so daß auch diese Verwaltungsaufgabe dem Benutzer eines Objekts abgenommen wird.

Eine Klasse, als Schablone zur Erzeugung und als Mittel zur Beschreibung der Eigenschaften von Objekten, ist damit ein abstrakter Datentyp.

Mit diesen grundlegenden Begriffen sind nur sequentielle objektorientierte Programme beschreibbar. Objektorientierte Prozeßsysteme, bei denen sich besonders interessante Aspekte für die Ausnahmebehandlung ergeben, werden damit noch nicht erfaßt. Da wir die universelle Einsetzbarkeit des Ausnahmekonzepts garantieren wollen, stellen wir im folgenden weitere Sprachmittel vor, die zur Realisierung objektorientierter Prozeßsysteme benötigt werden.

Zunächst definieren wir die Begriffe Prozeß und Prozeßsystem. Anschließend geben wir an, was wir unter einem objektorientierten Prozeßsystem verstehen wollen.

Definition 2-7/nach Nehm85/:

Ein **Prozeß** ist eine Sequenz von Berechnungen, durch die eine in sich abgeschlossene Aufgabe bearbeitet wird. Ein Prozeß besitzt einen eindeutigen Namen sowie einen definierten Aktivierungs- und Terminierungszeitpunkt.

Ein Prozeß kann durch das folgende Quadrupel formal beschrieben werden:

Prozeß = (p, d, z, P_x) mit

p ist ein sequentielles Programm, das die Berechnungsvorschrift für den Prozeß bildet.

d ist der gesamte Datenbereich, auf den durch den Prozeß zugegriffen wird.

z kennzeichnet den aktuellen Zustand des Prozesses aus externer Sicht und kann die Werte *aktiv* und *ruhend* annehmen. Bestimmte Ereignisse bewirken die Zustandsübergänge *aktiv → ruhend* und *ruhend → aktiv*.

P_x ist ein Verweis auf die aktuelle, durch den Prozeß gerade ausgeführte Operation. Zu Beginn weist P_x auf die erste Operation des Prozesses.

An dieser Stelle ist eine Bemerkung zu den Prozeßzuständen erforderlich, da wir hier von dem verbreiteten Zustandsmodell abweichen. Hinter dem Zustand *aktiv* verbirgt sich sowohl die Bearbeitung des Prozesses mit zugeteiltem Prozessor als auch das Warten auf Betriebsmittel und das Warten auf Ergebnisse von Methodenaufrufen. Ein Prozeß, der sich nicht in Bearbeitung befindet und auch nicht auf Ereignisse wartet, ist dagegen im Zustand *ruhend*. Wir werden noch sehen, daß dieses "vergröberte" Zustandsmodell für die Untersuchung der Ausnahmebehandlung vollkommen ausreichend ist.

Definition 2-8:

> Ein **Prozeßsystem** umfaßt mehrere, zum gleichen Zeitpunkt nebeneinander bestehende Prozesse. Dabei ist zulässig, daß Prozesse zu einem bereits existierenden Prozeßsystem neu hinzukommen oder aus einem Prozeßsystem entfernt werden.

Definition 2-9:

> Ein **objektorientiertes Prozeßsystem** ist ein Prozeßsystem, bei dem die nebeneinander bestehenden Prozesse verschiedenen Objekten der gleichen Klasse oder unterschiedlicher Klassen eines objektorientierten Systems zugeordnet werden. Die Kommunikation zwischen den Prozessen und die Einflußnahme auf den jeweiligen Prozeßzustand erfolgt, wie in objektorientierten Programmen üblich, mit Hilfe von Methodenaufrufen.

Objektorientierte Prozeßsysteme können mit objektorientierten Sprachen realisiert werden, bei denen Objekte nicht nur passive Daten, sondern auch Prozesse enthalten.

Definition 2-10:

In einem objektorientierten Prozeßsystem werden Objekte, die Prozesse enthalten, **Aktivitätsträger** genannt. Der eigentliche Prozeß wird als **Aktivität** bezeichnet.

Die Aktivität eines Objekts wird entweder zum Zeitpunkt der Objekterzeugung oder mit Hilfe eines geeigneten Methodenaufrufs aktiviert.

Der Aufrufer einer Methode ist entweder eine Objektaktivität oder eine Methode. Eine Objektaktivität besitzt keinen Aufrufer.

Die Aktivitäten mehrerer Objekte können nebeneinander bestehen. In einem Monoprozessorsystem werden die Aktivitäten quasiparallel abgearbeitet, in einem Multiprozessorsystem oder Netzwerk ist eine echt parallele Abarbeitung möglich.

Damit haben wir die grundlegenden Beschreibungsmittel objektorientierter Programmiersprachen definiert und erläutert. Auf der Basis der dabei eingeführten Begriffe stellen wir im folgenden Abschnitt die Eigenschaften objektorientierter Sprachen vor.

2.3 Eigenschaften objektorientierter Sprachen

Folgende zwei Gesichtspunkte können als charakteristisch für objektorientierte Programmiersprachen angesehen werden:

- Dynamische Instantiierung
- Datenabstraktion

Diese beiden zentralen Eigenschaften sind Kennzeichen aller objektorientierten Sprachen. Daneben gibt es Spracheigenschaften, die lediglich in manchen objektorientierten Sprachen vorgesehen sind:

- Vererbung
- Parametrisierte Klassen
- Blockstruktur
- Statische Typprüfung
- Dynamisches Binden
- Synchronisation
- Kommunikation

Wir werden in den folgenden Abschnitten die Eigenschaften vorstellen. Im Anschluß daran diskutieren wir, welche Bedeutung jede dieser Eigenschaften im Rahmen der Ausnahmebehandlung besitzt.

2.3.1 Dynamische Instantiierung

Objekte, als Instanzen von Klassen, können zur Laufzeit eines Programms neu erzeugt und bearbeitet werden. Zur Übersetzungszeit steht nicht fest, wieviele Instanzen einer Klasse zur Laufzeit vorliegen werden.

Darüber hinaus gibt es die Möglichkeit, zur Laufzeit eines Programms Objekte zu entfernen. Damit der Zugriff auf nicht mehr existierende Objekte entweder ausgeschlossen oder mit einer geeigneten Reaktion des Laufzeitsystems beantwortet wird, müssen bereits bei der Sprachimplementierung entsprechende (Schutz-) Mechanismen vorgesehen werden.

2.3.2 Datenabstraktion

Ein Objekt kann nur über die Methoden seiner Schnittstelle manipuliert werden. Der Zugriff auf ein Objekt ist möglich, ohne die Implementierung der Methoden oder die interne Darstellung des Objekts zu kennen.

Die Datenabstraktion ist eine Form der modularen Programmierung, wobei Methodenaufrufe das einzige Kommunikationsmittel zwischen Objekten darstellen.

2.3.3 Vererbung

Zwischen verschiedenen Klassen werden Verwandtschaftsbeziehungen definiert. Eine Klasse kann dabei von einer oder mehreren, ihr verwandten Klassen bestimmte Eigenschaften erben.

Man spricht von einfacher Vererbung (engl.: single inheritance), wenn zu jeder (Unter-)Klasse höchstens eine andere (Ober-)Klasse definiert wird, so daß die Unterklasse Eigenschaften der Oberklasse übertragen bekommt. Mehrfachvererbung (engl.: multiple inheritance) liegt dagegen vor, wenn eine (Unter-)Klasse von mehreren (Ober-)Klassen Eigenschaften erben kann /Card84/.

Abhängig davon, welche Eigenschaften eine Oberklasse an ihre Unterklassen vererbt, können folgende Vererbungsmechanismen unterschieden werden /Danf88/, /Wegn86/, /Wegn88/:

- Implementierungsvererbung

Hier übernehmen die Objekte der Unterklasse den Programmcode der Oberklasse. Um diese Art der Vererbung realisieren zu können, ist es nötig, Implementierungsdetails der Oberklasse zu kennen. Die Vererbung wird damit zu einer Implementierungsentscheidung. Die Datenabstraktion objektorientierter Systeme wird hierdurch insofern abgeschwächt, als es zwischen verwandten Objekten Zugriffsmöglichkeiten gibt, die die Forderung nach Datenkapselung unterlaufen. In /Snyd86/ werden die kritischen Punkte der Kombination von Datenkapselung und Vererbung in objektorientierten Programmiersprachen eingehend herausgearbeitet.

- Verhaltensvererbung

Für die Definition dieser Art von Vererbung liegt keine konkrete Implementierung, sondern lediglich die Spezifikation einer Klasse zugrunde. Die verwandten Klassen können unterschiedliche Methoden zur Verfügung stellen und sind hinsichtlich ihres Verhaltens entweder

- verträglich, d.h. es liegt eine "is-a"-Relation vor, oder

- ähnlich, d.h. es liegt eine "is-like"-Relation vor.

Verhaltensvererbung wird vor allem in objektorientierten Datenbanken eingesetzt und findet in Programmiersprachen wenig Anwendung.

- Schnittstellenvererbung

Hier wird allein die Schnittstellendefinition der Klassen zur Beschreibung der Vererbungshierarchie herangezogen, die Implementierung bzw. die Semantik der Operationen bleibt unberücksichtigt.

Eine neue Klasse wird als Unterklasse einer bereits bestehenden (Ober-)
Klasse eingeführt, wobei die neue Klasse alle Methoden der Oberklasse
anbieten muß und darüber hinaus weitere Methoden zur Verfügung
stellen kann.

Diese Art der Hierarchiedefinition ermöglicht die Einführung des Begriffs
der Zuweisungskompatibilität in objektorientierte Sprachen: Da die Objekte
einer Unterklasse alle Methoden der Oberklasse zur Verfügung stellen,
können einer Variablen Objekte sämtlicher Unterklassen ihrer Klasse
zugewiesen werden. Zur Laufzeit des Programms ist man sicher, daß
jedes angesprochene Objekt die geforderten Methoden vorgesehen hat
/Schn88a/, /Schn88b/, /Blac86/.

2.3.4 Parametrisierte Klassen

Parametrisierte Klassen sind generische Elemente, die bei Angabe konkreter
Parameter eine den Parametern entsprechende Klasse erzeugen. Für die so
erzeugten Klassen können dann wiederum Objekte geschaffen werden.

In /Meye86/ wird die Technik parametrisierter Klassen mit der (Implemen-
tierungs-) Vererbung verglichen. Die Gegenüberstellung zeigt, daß die Vererbung mächtiger und effizienter ist, jedoch einfache Fälle unbeschränkter
generischer Elemente nur sehr schwierig behandelt werden können. /Meye86/
schlägt deshalb vor, in einer objektorientierten Programmiersprache sowohl
die uneingeschränkte Parametrisierung von Klassen als auch die Vererbung
im Sinne beschränkter generischer Elemente zuzulassen.

2.3.5 Blockstruktur

Das Blockkonzept wurde zunächst aus Gründen der Speichereffizienz eingeführt und erst später als Software-Engineering-Konzept propagiert. Die
Integration des Blockkonzepts in objektorientierte Sprachen ermöglicht
klassenlokale und methodenlokale Klassendeklarationen. Bei der Definition
des Gültigkeitsbereichs von Deklarationen muß jedoch zwischen der Vererbungshierarchie und der Lokalitätshierarchie unterschieden werden. Die
Vererbungshierarchie entsteht durch die Weitergabe von Eigenschaften gemäß
der Implementierungs-, Verhaltens- oder Schnittstellen-Vererbung; die
Lokalitätshierarchie entsteht durch die Möglichkeit klassenlokaler Klassendefinitionen gemäß blockstrukturierter Sprachen. Der Gültigkeitsbereich
eines Bezeichners wird unter Verwendung beider Hierarchien definiert, wobei
die Vererbungshierarchie der Lokalitätshierarchie übergeordnet ist /Hans88/,
/Mads87/.

2.3.6 Statische Typprüfung

Erweitert man objektorientierte Sprachen um ein Typkonzept, das die Klassenstruktur und die Vererbungsmechanismen berücksichtigt, so werden die in
einer objektorientierten Sprache entwickelten Programme der Forderung nach
Zuverlässigkeit und Effizienz gerecht. Mittels statischer Typprüfung kann
bereits zur Übersetzungszeit eines Programms geprüft werden, ob ein Methodenaufruf zulässig ist, d.h. ob das angesprochene Objekt die gewünschte
Methode mit den entsprechenden Parametern zur Verfügung stellt.

Bei der statischen Typprüfung für objektorientierte Sprachen kann auf zwei Arten vorgegangen werden:

1. Integration von Typdeklarationen in die Sprache

   Es gibt objektorientierte Sprachen, für die bereits beim Sprachentwurf ein Typkonzept vorgesehen wurde. Aufgrund von Typdeklarationen und geeignetem Vererbungsmechanismus (Schnittstellen-Vererbung !) ist damit eine vollständige statische Typprüfung möglich /Hans88/, /Hind88/.

   Für die meisten objektorientierten Sprachen hingegen waren ursprünglich keine statischen Typprüfungen vorgesehen. Mit nachträglichen Spracherweiterungen ist es möglich, Typprüfungen zur Übersetzungszeit eines Programms durchzuführen. Hierbei zeigt sich, daß eine vollständige statische Typprüfung nur mit aufwendigen Erweiterungen realisierbar ist /John86/. Weniger aufwendige Erweiterungen lassen wiederum nur sehr eingeschränkte statische Typprüfungen zu /Born82/, /Blac86/.

2. Ableitung von Typen aus der Programmstruktur

   Hier werden Typen aus den im jeweiligen Programm definierten Klassen und Methoden sowie ihrer Verwendung abgeleitet. Es werden keinerlei Deklarationen in die Sprache aufgenommen. Unzulässige Methodenaufrufe zur Laufzeit können damit jedoch nicht ausgeschlossen werden /Suzu81/.

2.3.7 Dynamisches Binden

Die Eigenschaft des dynamischen Bindens besagt, daß die Zulässigkeit eines Methodenaufrufs nicht bereits zur Übersetzungszeit sondern erst zur Laufzeit eines Programms geprüft wird. Häufig wird diese Eigenschaft objektorientierter Sprachen auch als "late binding" bezeichnet.

2.3.8 Synchronisation

Der Synchronisationsmechanismus legt fest, wie gleichzeitige Methodenaufrufe an ein Objekt behandelt werden müssen. Da gleichzeitige Methodenaufrufe nur von nebeneinander bestehenden Prozessen ausgehen können, handelt es sich bei der Synchronisation um eine Eigenschaft objektorientierter Prozeßsysteme.

Die Synchronisation wird von dem Objekt, das die Methoden zur Verfügung stellt, selbständig durchgeführt. Der Aufrufer einer Methode kann den Synchronisationsmechanismus nicht manipulieren. Von der jeweiligen objektorientierten Sprache müssen für jedes Objekt geeignete Synchronisationsmechanismen, wie etwa Semaphor-Variablen, bereitgestellt werden. Einige Sprachen lassen die Möglichkeit zu, Verträglichkeitsbedingungen zu formulieren, die angeben, welche Methoden gleichzeitig bearbeitet werden können und welche Methoden exklusiv ausgeführt werden müssen /Hind88/.

2.3.9 Kommunikation

Der Kommunikationsmechanismus ist, ebenso wie die Synchronisation, eine Eigenschaft objektorientierter Prozeßsysteme. Die verschiedenen objektorientierten Sprachen zur Implementierung von Prozeßsystemen sowie die jeweils realisierten Kommunikationsmechanismen werden in /Agha86/, /Blac86/, /Hind88/, /Kons88/, /Kris87/, /Schi88/ und /Yoko86/ vorgestellt.

Definition 2-11:

Wird der Aufrufer einer Methode so lange blockiert, bis der Methodenrumpf vollständig abgearbeitet ist, so spricht man von einem **synchronen Methodenaufruf**.

Die Semantik eines synchronen Methodenaufrufs entspricht der Semantik eines Methodenaufrufs in einem sequentiellen objektorientierten Programm.

Definition 2-12:

> Wird der Aufrufer sofort nach dem Ausführen der Aufrufanweisung fortgesetzt, unabhängig davon, ob der Methodenrumpf bereits abgearbeitet ist oder nicht, so spricht man von einem **asynchronen Methodenaufruf**.

Der asynchrone Aufruf einer Methode bewirkt die Erzeugung und Aktivierung eines Methodenprozesses. Sobald der Methodenrumpf abgearbeitet ist, gilt der Methodenaufruf als beendet, und der Methodenprozeß wird vernichtet. Ein Methodenprozeß ist also entweder *aktiv*, oder er existiert nicht. Um das von uns eingeführte Prozeßmodell (Definition 2-7) nicht unnötig zu erweitern, setzen wir die Nicht-Existenz eines Methodenprozesses mit dem Zustand *ruhend* gleich. Es zeigt sich, daß bei der Untersuchung der Ausnahmebehandlung auf Grund dieser Interpretation nicht zwischen Aktivitäts- und Methodenprozeß-Zuständen unterschieden werden muß.

Der Methodenprozeß und der Aufrufer der Methode sind zwei nebeneinander bestehende Prozesse. Der Methodenprozeß kann selbst wieder Methoden asynchron aufrufen, so daß dem Prozeßsystem weitere Methodenprozesse hinzugefügt werden.

2.3.10 Wertung der Eigenschaften

Nachdem wir nun alle Eigenschaften objektorientierter Programmiersprachen vorgestellt haben, wollen wir für jede dieser Eigenschaften untersuchen, inwieweit sie in Wechselwirkung mit der Ausnahmebehandlung steht. Das

Ergebnis dieser Untersuchung bildet die Entscheidungsgrundlage dafür, welche der Eigenschaften in den programmiersprachlichen Rahmen für die Ausnahmebehandlung aufzunehmen sind.

Wir betrachten die Eigenschaften in der gleichen Reihenfolge, wie wir sie eingeführt haben und geben jeweils an, ob wir sie in den programmiersprachlichen Rahmen aufnehmen werden oder nicht.

Dynamische Instantiierung:

Die dynamische Instantiierung ist eine Eigenschaft, die sich zur Laufzeit eines Programms auswirkt. Für alle Instanzen einer Klasse sind sowohl die vorgesehenen Ausnahmen als auch die Reaktionen auf das Eintreten einer Ausnahme gleich, da die Definition von Ausnahmen und der Bearbeitung für alle Objekte der Klasse gemeinsam zur Übersetzungszeit vorgenommen wird. Für die Ausnahmebehandlung spielt es keine Rolle, wieviele Instanzen einer Klasse zur Laufzeit nebeneinander bestehen, wesentlich ist nur, welche Methoden aufgerufen werden.

Die Möglichkeit, zur Laufzeit eines Programms Objekte zu entfernen, kann sich auf die Ausnahmebehandlung auswirken. Da dies jedoch ein grundsätzliches Problem objektorientierter Sprachen ist und das Laufzeitsystem bereits geeignete Vorkehrungen treffen muß, um den Zugriff auf nicht mehr existierende Objekte zu verhindern, sehen wir hierfür im Rahmen der Ausnahmebehandlung keinen speziellen Mechanismus vor.

Wir werden die Eigenschaft der dynamischen Instantiierung in den programmiersprachlichen Rahmen aufnehmen, da es sich um ein Charakteristikum aller objektorientierten Sprachen handelt. Da jedoch keine Wechselwirkungen mit der Ausnahmebehandlung vorliegen, ist eine nähere Untersuchung nicht erforderlich.

Datenabstraktion:

Als Konsequenz der Datenabstraktion stellen Methodenaufrufe das einzige Kommunikationsmittel zwischen Objekten dar. Allein über Methodenaufrufe können Veränderungen an anderen Objekten vorgenommen werden. Zusammen mit den Aktivitäten bilden Methoden den algorithmischen Teil in einem objektorientierten Programm. Aktivitäten und Methoden sind deshalb auch die einzigen Sprachmittel, in denen Ausnahmen eintreten, erkannt und bearbeitet werden können.

Die Datenabstraktion muß, als eine Eigenschaft, die Kennzeichen aller objektorientierten Sprachen ist, in den programmiersprachlichen Rahmen integriert werden. Bedingt durch die besondere Rolle der Methodenaufrufe, besitzt die Datenabstraktion außerdem den entscheidenden Einfluß auf das Ausnahmekonzept.

Vererbung:

Die Untersuchung der Vererbungskonzepte in objektorientierten Sprachen hat gezeigt, daß die Eigenschaft der Vererbung aufgrund der unterschiedlichen Sichtweisen nicht allgemein beschrieben werden kann. Aus den Ergebnissen einer Arbeit über die Integration der Ausnahmebehandlung in kombinierte algebraische Spezifikationen /Leib89/ läßt sich erkennen, daß unterschiedliche Kombinationen algebraischer Spezifikationen durchaus mit den verschiedenen Vererbungsmechanismen objektorientierter Sprachen vergleichbar sind. Die Beschreibung der Vererbung wird damit zu einer Definition der entsprechenden Kombination. Dabei ist die Semantik der Ausnahmebehandlung unabhängig davon, welche Kombination bzw. welche Vererbung vorliegt. Lediglich Ausnahmen und Ausnahmebearbeitung, als die wesentlichen syntaktischen Sprachelemente der Ausnahmebehandlung, müssen entsprechend der Kombinationsbzw. Vererbungsregeln definiert sein bzw. vererbt werden.

Da die Semantik der Ausnahmebehandlung nicht in Wechselwirkung mit der
Vererbung steht, werden wir keinen Vererbungsmechanismus in den programm-
miersprachlichen Rahmen aufnehmen.

Parametrisierte Klassen:

Bei parametrisierten Klassen handelt es sich, ähnlich wie bei der Vererbung,
um eine Eigenschaft, die die Ausnahmebehandlung nicht beeinflußt. Da parametrisierte Klassen mit parametrisierten algebraischen Spezifikationen
vergleichbar sind, können wir auch hier auf die Ergebnisse einer Arbeit
verweisen, die sich mit der Integration der Ausnahmebehandlung in parametrisierte algebraische Spezifikationen beschäftigt /Holl89/. Es wurde gezeigt,
daß die bestehenden Definitionen für die Parametrisierung lediglich konsistent
um die Ausnahmen und die Ausnahmebearbeitung erweitert werden müssen.
Damit müssen die zusätzlichen Typprüfungen, die in einem Programm auf
Grund parametrisierter Klassen nötig sind, ebenfalls nur um die entsprechenden Prüfungen für die Sprachelemente der Ausnahmebehandlung erweitert
werden.

Da die Eigenschaft parametrisierter Klassen für die Semantik der Ausnahmebehandlung nicht von Bedeutung ist, sehen wir für den programmiersprachlichen Rahmen keine parametrisierten Klassen vor.

Blockstruktur:

Die Verwendung von Blockstruktur in objektorientierten Sprachen bringt für
die Semantik der Ausnahmebehandlung keinerlei Gewinn. Für unser Ausnahmekonzept werden wir bei der Zuordnung der Ausnahmebearbeitung zu einer
eingetretenen Ausnahme die Gültigkeitsregeln von Sprachen mit Blockstruktur
anwenden. Eine zusätzliche Blockstruktur ließe sich völlig analog beschreiben,
bringt aber keine Leistungssteigerung für die Ausnahmebehandlung. Wir
werden deshalb die Eigenschaft der Blockstrukturierung nicht in den programmiersprachlichen Rahmen integrieren.

Statische Typprüfung:

Die statische Typprüfung stellt einen wesentlichen Beitrag zur Zuverlässigkeit von Programmen dar. Diese Tatsache wird inzwischen auch beim Entwurf objektorientierter Programmiersprachen in zunehmendem Maße berücksichtigt. Während für objektorientierte Sprachen ursprünglich lediglich die Möglichkeit der dynamischen Bindung vorgesehen war, werden nun immer häufiger Typkonzepte integriert.

Da wir der statischen Typprüfung ebenfalls einen hohen Stellenwert beimessen, wird das Ausnahmekonzept so entwickelt, daß eine Vielzahl von Prüfungen bereits zur Übersetzungszeit möglich ist. Für den programmiersprachlichen Rahmen wollen wir die Eigenschaft der statischen Typprüfung voraussetzen.

Dynamisches Binden:

Das dynamische Binden steht im Gegensatz zur statischen Typprüfung. Die von uns vorgeschlagenen statischen Prüfungen sind natürlich auch zur Laufzeit des Programms möglich. Dynamisches Binden ist also nicht unverträglich mit einer Ausnahmebehandlung. Wir gehen aber aufgrund oben genannter Gründe von einer Programmiersprache mit statischen Prüfungsmöglichkeiten aus und sehen deshalb für den programmiersprachlichen Rahmen kein dynamisches Binden vor.

Synchronisation:

Aufgabe der Synchronisation ist es, die Abarbeitung von nebeneinander bestehenden Prozessen so zu koordinieren, daß die gewünschten Berechnungen korrekt durchgeführt werden können. Die Synchronisation wird insofern von der Ausnahmebehandlung beeinflußt, als beispielsweise im Rahmen der Ausnahmebearbeitung Prozesse beendet oder neu gestartet werden können. Ein solcher Prozeß hat zu dem Zeitpunkt, zu dem er beendet wird, zugeteilte Ressourcen unter Umständen noch nicht wieder freigegeben oder gerade auf die Zuteilung von Betriebsmitteln gewartet. Dann ist es die Aufgabe des Betriebssystems, für den betroffenen Prozeß die Ressourcen freizugeben oder die Betriebsmittelanforderungen zu stornieren. In /Meie85/ wird diese Problematik eingehend diskutiert und eine geeignete Betriebssystemerweiterung vorgestellt.

Die Wechselwirkung zwischen Synchronisation und Ausnahmebehandlung wird also zur Laufzeit eines Programms auf Betriebssystemebene im Rahmen der Objektverwaltung deutlich. In der vorliegenden Arbeit dagegen beschäftigen wir uns mit den formalen Grundlagen der Ausnahmebehandlung für Programmiersprachen. Für die Semantik der Ausnahmebehandlung einer Programmiersprache sind Synchronisationsaspekte nicht von Bedeutung. In den festzulegenden programmierspachlichen Rahmen nehmen wir deshalb keine Synchronisationsmechanismen auf.

Kommunikation:

Der Kommunikationsmechanismus legt fest, ob ein Methodenaufruf synchron oder asynchron durchgeführt wird. Das Verhalten von Aufrufer und aufgerufener Methode wird somit entscheidend vom Kommunikationsmechanismus bestimmt. Bei der Ausnahmebehandlung stellen gerade Methodenaufrufe und die zugeordneten Aufrufer die wesentlichen Bezugspunkte dar. Für eine vollständige Beschreibung der Ausnahmebehandlung müssen deshalb die verschiedenen Möglichkeiten der Kommunikation näher untersucht werden. Wir sehen deshalb in unserem programmiersprachlichen Rahmen Beschreibungsmöglichkeiten für Aktivitäten und unterschiedliche Kommunikationsmechanismen vor.

Damit ist die Bewertung der Eigenschaften objektorientierter Programmiersprachen abgeschlossen. Wir haben angegeben, welche Eigenschaften charakteristisch für alle objektorientierten Sprachen sind und inwieweit für die Eigenschaften Wechselwirkungen mit der Ausnahmebehandlung bestehen. Die dabei gewonnenen Ergebnisse fließen nun in den Entwurf einer Spezifikationssprache ein, die den programmiersprachlichen Rahmen für die Einbettung der Ausnahmebehandlung bilden soll.

2.4 Eine objektorientierte Spezifikationssprache

In diesem Abschnitt definieren wir eine Spezifikationssprache, die als programmiersprachlicher Rahmen für die Diskussion der Ausnahmebehandlung dienen soll. Die Spezifikationssprache enthält alle Sprachelemente, die nötig sind, um den in Kapitel 2.3.10 geforderten Eigenschaften gerecht zu werden. Damit ist sichergestellt, daß das integrierte Ausnahmekonzept auf alle objektorientierten Sprachen übertragen werden kann. Außerdem haben wir die Auswahl der Sprachelemente so getroffen, daß nicht durch zu viele Sprachdetails von der Ausnahmebehandlung abgelenkt wird.

Wir verwenden die Spezifikationssprache für die Formulierung der Beispiele zur Ausnahmebehandlung. Außerdem bildet die Spezifikationssprache den syntaktischen Bereich bei der denotationellen Definition der Semantik des Ausnahmekonzepts.

Den Begriff "Spezifikations"-Sprache - als Gegensatz zum Begriff "Programmier"-Sprache - haben wir gewählt, da die hier vorgestellte Sprache nicht implementiert wurde, sondern lediglich die Aufgabe eines Beschreibungsmittels besitzt.

2.4.1 Die Syntax

Wir beschreiben in diesem Abschnitt die Syntax der Spezifikationssprache und die Bedeutung der einzelnen Sprachelemente. Die Sprachkonstrukte stellen wir an Hand von Grammatikproduktionen vor. Dabei geben wir in diesem Abschnitt nur den objektorientierten Anteil der Spezifikationssprache an. Die Sprachelemente, die der Ausnahmebehandlung zuzuordnen sind,

werden im dritten Kapitel eingeführt. Die gesamte kontextfreie Grammatik
ist im Anhang zu finden. Dort wird auch die Notation der Produktionen
erläutert. Die nachfolgend verwendete Numerierung der Produktionen entspricht der Numerierung der Grammatikproduktionen im Anhang.

Ein objektorientiertes Programm, das wir mit Hilfe unserer Spezifikationssprache implementieren, bezeichnen wir als übersetzbare Einheit oder Übersetzungseinheit. Jede übersetzbare Einheit umfaßt eine oder mehrere Klassendeklarationen.

```
(1)    Unit            ::=  "UNIT"
                            ClassDec  { ";" ClassDec }
                            "END" "UNIT".
```

Eine Klassendeklaration ordnet einem Klassenbezeichner einen öffentlichen
und einen privaten Bereich zu.

```
(2)    ClassDec        ::=  Identifier "=" PublicSec PrivateSec.
```

Im öffentlichen Teil einer Klassendeklaration sind die Methodenschnittstellen
der Methoden definiert, die von den Klasseninstanzen zur Verfügung gestellt
werden. Die Methodenschnittstelle gibt die Funktionalität der Methode an,
d.h. für jeden formalen Methodenparameter wird die Klasse des Parameters
angegeben. Dies ist also ähnlich wie in prozeduralen Programmiersprachen,
die für jeden formalen Parameter einer Prozedur die Angabe des Parametertyps
verlangen. Wir verwenden überall dort den Begriff Klasse, wo in prozeduralen
Sprachen der Begriff Typ verwendet wird.

Über die Art der Parameterübergabe wollen wir keine Aussage machen, da
sie für unsere Betrachtungen nicht von Bedeutung ist.

Methoden können nicht nur Eingabeparameter, sondern auch einen Rückgabeparameter besitzen. In der Methodenspezifikation muß auch für diesen Rückgabeparameter die Klasse angegeben werden. Damit können Methodenaufrufe
nicht nur als selbständige Anweisungen, sondern auch in Ausdrücken verwendet werden (vgl. hierzu die Produktionen 19 und 23).

```
(3)   PublicSec       ::=  "CLASS"  { MethSpec } .
(8)   MethSpec        ::=  Identifier ":" "METHOD" [ "(" ParamClassList ")" ]
                           [ ":" ClassIdent ] ";" .
(9)   ParamClassList  ::=  ClassIdent { "," ClassIdent }.
(6)   ClassIdent      ::=  Identifier.
```

Im privaten Teil der Klassendeklaration können Variablen, Methoden und eine
Aktivität deklariert werden. Mit Hilfe der Variablen ist der interne Zustand
eines Objekts beschreibbar. Jede Variable kann bei der Deklaration mit einem
Wert initialisiert werden. Für jede im öffentlichen Teil spezifizierte Methode
muß im privaten Teil eine Methodendeklaration vorgesehen werden. Darüber-
hinaus können lokale Methoden deklariert werden. Innerhalb einer Aktivität
sind Variablendeklarationen und Folgen von Anweisungen vorgesehen.

```
(4)   PrivateSec      ::=  "BODY"
                           { VarDec } { MethDec } [ ActivityDec ]
                           "END" "CLASS".
(5)   VarDec          ::=  "VAR" { IdentList ":" ClassIdent
                           [ "INIT" "(" ExprList ")" ] ";" }.
(10)  MethDec         ::=  Identifier ":" "METHOD" [ "(" FormParamList ")" ]
                           [ ":" ClassIdent ] ";" MethBody ";".
(11)  FormParamList   ::=  FormParam { ";" FormParam }.
(12)  FormParam       ::=  Identifier ":" ClassIdent.
(13)  ActivityDec     ::=  "ACTIVITY"
                           { VarDec } [ StmtList ]
                           "END" "ACTIVITY" ";".
(18)  StmtList        ::=  Stmt { ";" Stmt }.
```

Der Methodenrumpf umfaßt, neben der Möglichkeit lokaler Variablendeklarationen, die Angabe einer Folge von Anweisungen.

```
(14)  MethBody      ::=  "BODY"
                         { VarDec } [ MethStmtList ]
                         "END" "METHOD".
(15)  MethStmtList  ::=  MethStmt { ";" MethStmt }.
(16)  MethStmt      ::=  ReturnStmt | Stmt.
(17)  ReturnStmt    ::=  "RETURN" "(" Expr ")".
(19)  Stmt          ::=  MethCall.
(20)  MethCall      ::=  Designator "(" [ ExprList ] ")".
(22)  ExprList      ::=  Expr { ";" Expr }.
```

Eine Methodenanweisung kann entweder die Beendigung des Methodenaufrufs
zur Folge haben oder eine Anweisung *Stmt* sein. Unter einer Anweisung
wollen wir hier lediglich Methodenaufrufe verstehen. Auf eine weitere Aufschlüsselung von *Stmt* in Kontrollanweisung oder Wertzuweisung können
wir verzichten, da diese Anweisungen in der objektorientierten Welt ebenfalls
als Methodenaufrufe verstanden werden. Im folgenden wollen wir hier alle
in der strukturierten Programmierung üblichen Kontrollanweisungen mit der
üblichen Bedeutung zulassen. Aus Gründen der leichteren Verständlichkeit
werden wir für Kontrollanweisungen die in Pascal-ähnlichen Sprachen verwendete Schreibweise beibehalten. Grundsätzlich spricht natürlich nichts dagegen
auch die Kontrollanweisungen und die Wertzuweisung objektorientiert zu
notieren.

Konkrete Variablen werden über ihre Bezeichner angesprochen. Methoden,
die auf bestimmte Objekte angewandt werden sollen, werden unter Verwendung der Punktnotation angesprochen, indem man schreibt:

"Objektbezeichner.Methodenbezeichner".

Lokale Methoden können dagegen allein unter Verwendung des Methodenbezeichners aufgerufen werden. In unserer Spezifikationssprache sehen wir keine lokalen Klassendefinitionen und keine Klassendefinitionen in Klassenschnittstellen vor, so daß eine Mehrstufigkeit des Bezeichners zur Identifizierung der jeweiligen Methode nicht erforderlich ist.

```
(21) Designator      ::=  Identifier [ "." Identifier ] .
```

Ausdrücke bestehen im wesentlichen aus Methodenaufrufen und (Variablen-) Bezeichnern. Darüber hinaus sehen wir die Möglichkeit vor, Ausdrücke zu klammern. Weitere Prioritäten zwischen verschiedenen vordefinierten Methoden, wie etwa Multiplikation, Addition, usw., die eine verfeinerte Aufschlüsselung von Ausdrücken erforderlich machen, sollen hier nicht betrachtet werden. Schließlich muß es möglich sein, neue Objekte zu erzeugen, indem man einen Klassenbezeichner angibt und die Klassenmethode *"NEW"* aufruft. Auch hier wird die Punktnotation eingesetzt.

```
(23) Expr           ::=  MethCall { "." MethCall } | Identifier |
                         "(" Expr ")" | Designator "." "NEW".
```

Damit ist die Syntaxbeschreibung des objektorientierten Anteils der Spezifikationssprache abgeschlossen. Im dritten Kapitel werden wir die Spezifikationssprache um neue Sprachelemente erweitern, die der Ausnahmebehandlung zuzuordnen sind.

2.4.2 Die Spracheigenschaften

Entsprechend den in Kapitel 2.3.10 formulierten Anforderungen an den programmiersprachlichen Rahmen zur Integration der Ausnahmebehandlung nehmen wir für die Spezifikationssprache folgende Eigenschaften an:

- Dynamische Instantiierung

  Die Eigenschaft der dynamischen Instantiierung besagt, daß zur Laufzeit eines Programms neue Objekte erzeugt werden können. Zur Erzeugung von Objekten einer Klasse stellt jede Klasse die Methode *NEW* zur Verfügung.

  In einigen objektorientierten Programmiersprachen wurde diese Eigenschaft dahingehend erweitert, daß zur Laufzeit eines Programms auch neue Klassen erzeugt werden können; damit ist es möglich, das Programm dynamisch zu erweitern. Dies kann in der vorliegenden Spezifikationssprache verwirklicht werden, indem man zuläßt, daß ein Programm aus mehreren Übersetzungseinheiten aufgebaut ist, die schrittweise zur Laufzeit eingefügt werden. Dabei gehen wir davon aus, daß geeignete Mechanismen zur Verfügung stehen, um neue Übersetzungseinheiten in ein laufendes Programm zu integrieren.

- Datenabstraktion

  Die Datenabstraktion wird von uns als die zentrale Eigenschaft objektorientierter Sprachen gesehen, die einen erheblichen Einfluß auf die Semantik der Ausnahmebehandlung besitzt. Für die Spezifikationssprache realisieren wir diese Eigenschaft durch die Einführung der Klassen. In der Klassenschnittstelle werden die Methoden spezifiziert, die einem

Benutzer zugänglich sind. Daneben ist es möglich, klassenlokale Variablen und Methoden zu deklarieren, die jedoch vor jedem Benutzer der Klasse verborgen sind.

– Statische Typprüfung

Wir räumen der statischen Typprüfung zur Erhöhung der Zuverlässigkeit von objektorientierten Programmen einen so hohen Stellenwert ein, daß wir in der Spezifikationssprache Typdeklarationen vorsehen. Damit kann zum einen die Zulässigkeit von Methodenaufrufen statisch geprüft werden, zum anderen können für die Ausnahmebehandlung die möglichen Prüfungen zur Übersetzungszeit beschrieben werden.

– Kommunikation

Wir können mit Hilfe unserer Spezifikationssprache sowohl sequentielle Programme als auch Prozeßsysteme realisieren. Man erhält ein sequentielles Programm, wenn für keine der Klassendeklarationen eine Aktivitätsdeklaration vorgenommen wird und jeder Methodenaufruf synchron erfolgt. Entsprechend erhält man ein Prozeßsystem, wenn es Klassendeklarationen gibt, für die eine Aktivitätsdeklaration vorliegt. In einem Prozeßsystem können die Methodenaufrufe synchron oder asynchron ausgeführt werden. Für die Beschreibung der Ausnahmebehandlung reicht es aus, lediglich zwischen Prozeßsystemen mit nur synchronen oder nur asynchronen Methodenaufrufen zu unterscheiden. Die beiden unterschiedlichen Kommunikationsmechanismen werden von uns getrennt untersucht und müssen somit nicht durch eine unterschiedliche Syntax der jeweiligen Methoden unterschieden werden. Dies trägt wiederum zur Übersichtlichkeit der Spezifikationssprache bei.

Die Beschreibung der Spezifikationssprache ist hiermit abgeschlossen. Wir haben das programmiersprachliche Umfeld der Ausnahmebehandlung klar gegenüber den existierenden objektorientierten Sprachen abgegrenzt und seine Eigenschaften definiert. Die Spezifikationssprache werden wir von nun an einsetzen, um Beispiele zu formulieren und die Semantik des Ausnahme-konzepts zu definieren.

3. Das Konzept zur Ausnahmebehandlung

In diesem Kapitel beschreiben wir das neu entwickelte Konzept zur Ausnahmebehandlung in objektorientierten Programmiersprachen. Wir führen zunächst die grundlegenden Begriffe ein, die zur Beschreibung von Mechanismen zur Ausnahmebehandlung benötigt werden. Die bereits realisierten, sowie weitere, von uns vorgeschlagene, Eigenschaften solcher Mechanismen werden vorgestellt und in Form eines Klassifikationsschemas zusammengefaßt. Dieses Schema entwickeln wir unabhängig von dem programmiersprachlichen Umfeld der Ausnahmebehandlung. Wird das Klassifikationsschema zur Beschreibung konkreter Ansätze zur Ausnahmebehandlung eingesetzt, müssen die Einflüsse der Programmiersprache berücksichtigt werden.

Wir verwenden das Klassifikationsschema, um unseren Vorschlag zur Ausnahmebehandlung in objektorientierten Sprachen vorzustellen. Die Eigenschaften werden in diesem Kapitel systematisch, jedoch noch informell, beschrieben. Die formale Definition wird im vierten und fünften Kapitel vorgenommen.

Als programmiersprachliches Umfeld für die Einbettung der Ausnahmebehandlung wählen wir die im zweiten Kapitel eingeführte Spezifikationssprache. Die Sprachkonstrukte zur Ausnahmebehandlung werden vorgestellt und in den syntaktischen Rahmen der Spezifikationssprache eingebettet. Die Spezifikationssprache haben wir gerade so entworfen, daß sowohl sequentielle Programme als auch Prozeßsysteme realisiert werden können. Wir untersuchen zunächst die Integration der Ausnahmebehandlung in sequentielle Programme. Anschließend zeigen wir, inwieweit sich die Besonderheiten von Prozeßsystemen auf die Semantik des Ausnahmekonzepts auswirken.

Den Abschluß des Kapitels bildet eine Übersicht über bereits existierende Vorschläge zur Ausnahmebehandlung und ein kritischer Vergleich mit unserem neuen Konzept.

3.1 Grundlagen

Im Rahmen der Beschreibung von Ausnahmekonzepten spielen die Begriffe Ausnahme und Ausnahmebearbeiter die entscheidende Rolle. Beide Begriffe werden zunächst definiert. Im Anschluß daran führen wir ein Klassifikationsschema ein, in dem alle möglichen Eigenschaften von Ausnahmekonzepten systematisch den Ausnahmen und den Bearbeitern zugeordnet werden.

3.1.1 Ausnahme und Ausnahmebearbeiter

Wir benötigen zwei grundlegende Definitionen. Die dabei eingeführten Begriffe spielen für jeden Mechanismus zur Ausnahmebehandlung eine zentrale Rolle.

Definition 3-1:

> Eine **Ausnahme** (engl.: exception) ist ein Ereignis, das zur Laufzeit eines Programms eintritt. Für jede Ausnahme läßt sich eine **Ausnahmebedingung** angeben, unter der das Ausnahmeereignis eintreten kann.

Definition 3-2:

> Ein **Ausnahmebearbeiter** (engl.: handler) ist der Abschnitt eines Programms, der ausgeführt wird, sobald die Ausnahme eingetreten ist.

Unterschiedliche Ausnahmekonzepte unterscheiden sich darin, welche Eigenschaften für Ausnahmen und Ausnahmebearbeiter vorgesehen sind.

3.1.2 Ein Klassifikationsschema

Wir haben nach einer Möglichkeit gesucht, das von uns entwickelte Ausnahme-konzept umfassend zu beschreiben und darüber hinaus einen Vergleich mit existierenden Mechanismen zu erleichtern. In der Literatur sind verschiedene Ansätze zur Beschreibung von Ausnahmekonzepten zu finden /Bret86/, /Lisk79/, /Cocc82/. Dabei werden jedoch meist nicht alle Eigenschaften vorgestellt, sondern nur ganz bestimmte Aspekte beleuchtet. Auf eine Defini-tion der jeweils verwendeten Begriffe wird ebenfalls weitgehend verzichtet. Ein direkter Vergleich verschiedener Ausnahmekonzepte ist damit im allge-meinen nicht möglich. Somit ist keines der bereits existierenden Beschreibungs-mittel für unsere Anwendung geeignet.

Wir haben deshalb zunächst die Eigenschaften der verschiedenen veröffent-lichten Mechanismen zur Ausnahmebehandlung zusammengestellt und um weitere, wünschenswerte Eigenschaften ergänzt. Die unterschiedlichen Eigen-schaften werden, entsprechend ihrer Bedeutung, den Ausnahmen oder den Ausnahmebearbeitern zugeordnet. So ist ein Klassifikationsschema entstanden, in dem alle Eigenschaften definiert und zusammengefaßt werden, die im Rahmen einer Ausnahmebehandlung von Bedeutung sein können. In diesem Klassifikationsschema werden Ausnahmen charakterisiert durch

- Definitionsrecht
- Gültigkeitsbereich
- Existenzzeit
- Bearbeiterzuständigkeit
- Einplanungsmöglichkeit
- Freigabe- und Sperrmöglichkeiten.

Bearbeiter werden charakterisiert durch

- Definitionsrecht
- Lokalisierung
- Zugriffsbereich
- Parametrisierbarkeit
- Aufrufbarkeit
- Freigabe- und Sperrmöglichkeiten
- Fortsetzungsmöglichkeiten.

Zur Beschreibung eines konkreten Konzepts zur Ausnahmebehandlung muß für jede dieser Eigenschaften angegeben werden, ob sie vorgesehen ist und, wenn dies der Fall ist, wie sie realisiert wird.

Wir wollen nun die verschiedenen Eigenschaften vorstellen. Hierzu betrachten wir zunächst die charakteristischen Eigenschaften von Ausnahmen und im Anschluß daran die Eigenschaften von Ausnahmebearbeitern.

Im folgenden verwenden wir den Begriff "Bereich" als Oberbegriff für programmiersprachliche Spracheinheiten, wie Block, Prozedur, Objekt, Methode usw., wobei innerhalb eines solchen Bereichs eine Ausnahme eintreten und bearbeitet werden kann. Für objektorientierte Sprachen werden wir diesen Begriff noch präzisieren.

3.1.3 Eigenschaften von Ausnahmen

In diesem Abschnitt definieren und erläutern wir die oben angegebenen Eigenschaften, die charakteristisch für Ausnahmen sind. Wir gehen davon aus, daß Ausnahmen über ihren Bezeichner eindeutig identifiziert werden können.

3.1.3.1 Definitionsrecht

Definition 3-3:

Eine Ausnahme heißt **systemdefiniert**, wenn sie in der Sprachdefinition der verwendeten Programmiersprache enthalten ist. Der Ausnahmebezeichner und die Ausnahmebedingung werden mit der Sprachbeschreibung vorgegeben und zur Übersetzungszeit bzw. zur Laufzeit eines Programms überprüft.

Definition 3-4:

Eine Ausnahme heißt **benutzerdefiniert**, wenn sie im Programm eingeführt wird, d.h. der Ausnahmebezeichner und die Ausnahmebedingung müssen im Programm definiert werden.

Die Eigenschaft des Definitionsrechts einer Ausnahme umfaßt die Möglichkeit, systemdefinierte Ausnahmen oder benutzerdefinierte Ausnahmen oder beides für einen Ausnahmemechanismus vorzusehen.

3.1.3.2 Gültigkeitsbereich

Definition 3-5:

Durch eine Ausnahmedeklaration wird eine Verknüpfung zwischen einem Ausnahmebezeichner und einem Speicherplatz hergestellt. Der Bereich des Programms, in dem diese Verknüpfung gültig ist, heißt **Gültigkeitsbereich des Ausnahmebezeichners**.

Es muß festgelegt werden, in welchen Bereichen Ausnahmedeklarationen vorgenommen werden können und wie für sie der Gültigkeitsbereich definiert ist.

3.1.3.3 Existenzzeit

Definition 3-6:

> Die **Existenzzeit einer Ausnahme** ist die Zeit zwischen dem Eintreten einer Ausnahme und vollständiger Behandlung der Ausnahme durch einen Ausnahmebearbeiter.

Mit dieser Eigenschaft wird angegeben, wie lange eine eingetretene Ausnahme existiert, d.h. wann die Bearbeitung der Ausnahme als abgeschlossen angesehen wird.

3.1.3.4 Bearbeiterzuständigkeit

Definition 3-7:

> Eine Ausnahme heißt **weitergereicht**, wenn sie in dem Bereich, in dem sie eingetreten ist, nicht bearbeitet wurde, und jetzt ein anderer Bereich daraufhin überprüft wird, ob er die Ausnahmebearbeitung durchführen kann.

Definition 3-8:

Eine Ausnahme wird **explizit** von einem Bereich A an den Bereich B **weitergereicht**, wenn die Ausnahme in A eingetreten ist bzw. an A weitergereicht wurde, und

- im Bereich A ein Bearbeiter vorgesehen ist,
- in diesem Bearbeiter die Ausnahme erneut eintritt und
- die Ausnahme dann an den Bereich B zur Bearbeitung weitergereicht wird.

Definition 3-9:

Eine Ausnahme wird **implizit** von einem Bereich A an einen Bereich B **weitergereicht**, wenn die Ausnahme in A eintritt bzw. an A weitergereicht wird, in A aber kein Bearbeiter vorgesehen ist und die Ausnahme dann automatisch an den Bereich B weitergereicht wird.

Mit der Eigenschaft der Bearbeiterzuständigkeit wird festgelegt, ob das Ausnahmekonzept immer ein explizites Weiterreichen von Ausnahmen fordert oder ob Ausnahmen implizit weitergereicht werden können.

3.1.3.5 Einplanungsmöglichkeit

Definition 3-10:

Eine (benutzerdefinierte) Ausnahme heißt **eingeplant**, wenn die Ausnahmebedingung in Form einer Deklaration angegeben wird und die Ausnahme immer dann eintritt, wenn die Ausnahmebedingung erfüllt ist (Systemdefinierte Ausnahmen sind immer eingeplant).

Definition 3-11:

> Der **Gültigkeitsbereich der Einplanung** ist, analog zu Definition 3-5, definiert als der Bereich im Programm, in dem die Zuordnung der Ausnahmebedingung zu der Ausnahme gültig ist.

Mit der Eigenschaft der Einplanungsmöglichkeit wird festgelegt, ob das Ausnahmekonzept die Möglichkeit der Einplanung von benutzerdefinierten Ausnahmen vorsieht und wie der Gültigkeitsbereich der Einplanung definiert wird. Außerdem muß eine Angabe darüber gemacht werden, nach welchen Bereichen das Erfülltsein der Ausnahmebedingung zur Laufzeit geprüft wird.

3.1.3.6 Freigabe- und Sperrmöglichkeiten

Definition 3-12:

> Eine Ausnahme heißt **gesperrt**, wenn nach Eintreten der Ausnahme keiner der zuständigen Bearbeiter ausgeführt und stattdessen der normale Programmablauf fortgesetzt wird. Eine gesperrte Ausnahme heißt **freigegeben**, wenn nach Eintreten der Ausnahme wieder die übliche Ausnahmebearbeitung durchgeführt wird.

Definition 3-13:

> Der **Gültigkeitsbereich einer Sperranweisung** ist der Bereich, in dem eine eingetretene Ausnahme nicht bearbeitet wird. Der **Gültigkeitsbereich einer Freigabeanweisung** ist der Bereich, in dem die Wirkung einer Sperranweisung aufgehoben wird, so daß eine eingetretene Ausnahme wieder bearbeitet werden kann.

Das Sperren einer Ausnahme erfolgt immer explizit mit Hilfe einer entsprechen-den Anweisung. Ebenso muß für das Freigeben eine Anweisung vorgesehen werden.

Mit der Eigenschaft der Freigabe- und Sperrmöglichkeiten wird festgelegt, ob es in dem Ausnahmekonzept möglich ist, Ausnahmen freizugeben oder zu sperren. Falls diese Möglichkeiten vorgesehen sind, müssen die entsprechen-den Anweisungen und die Gültigkeitsbereiche definiert werden.

Damit haben wir alle Eigenschaften vorgestellt, die im Rahmen des Klassifi-kationsschemas zur Charakterisierung von Ausnahmen vorgesehen sind.

Dem aufmerksamen Leser wird aufgefallen sein, daß wir keine Parametri-sierung von Ausnahmen vorsehen und damit deutlich von bisherigen Klassifi-kationen abweichen. Der Grund für diese Entscheidung ist darin zu sehen, daß Ausnahmen für uns Ereignisse darstellen. Tritt ein Ausnahmeereignis ein, so wird damit eine ganz bestimmte Situation angezeigt. Das Ereignis selbst kann keine Parameterversorgung vornehmen. Eine Parametrisierung ist außerdem nicht für die Ausnahme von Bedeutung sondern allein für die Ausnahmebearbeitung. Die gleiche Vorstellung ist durchaus auf andere Kon-zepte zur Ausnahmebehandlung übertragbar, ohne daß dies dort explizit ausgedrückt wird. Unsere Sichtweise stellt also keine Einschränkung dar; wir gehen lediglich sorgfältig mit dem Begriff des Ausnahmeereignisses um.

Für den Ausnahmebezeichner, der immer den Bezug von der Ausnahme zum Ausnahmebearbeiter herstellt, werden natürlich Parameter angegeben, wenn der Ausnahmebearbeiter parametrisiert ist.

3.1.4 Eigenschaften von Ausnahmebearbeitern

In diesem Abschnitt stellen wir die Eigenschaften vor, die in unserem Klassifikationsschema den Ausnahmebearbeitern zugeordnet werden.

3.1.4.1 Definitionsrecht

Definition 3-14:

> Ein Bearbeiter heißt **systemdefiniert**, wenn die Sprachdefinition und die Systembibliothek bereits Reaktionen auf das Eintreten von - ebenfalls systemdefinierten - Ausnahmen vorsehen.

Definition 3-15:

> Ein Bearbeiter heißt **benutzerdefiniert**, wenn er im Programm definiert wird.

Die Eigenschaft des Definitionsrechts legt fest, ob systemdefinierte, benutzerdefinierte oder beide Arten von Bearbeitern zugelassen werden.

3.1.4.2 Lokalisierung

Die Eigenschaft der Lokalisierung gibt an, welchen programmiersprachlichen Bereichen ein Ausnahmebearbeiter zugeordnet werden kann. Durch unterschiedliche Zuordnungsmöglichkeiten kann der Grad der Beeinflussung von Programmabschnitten durch einen Ausnahmebearbeiter variiert werden.

Ist ein Bearbeiter der Anweisung zugeordnet bei deren Ausführung eine Ausnahme eintritt, so kann die Bearbeitung den speziellen Kontext der Anweisung beeinflussen. Ein globaler Bearbeiter dagegen kennt die direkte Umgebung der Anweisung nicht, in der die Ausnahme eingetreten ist, kann aber umfangreichere Änderungen in einem größeren Kontext vornehmen.

Definition 3-16:

Der **Gültigkeitsbereich einer Bearbeiterdeklaration** ist der Bereich eines Programms, in dem die vorgesehenen Bearbeiteranweisungen zur Bearbeitung der zugeordneten Ausnahme eingesetzt werden.

Man spricht von einem **statischen Gültigkeitsbereich**, wenn der Gültigkeitsbereich jeder Bearbeiterdeklaration zur Übersetzungszeit feststeht. Ein **dynamischer Gültigkeitsbereich** liegt vor, wenn erst zur Laufzeit des Programms feststeht, welcher Bearbeiter für die jeweilige eingetretene Ausnahme zuständig ist.

Die Angabe des Gültigkeitsbereichs von Bearbeiterdeklarationen ist der Eigenschaft der Lokalisierung von Bearbeitern zuzuordnen.

3.1.4.3 Zugriffsbereich

Definition 3-17:

Der **Zugriffsbereich eines Bearbeiters** ist der zur Laufzeit gültige Bereich eines Programms, in dem eingetretene Ausnahmen von dem Bearbeiter behandelt werden können.

Definition 3-18:

> Ein Bearbeiter ist einer eingetretenen oder weitergereichten Ausnahme **statisch zugeordnet**, wenn der Bereich, in dem die Ausnahme eintritt oder an den die Ausnahme weitergereicht wird, zum Gültigkeitsbereich der Bearbeiterdeklaration gehört.

Definition 3-19:

> Ein Ausnahmebearbeiter ist einer Ausnahme **dynamisch zugeordnet**, wenn die Ausnahme erst weitergereicht werden muß, um von dem Bearbeiter behandelt werden zu können.

Für die Festlegung des Zugriffsbereichs von Bearbeitern muß angegeben werden, ob Ausnahmebearbeiter einer Ausnahme nur statisch oder auch dynamisch zugeordnet werden können. Häufig wird eine eingetretene Ausnahme so lange von einem Bereich an einen anderen Bereich weitergereicht, bis ein statisch zugeordneter Bearbeiter gefunden wird.

3.1.4.4 Parametrisierbarkeit

Mit der Eigenschaft der Parametrisierung von Ausnahmebearbeitern wird angegeben, ob das Ausnahmekonzept Bearbeiter vorsieht, die Eingabe- oder Rückgabeparameter besitzen. Durch die Verwendung von Parametern können Daten manipuliert werden, die zum Zeitpunkt des Eintretens der Ausnahme zugänglich sind und auch für die Bearbeitung benötigt werden, aber dem Bearbeiter nicht zur Verfügung stehen. Als Alternative zu einer Parametrisierung ist die Verwendung von globalen Daten möglich. Jedoch kann dann ein kontrollierter Zugriff auf die Information nicht mehr sichergestellt werden.

3.1.4.5 Aufrufbarkeit

Unter Aufrufbarkeit verstehen wir die Möglichkeit, einen Bearbeiter mit Hilfe von Anweisungen aufrufen und ausführen zu können. Damit kann eine Bearbeiterreaktion geprüft werden, ohne daß die Ausnahmebedingung erfüllt sein muß. Für aussagekräftige Ergebnisse müssen jedoch die Laufzeitbedingungen, die eigentlich zum Eintreten der Ausnahme führen würden, geeignet simuliert werden.

3.1.4.6 Freigabe- und Sperrmöglichkeiten

Definition 3-20:

> Ein Bearbeiter heißt **gesperrt**, wenn er nach Eintreten der Ausnahme nicht ausgeführt wird, obwohl er für die Bearbeitung zuständig ist. Ein gesperrter Bearbeiter heißt **freigegeben**, wenn er nach Eintreten der Ausnahme wieder ausgeführt wird.

Das Sperren eines Bearbeiters erfolgt immer explizit mit Hilfe einer entsprechenden Anweisung. Ebenso muß für das Freigeben eine entsprechende Anweisung vorgesehen werden.

Definition 3-21:

> Der **Gültigkeitsbereich einer Sperranweisung** ist der Bereich, in dem Bearbeiter durch die Ausführung der Sperranweisung gesperrt werden können. Der **Gültigkeitsbereich einer Freigabeanweisung** ist der Bereich, in dem eine Sperranweisung aufgehoben wird, so daß die Bearbeiter wieder ausgeführt werden können.

Mit der Eigenschaft der Freigabe- und Sperrmöglichkeiten wird festgelegt, ob es in dem Ausnahmekonzept möglich ist, Bearbeiter freizugeben oder zu sperren. Falls diese Möglichkeiten vorgesehen sind, müssen die entsprechenden Anweisungen und die Gültigkeitsbereiche definiert werden.

3.1.4.7 Fortsetzungsmöglichkeiten

Definition 3-22:

> Nach Eintreten eines Ausnahmeereignisses und anschließender Ausnahmebearbeitung sind unterschiedliche Anweisungen im Programm identifizierbar, mit denen die Programmabarbeitung fortgesetzt werden kann. Die Anweisung, die tatsächlich ausgewählt wird, wollen wir als die **Fortsetzung nach der Ausnahmebearbeitung** bezeichnen.

In unserem Klassifikationsschema ordnen wir die Fortsetzungsmöglichkeiten dem Bearbeiter zu. In jedem Bearbeiter gibt eine explizite Fortsetzungsanweisung an, mit welcher Anweisung die Programmabarbeitung weitergeführt wird. Es zeigt sich, daß diese Art der Zuordnung sehr gut zur systematischen Erfassung der Fortsetzungsmöglichkeiten geeignet ist. Es gibt andere Schemata, wie etwa /Good78/ oder /Cocc82/, die die Fortsetzungen den Ausnahmen zuordnen und fordern, daß die Fortsetzungsanweisungen in den Bearbeitern mit den Fortsetzungen, die den Ausnahmen zugeordnet sind, verträglich sein müssen. Da diese Sichtweise jedoch keine Vorteile für die Ausnahmebehandlung bringt, haben wir uns für die Zuordnung der Fortsetzungen zu den Bearbeitern entschieden.

Die denkbaren Fortsetzungsmöglichkeiten lehnen sich stark an die Struktur der vorgegebenen Spezifikations- bzw. Programmiersprache an. Deshalb können wir an dieser Stelle noch keine näheren Angaben zu möglichen Fortsetzungen machen. Es sei lediglich festgehalten, daß die Fortsetzungsmöglichkeiten an die hier gedacht ist, über eine Prozedursemantik für den Ausnahmebearbeiter, d.h. mit Rückkehr zu der Anweisung, in der die Ausnahme eingetreten ist, hinausgehen sollen. Dabei sollen diese Möglichkeiten trotz größtmöglicher Flexibilität immer noch kontrollierbare und sinnvoll einsetzbare Mechanismen darstellen.

Nachdem wir nun alle Eigenschaften vorgestellt haben, die im Rahmen des Klassifikationsschemas für Ausnahmen und Ausnahmebearbeiter vorgesehen sind, ist die Einführung des von uns entwickelten Klassifikationsschemas abgeschlossen.

Das Klassifikationsschema soll im folgenden verwendet werden, um die Eigenschaften des neuen Ausnahmekonzepts für objektorientierte Sprachen vorzustellen und einzuordnen.

3.2 Die Eigenschaften der Ausnahmebehandlung

In den folgenden Teilabschnitten stellen wir die Eigenschaften des Ausnahmekonzepts für objektorientierte Sprachen vor. Wir setzen zur Beschreibung das in Kapitel 3.1.2 definierte Klassifikationsschema ein. Zunächst werden die Eigenschaften der Ausnahmen, anschließend die Eigenschaften der Bearbeiter eingeführt. Auf die Fortsetzungsmöglichkeiten nach Abschluß einer Ausnahmebearbeitung gehen wir hier noch nicht ein; hierfür haben wir den darauffolgenden Abschnitt vorgesehen.

Als syntaktischen Rahmen für die Beschreibung des Ausnahmekonzepts verwenden wir die in Kapitel 2.4 definierte Spezifikationssprache. Die zur Ausnahmebehandlung gehörenden Sprachelemente stellen wir unter Angabe der jeweiligen Produktionen aus der kontextfreien Grammatik der Spezifikationssprache vor. Die bei den Produktionen angegebenen Nummern beziehen sich auf die entsprechenden Produktionsnummern der in Anhang A zu findenden gesamten Grammatik. Für Produktionen, die wir bereits eingeführt haben, aber noch um die Sprachelemente zur Ausnahmebehandlung erweitern, geben wir die Erweiterungen *kursiv an*.

3.2.1 Die Eigenschaften der Ausnahmen

In diesem Abschnitt stellen wir die Eigenschaften vor, die wir in unserem Ausnahmekonzept den Ausnahmen zuordnen wollen. Bei den nachfolgenden Beschreibungen beziehen wir uns auf die in Kapitel 3.1.3 eingeführten Charakteristika.

Definitionsrecht:

Wir sehen sowohl systemdefinierte Ausnahmen als auch benutzerdefinierte
Ausnahmen vor. Systemdefinierte Ausnahmen sind global gültig und werden
nicht mehr deklariert. Benutzerdefinierte Ausnahmen dagegen müssen deklariert werden. Der Ort der Deklaration und der daraus resultierende Gültigkeitsbereich werden unter "Gültigkeitsbereich" diskutiert.

Gültigkeitsbereich:

In unserem Ausnahmekonzept müssen Ausnahmen deklariert werden. Die
Syntax der Ausnahmedeklaration definieren wir folgendermaßen:

```
(24)  ExcDec        ::=     "EXC" ExcTypeList ";".
(25)  ExcTypeList   ::=     ExcType { ";" ExcType }.
(26)  ExcType       ::=     Identifier.
```

Eine Ausnahme darf global, klassenlokal, methodenlokal oder aktivitätslokal
deklariert werden. Der zugeordnete Ausnahmebezeichner ist dann in der
ganzen Übersetzungseinheit, in der jeweiligen Klasse oder lediglich in der
Methode bzw. Aktivität gültig.

Die Gültigkeitsbereiche von Ausnahmedeklarationen sind entsprechend der
Gültigkeitsregeln in Programmiersprachen mit Blockstruktur definiert. Eine
Übersetzungseinheit bildet den äußersten Block. Jede Klasse stellt einen
Block der nächstinneren Schachtelungsstufe dar. Methoden und Aktivitäten
bilden die innersten Blöcke.

Ein Ausnahmebezeichner ist in dem Block (global, Klasse, Methode, Aktivität)
gültig, in dem er deklariert ist; außerdem ist er in allen inneren Blöcken
(Methoden und Aktivitäten sind innere Blöcke zu Klasse, Klassen sind innere

Blöcke zur Übersetzungseinheit) gültig, sofern dort nicht der gleiche Bezeichner erneut deklariert wird; dann ist im inneren Block die neue Deklaration gültig.

Somit beeinflussen sich Deklarationen auf Klassenebene ebensowenig gegenseitig wie Deklarationen auf Methoden- und Aktivitätsebene.

Existenzzeit:

Eine Ausnahme kann nur innerhalb des Gültigkeitsbereichs ihres Bezeichners eintreten, aber über den Gültigkeitsbereich hinaus existieren. Diese Aussage wollen wir anhand eines Beispiels erläutern.

Nehmen wir den Fall an, daß eine Ausnahme $E1$ eingetreten ist. In dem für die Behandlung von $E1$ zuständigen Bearbeiter tritt die Ausnahme $E2$ ein. $E2$ wird an einen anderen Bearbeiter weitergereicht, der außerhalb des Gültigkeitsbereichs von $E1$, aber noch im Gültigkeitsbereich von $E2$ liegt. Jetzt haben wir die Situation vorliegen, daß $E1$ noch existiert, jedoch der Gültigkeitsbereich von $E1$ bereits verlassen ist. Sobald die Bearbeitung von $E1$ und $E2$ vollständig abgeschlossen ist, werden beide Ausnahmen gelöscht.

Bearbeiterzuständigkeit:

Methoden bilden zusammen mit Aktivitäten den algorithmischen Teil in einem Programm. Damit sind Methoden und Aktivitäten die einzigen Strukturierungseinheiten, in denen Ausnahmen eintreten können.

Untersuchen wir zunächst, welche Rolle Methoden im Rahmen der Ausnahmebehandlung übernehmen können. In unserer Spezifikationssprache stellen Methoden das einzige Mittel dar, um auf Objekte zugreifen und Veränderungen bzw. Anfragen durchführen zu können. Methoden können Ausnahmen, die eintreten bzw. weitergereicht werden, entweder selbst bearbeiten oder aber an ihren Aufrufer weiterreichen. Es wird dabei kein explizites Weiterreichen von Ausnahmen an den Aufrufer verlangt. Es wird aber gefordert, daß alle Ausnahmen, die von einer Methode an den Methodenaufrufer weitergereicht werden können, in der Methodenschnittstelle vollständig deklariert werden. Dies stellt sich folgendermaßen in der Methodenspezifikation und -deklaration dar:

```
(8)    MethSpec       ::=     Identifier ":" "METHOD"
                              [ "(" ParamClassList ")" ]
                              [ ":" ClassIdent ] [ "EXC" ExcTypeList ] ";".


(10)   MethDec        ::=     Identifier ":" "METHOD"
                              [ "(" FormParamList ")" ]
                              [ ":" ClassIdent ] [ "EXC" ExcTypeList ] ";"
                              MethBody ";".
```

Welche Konsequenzen das Weiterreichen von Ausnahmen über Methoden hinweg auf die Syntax der Methodendeklaration besitzt, soll im folgenden Beispiel gezeigt werden.

Beispiel 3-1:

```
EXC TooCold;
. . .
Testing: METHOD;                    Adjust: METHOD EXC TooCold;
BODY                                BODY
   . . .                               . . .
   Adjust();                        END METHOD;
   . . .
END METHOD;
```

Zunächst wird die Ausnahme *TooCold* deklariert. *TooCold* kann von der Methode *Adjust* an die Methode *Testing* weitergereicht werden. Ist dies der

Fall, so muß *Testing* die weitergereichte Ausnahme *TooCold* bearbeiten, da kein weiteres Weiterreichen an einen Aufrufer von *Testing* vorgesehen ist.

Durch die Forderung, daß alle weiterreichbaren Ausnahmen in der Methodenschnittstelle deklariert werden müssen, sind Typprüfungen und Prüfungen im Rahmen einer Datenflußanalyse zur Übersetzungszeit eines Programms möglich. Da wir auf das explizite Weiterreichen verzichten, wird der Schreibaufwand erheblich verringert.

Wenden wir uns nun den Aktivitäten eines Programms zu. In einer Aktivität kann eine Ausnahme eintreten. Außerdem kann eine Ausnahme, die bei einem Methodenaufruf eingetreten ist, an eine Aktivität weitergereicht werden. Die Aktivität kann Ausnahmen bearbeiten, jedoch nicht weiterreichen, da eine Aktivität eine eigenständige Einheit ist, die keinen Aufrufer besitzt.

Einplanungsmöglichkeit:

Einplanungen werden unter Verwendung der *WHEN*-Anweisung vorgenommen:

    (30)   ExcStmt   ::=   "WHEN" Expr "RAISE" Identifier .

Die Gültigkeit einer Ausnahmeeinplanung ist auf die Methode oder die Aktivität beschränkt, in der die Einplanungsanweisung formuliert ist. Zur Laufzeit eines Programms wird innerhalb dieser Methode bzw. Aktivität nach jedem Methodenaufruf überprüft, ob eine der eingeplanten Ausnahmebedingungen wahr ist. Die Überprüfung findet nach jedem Methodenaufruf statt, da ein solcher Aufruf die kleinste Anweisungseinheit ist, die in einem objektorientierten Programm Veränderungen vornehmen kann.

Der Gültigkeitsbereich einer Einplanung ist dynamisch veränderbar, d.h. durch Wiederholung der *WHEN*-Anweisung kann die Ausnahmebedingung geändert werden. Die zuletzt ausgeführte *WHEN*-Anweisung bestimmt die

Ausnahmebedingung einer eingeplanten Ausnahme. Folgendes Beispiel veranschaulicht die Wirkung der Einplanungsanweisung.

Beispiel 3-2:

```
EXC  TooHot;
. . .
WHEN Temperature > 20 RAISE TooHot;
    /*Die eingeplante Ausnahmebedingung hängt nur von der Temperatur
    ab.*/
. . .
WHEN ( Temperature > 25 ) AND ( Pressure > 100 ) RAISE TooHot;
    /*Die Einplanung für die Ausnahme TooHot wird geändert. Die Ausnahmebedingung hängt jetzt sowohl von der Temperatur als auch vom Druck ab.*/
. . .
```


Freigabe- und Sperrmöglichkeiten:

Für das Freigeben einer Ausnahme steht die Anweisung


```
(30)   ExcStmt        ::=       "ENABLE_EXC" Identifier .
```

für das Sperren steht die Anweisung


```
(30)   ExcStmt        ::=       "DISABLE_EXC" Identifier.
```

zur Verfügung.

Wir gehen davon aus, daß zunächst alle Ausnahmen freigegeben sind. Eine Sperranweisung ist maximal so lange gültig, solange der Methodenrumpf, in dem die Sperranweisung ausgeführt wurde, noch nicht abgearbeitet ist. Entsprechend ist der Gültigkeitsbereich der Sperranweisung auch auf die Lebensdauer einer Aktivität beschränkt.

Die Freigabe einer nicht gesperrten Ausnahme hat, ebenso wie das Sperren einer gesperrten Ausnahme, keine Auswirkung. Freigeben und Sperren sind Eigenschaften, die sich dynamisch zur Laufzeit des Programms auswirken. Zur Übersetzungszeit kann im allgemeinen noch nicht festgestellt werden, welche Freigabe- und Sperranweisungen ausgeführt werden. Da in unserem Ansatz das Ausnahmekonzept als Strukturierungsmittel gesehen wird, führt das Sperren von Ausnahmen zu weniger übersichtlichen Programmen und ist deshalb nur mit Vorsicht zu verwenden. Man kann Ausnahmen gut dafür einsetzen, um z.B. Abbruchkriterien von Schleifen zu definieren. Hier kann das Sperren von Ausnahmen zu Endlosschleifen im Programm führen.

Nachdem wir hiermit alle Eigenschaften vorgestellt haben, die für Ausnahmen vorgesehen sind, wenden wir uns nun den Ausnahmebearbeitern zu.

3.2.2 Die Eigenschaften der Ausnahmebearbeiter

In diesem Abschnitt stellen wir die Eigenschaften der Ausnahmebearbeiter vor. Wir verwenden wieder wie oben die Begriffe des in Kapitel 3.1.3 eingeführten Klassifikationsschemas.

Definitionsrecht:

Wir lassen sowohl systemdefinierte als auch benutzerdefinierte Ausnahmebearbeiter zu. Systemdefinierte Bearbeiter sind global gültig. Benutzerdefinierte Bearbeiter für systemdefinierte Ausnahmen schränken den Gültigkeitsbereich systemdefinierter Bearbeiter ein.

Lokalisierung:

Bearbeiterdeklarationen sind global, auf Klassen-, auf Methoden- und auf Aktivitätsebene zulässig. Die Syntax dieser Strukturierungseinheiten sieht, nachdem sowohl Ausnahmen- als auch Bearbeiterdeklarationen aufgenommen sind, folgendermaßen aus:

```
(1)     Unit          ::=    "UNIT"
                             [ ExcDec ] ClassDec { ";" ClassDec }
                             { HandDec }
                             "END" "UNIT".


(4)     PrivateSec    ::=    "BODY"
                             [ ExcDec ] { VarDec } { MethDec }
                             [ ActivityDec ] { HandDec }
                             "END" "CLASS".


(13)    ActivityDec   ::=    "ACTIVITY"
                             [ ExcDec ] { VarDec } [ StmtList ] { HandDec }
                             "END" "ACTIVITY" ";".


(14)    MethBody      ::=    "BODY"
                             [ ExcDec ] { VarDec } [ MethStmtList ]
                             { HandDec }
                             "END" "METHOD".
```

Ausnahmebearbeiter werden wie folgt deklariert:

```
(27) HandDec          ::=    "ON" Identifier [ "(" FormParamList ")" ]
                             [ ":" ClassIdent ] [ "EXC" ExcTypeList ] "DO"
                             { VarDec } [ HandStmtList ]
                             "END" "ON" ";".
```

Der Bezeichner des Bearbeiters definiert, für welche Ausnahme der Bearbeiter zuständig ist. Innerhalb eines Bearbeiters können, ebenso wie in einer Methode, Ausnahmen eintreten. Ausnahmen können auch an einen Bearbeiter weitergereicht werden. Ein Bearbeiter kann diese eingetretenen oder weitergereichten Ausnahmen wiederum weiterreichen; solche weiterreichbaren Ausnahmen müssen ebenfalls in der Bearbeiterschnittstelle definiert werden. Im Rumpf des Bearbeiters sind lokale Variablendeklarationen sowie Anweisungsfolgen möglich.

Der Gültigkeitsbereich eines Bearbeiters ist entsprechend den Gültigkeitsregeln in blockstrukturierten Sprachen definiert. Die Unit-Ebene entspricht dem äußersten Block, die Klassen-Ebene dem nächstinneren Block und die Methoden- bzw. Aktivitätsebene dem innersten Block. Ein Bearbeiter ist dann so lange gültig, bis in einem inneren Block der gleichen Ausnahme ein neuer Bearbeiter zugeordnet wird.

Anhand des folgenden Beispiels wollen wir die Gültigkeitsregeln für Ausnahmebearbeiter veranschaulichen:

Beispiel 3-3:

```
UNIT
    EXC TooHot;
    . . .
    One = CLASS
        . . .
        ON TooHot DO . . . END ON;  /* Bearbeiter H2 */
    END CLASS;

    .

    .

    .
    Two = CLASS
        . . .
        ON TooHot DO . . . END ON;  /* Bearbeiter H3 */
    END CLASS;
```

```
    Three = CLASS
      . . .
    END CLASS;
      .
      .
      .
    ON TooHot DO  . . .  END ON;  /* Bearbeiter H1 */
  END UNIT
```

Der Bearbeiter *H1* ist global gültig. In den Klassen *One* und *Two* wird *H1* durch die Bearbeiter *H2* bzw. *H3* ersetzt. In Klasse *Three* ist *H1* gültig. *H2* ist in der ganzen Klasse *One*, *H3* ist in der ganzen Klasse *Two* gültig.

Syntaktisch sind Bearbeiterdeklarationen jeweils am Ende einer Methode, Aktivität, Klasse oder Übersetzungseinheit möglich. Bearbeiter können nicht innerhalb des Anweisungsteils von Methoden definiert werden. Wir haben somit einen statischen Gültigkeitsbereich festgelegt.

Zugriffsbereich:

Für eine Ausnahme kann zur Übersetzungszeit bestimmt werden, welche Bearbeiter ihr statisch zugeordnet sind. Welche Bearbeiter einer Ausnahme dynamisch zugeordnet sind, hängt von der Aufrufreihenfolge der Methoden ab. Hier können im Rahmen einer Datenflußanalyse lediglich worst-case-Annahmen gemacht werden. Auf die Prüfungsmöglichkeiten für die Ausnahmebehandlung im Rahmen der statischen Typprüfung und Datenflußanalyse gehen wir im fünften Kapitel ein.

Der Zugriffsbereich eines Ausnahmebearbeiters umfaßt den Gültigkeitsbereich des Bearbeiters und zusätzlich alle Methoden, die aus dem Gültigkeitsbereich aufgerufen werden können und Ausnahmen weiterreichen können. Ein Ausnahmebearbeiter ist somit zuständig für die Ausnahmen, die in einer Methode oder einer Aktivität innerhalb seines Gültigkeitsbereichs eintreten können und zusätzlich auch für die Ausnahmen, die über Methodenaufrufe weitergereicht werden.

Parametrisierbarkeit:

Die Ausnahmebearbeiter sind parametrisierbar, d.h. bei der Deklaration eines Bearbeiters müssen die formalen Parameter angegeben werden. Ausnahmebezeichner stellen den Bezug von der (nicht-parametrisierbaren) Ausnahme zu dem Ausnahmebearbeiter her. Deshalb müssen die Parameterklassen bei der Deklaration von Ausnahmen und bei der Definition der weiterreichbaren Ausnahme in der Methoden- bzw. Bearbeiterschnittstelle angegeben werden. Die aktuellen Parameter müssen bei der Einplanungsanweisung eingesetzt werden.

```
(26)   ExcType     ::=   Identifier [ "(" ParamClassList ")" ].
(30)   ExcStmt     ::=   "WHEN" Expr "RAISE"
                         Identifier [ "(" ExprList ")" ].
```

Aufrufbarkeit:

Ein Ausnahmebearbeiter kann mit Hilfe der *RAISE*-Anweisung aufgerufen werden. Die Syntax dieser Anweisung ist folgendermaßen definiert:

```
(30)   ExcStmt     ::=   "RAISE" Identifier [ "(" ExprList ")" ].
```

Für benutzerdefinierte Ausnahmen muß entweder eine Einplanung vorgenommen oder der Bearbeiter direkt aufgerufen werden. Für systemdefinierte Ausnahmen ist es ebenfalls möglich, den Bearbeiter mit Hilfe der *RAISE*-Anweisung aufzurufen. Damit können die Bearbeiterreaktionen geprüft werden, ohne daß die Ausnahmebedingung erfüllt sein muß. Dies ist deshalb sinnvoll, da es für systemdefinierte Ausnahmen unter Umständen sehr schwierig ist, einen Zustand herzustellen, der dazu führt, daß die Ausnahme eintritt.

Freigabe- und Sperrmöglichkeiten:

Wir wollen Freigabe- und Sperranweisungen in unser Ausnahmekonzept integrieren. Ebenso wie bei Ausnahmen, sind alle Bearbeiter zunächst freigegeben. Die Sperranweisungen für Bearbeiter sind jedoch, im Gegensatz zu Ausnahmen, global gültig; sie werden also bei Verlassen der Methode oder Aktivität nicht "vergessen".

Für die Freigabe- und Sperranweisungen sind verschiedene Semantiken denkbar, die wir in folgendem Überblick vorstellen und bewerten:

1.   Sperren aller möglichen Bearbeiter

     Hier werden alle Bearbeiter gesperrt, die die eingetretene Ausnahme behandeln können. Als Folge des Sperrens wird keine Bearbeitung durchgeführt. Das Eintreten der Ausnahme bewirkt also keinen Wechsel im Kontrollfluß.

     Das Sperren aller möglichen Bearbeiter darf nicht mit dem Sperren von Ausnahmen gleichgesetzt werden. Der Gültigkeitsbereich der Sperranweisung für Ausnahmen ist auf die Methode bzw. die Aktivität begrenzt, in der die Anweisung ausgeführt wird. Der Gültigkeitsbereich von Sperranweisungen für Bearbeiter ist nicht begrenzt. Die Sperrung eines Bearbeiters ist so lange gültig, bis die entsprechende Freigabeanweisung ausgeführt wird, unabhängig davon, welchen Methoden oder Aktivitäten die Anweisungen zuzuordnen sind.

Als alleiniger Sperrmechanismus scheint uns dies zu wenig flexibel. Ein gezieltes Sperren ist ähnlich auch über das Sperren von Ausnahmen erreichbar. Wir beschäftigen uns daher nicht weiter mit dieser Möglichkeit.

2.   Qualifiziertes Sperren

Hier kann jeder Bearbeiter direkt, z.B. durch Angabe der Klasse, Methode bzw. Aktivität und der Ausnahme, angesprochen und gesperrt werden. Die Sperranweisung wirkt sich nur dann aus, wenn der gesperrte Bearbeiter für die eingetretene Ausnahme zuständig ist.

Das qualifizierte Sperren von Bearbeitern setzt voraus, daß der Methode bzw. der Aktivität die jeweiligen Bezeichner bekannt sind. Dies ist gerade in einem objektorientierten System im allgemeinen nicht der Fall, zudem Ausnahmebezeichner nur indirekt zur Schnittstelleninformation eines Objekts gehören. Es bietet sich daher an, den Zugriff nur auf solche Bearbeiter zu beschränken, die dem jeweiligen Objekt bekannt sind. Eine solche Möglichkeit ist im nachfolgenden 3. Fall gegeben.

3.   Sperren der Bearbeiter, die einer Ausnahme statisch zugeordnet sind

Hier können diejenigen Bearbeiter gesperrt werden, in deren Gültigkeitsbereich die Sperranweisung liegt. Dabei ist wiederum eine ganze Bandbreite von Interpretationsmöglichkeiten gegeben. Sperrt man alle statisch zugeordneten Bearbeiter, so muß die Ausnahme weitergereicht werden. Sperrt man den "innersten" statisch zugeordneten Bearbeiter, so kann immer noch ein anderer statisch zugeordneter Bearbeiter existieren, von dem die Behandlung durchgeführt werden kann. Sperrt man qualifiziert, so wirkt sich die Sperranweisung nur dann aus, wenn der gesperrte Bearbeiter für die Bearbeitung zuständig ist.

Diese Sperranweisungen wirken auf die statisch zugeordneten Bearbeiter. Hier ist bereits zur Übersetzungszeit überschaubar, welche Bearbeiter zur Verfügung stehen, so daß der Programmierer die Wirkung der Sperranweisung nachvollziehen kann. Insbesondere wirkt die entsprechende Freigabeanweisung auch bei einem anderen Aufruf der gleichen Methode auf den gleichen Bearbeiter.

Wir haben diesen Sperrmechanismus in unseren Ausnahmemechanismus aufgenommen. Es werden verschiedene Sperranweisungen eingeführt, die es gestatten, den innersten, den methodenlokalen, klassenlokalen oder globalen Bearbeiter getrennt voneinander zu sperren.

4.   Sperren der Bearbeiter, die einer Ausnahme dynamisch zugeordnet sind

Von der Sperrung betroffen sein können hier die Bearbeiter, in deren Zugriffsbereich die Sperranweisung liegt. Hierdurch können auch Bearbeiter erfaßt werden, die einer Ausnahme statisch zugeordnet sind, Fall 3 ist also ein Spezialfall von Fall 4. Darüber hinaus können Bearbeiter beeinflußt werden, an die eine Ausnahme weitergereicht werden kann. Bei der Definition der Sperrmöglichkeiten ist eine ähnlich differenzierte Betrachtungsweise wie für Fall 3 möglich.

Dieser Sperrmechanismus bietet die größte Flexibilität, seine Wirkung ist aber auch am wenigsten vorhersehbar. Welche Bearbeiter konkret zur Laufzeit eines Programms gesperrt werden, hängt von der jeweiligen Aufrufreihenfolge der Methoden ab. In der Methode, in der die Sperranweisung ausgeführt wird kennt man diese Reihenfolge im allgemeinen nicht, so daß meist auch nicht bekannt ist, welche Bearbeiter zur Verfügung stehen. Die zu einer Sperranweisung gehörende Freigabeanweisung kann also bei einem anderen Aufruf der gleichen Methode auf einen anderen Bearbeiter wirken als die Sperranweisung. Somit wird die Wirkung der Freigabe- und Sperranweisungen schwer überschaubar. Wir haben deshalb diesen Mechanismus nicht in unser Konzept integriert.

In das von uns entwickelte Ausnahmekonzept haben wir den Sperrmechanismus 3 eingefügt. Die Syntax ist folgendermaßen definiert:

```
(30)   ExcStmt        ::=    "ENABLE_NEXT_HAND" Identifier    |
                            "DISABLE_NEXT_HAND" Identifier    |
                            "ENABLE_METH_HAND" Identifier    |
                            "DISABLE_METH_HAND" Identifier    |
                            "ENABLE_CLASS_HAND" Identifier    |
                            "DISABLE_CLASS_HAND" Identifier |
                            "ENABLE_UNIT_HAND" Identifier    |
                            "DISABLE_UNIT_HAND" Identifier.
```

Mit diesen Anweisungen ist es möglich, den innersten, den methodenlokalen, klassenlokalen und den globalen, einer Ausnahme statisch zugeordneten, Bearbeiter zu sperren und freizugeben.

3.3 Möglichkeiten zur Fortsetzung

In dem vorangehenden Abschnitt haben wir die Eigenschaften des neuen Konzepts zur Ausnahmebehandlung vorgestellt. Dabei sind wir noch nicht auf die Fortsetzungsmöglichkeiten nach Abschluß einer Ausnahmebearbeitung eingegangen. Aufgrund der zentralen Stellung, die diese Eigenschaft im Rahmen einer Ausnahmebehandlung einnimmt, wollen wir der Diskussion der Fortsetzungsmöglichkeiten einen eigenen Abschnitt widmen.

Ein Blick in die Literatur über Ausnahmebehandlung zeigt, daß die Beschreibung von Fortsetzungsmöglichkeiten im Vergleich zu anderen Eigenschaften der Ausnahmekonzepte einen breiten Raum einnimmt. Man stellt fest, daß es sehr unterschiedliche Vorschläge für Fortsetzungen gibt. Problematisch an diesen Vorschlägen ist, daß die Begriffe zur Beschreibung der Fortsetzungsmöglichkeiten nicht einheitlich verwendet werden und formale Semantikdefinitionen der Fortsetzungen nur selten angegeben werden. Es ist somit sehr schwer, die verschiedenen Vorschläge für Fortsetzungen miteinander zu vergleichen. Gerade diesen Mängeln wollen wir entgegenwirken.

Wir entwickeln zunächst ein Gliederungsschema für Fortsetzungen. In dieses Schema können die bereits existierenden Fortsetzungsmöglichkeiten ebenso eingeordnet werden, wie die in der vorliegenden Arbeit neu eingeführten. Eine besondere Situation liegt vor, wenn während der Ausnahmebearbeitung eine Ausnahme eintritt. Wir werden zeigen, inwieweit diese Situation bei der Definition der Fortsetzungsmöglichkeiten berücksichtigt werden muß. Anschließend wird beschrieben, welchen Einfluß Eigenschaften objektorientierter Programmiersprachen auf die Fortsetzungsmöglichkeiten eines Ausnahmekonzepts nehmen können. Hierzu untersuchen wir die Datenabstraktion und die Kommunikationsmechanismen objektorientierter Sprachen.

3.3.1 Ein Gliederungsschema

In diesem Abschnitt entwickeln wir ein Gliederungsschema für die Fortsetzungsmöglichkeiten im Rahmen einer Ausnahmebehandlung.

Gemäß Definition 3-22 kennzeichnet eine Fortsetzung die Anweisung eines Programms, mit der die Programmabarbeitung fortgesetzt werden soll. Ziel der nachfolgenden Überlegungen ist es, diese Anweisungen präzise zu identifizieren und die möglichen Fortsetzungen systematisch zu erfassen. Für die systematische Erfassung definieren wir verschiedene Bezugspunkte. Für jeden dieser Bezugspunkte wird angegeben, mit welchen Anweisungen das Programm fortgesetzt werden kann.

Definition 3-23:

> Eine Strukturierungseinheit eines Programms, in der eine eingeplante Ausnahme eintritt oder die einen Ausnahmebearbeiter direkt aufruft, heißt **Verursacher**.

Die einzigen Strukturierungseinheiten in einem objektorientierten Programm, in denen Ausnahmen eintreten oder Ausnahmebearbeiter aufgerufen werden können, sind Methoden, Ausnahmebearbeiter und Aktivitäten.

Tritt eine systemdefinierte Ausnahme ein, so ist der Verursacher in einer Laufzeitroutine anzusiedeln. Bei benutzerdefinierten Ausnahmen ist der Verursacher immer im eigentlichen Programm zu finden. Dies ist der einzige prinzipielle Unterschied zwischen systemdefinierten und benutzerdefinierten Ausnahmen. Da sich dieser Unterschied nicht auf die Semantikdefinition auswirkt, können wir im folgenden system- und benutzerdefinierte Ausnahmen gemeinsam untersuchen.

Wir treffen folgende Vereinbarungen:

- Unter dem **Eintreten des Ausnahmeereignisses** wird von nun an immer auch das direkte Aufrufen eines Ausnahmebearbeiters verstanden. Damit müssen wir nicht mehr zwischen systemdefinierten Ausnahmen und benutzerdefinierten Ausnahmen unterscheiden.

- Für die allgemeine Analyse der Fortsetzungsmöglichkeiten gehen wir von sequentiellen Programmen aus, bei denen Ausnahmen nur in Methoden eintreten können. Ausnahmen, die in Bearbeitern und in Aktivitäten eintreten, werden gesondert betrachtet.

- In diesem Abschnitt untersuchen wir die Methoden unabhängig von ihrer Klassen- bzw. Objektzugehörigkeit. Inwieweit sich die Objektorientierung auf die Fortsetzungsmöglichkeiten auswirkt, diskutieren wir in einem eigenen Abschnitt.

Betrachten wir eine Folge noch nicht abgeschlossener Methodenaufrufe bis zu der Methode, in der eine Ausnahme *Exc* eintritt. Die Methode, in der die Ausnahme eintritt, bezeichnen wir gemäß Definition 3-23 als Verursacher, die anderen Methoden bezeichnen wir als Aufrufer. Graphisch wollen wir die Situation folgendermaßen darstellen:

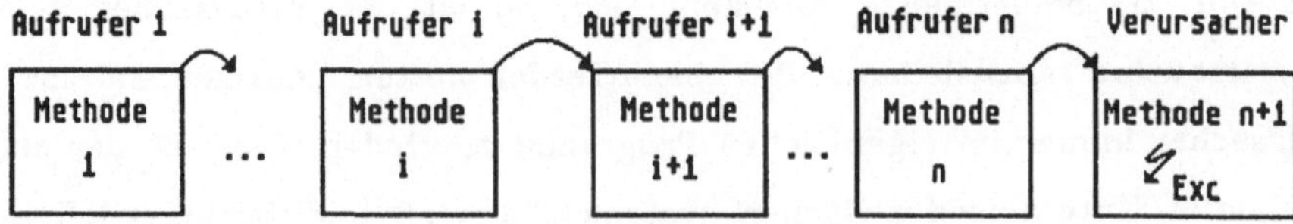

Bild 3-1: Aufrufkette zum Verursacher

Im weiteren bezeichnen wir eine solche Folge von Methodenaufrufen als
(Methoden-) Aufrufkette.

Zur Bestimmung des für eine eingetretene Ausnahme zuständigen Bearbeiters
wird zunächst geprüft, ob ein statisch zugeordneter Bearbeiter vorgesehen
ist. Ist dies der Fall, wird der ermittelte Bearbeiter ausgeführt, andernfalls
wird die Ausnahme entlang der umgekehrten Aufrufkette so lange weitergereicht, bis ein statisch zugeordneter Bearbeiter gefunden wird.

In einer Methodenaufrufkette wollen wir drei Methoden auszeichnen:

-   Verursacher,
-   Bearbeitermethode und
-   Auslöser.

Definition 3-24:

Die Methode, die einer eingetretenen oder weitergereichten Ausnahme
einen statisch zugeordneten Bearbeiter zur Verfügung stellt, heißt
Bearbeitermethode.

Definition 3-25:

Die Methode, die eine eingetretene oder weitergereichte Ausnahme an die
Bearbeitermethode weiterreicht, heißt **Auslöser**.

Die Aufrufkette aus Bild 3-1 läßt sich, nachdem der für die eingetretene Ausnahme zuständige Bearbeiter ermittelt ist, folgendermaßen präzisieren:

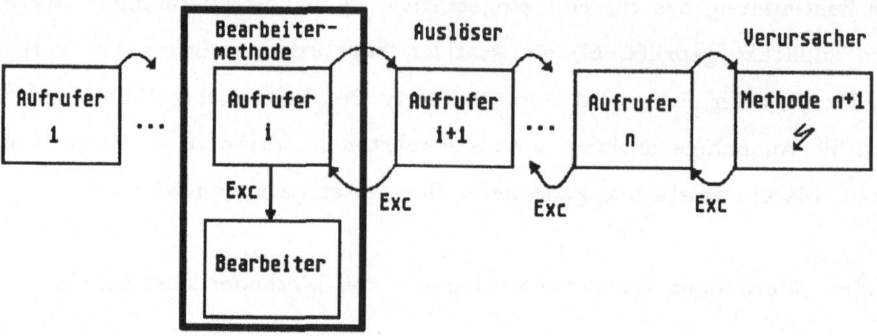

Bild 3-2: Weiterreichen der Ausnahme entlang der umgekehrten Aufrufkette

Für die Definition der Fortsetzungsmöglichkeiten werden Verursacher, Auslöser und Bearbeitermethode als zulässige Bezugspunkte definiert. Jeder dieser Bezugspunkte kennzeichnet eindeutig eine Methode in der Aufrufkette (im folgenden auch als Bezugsmethode bezeichnet), die nach Abschluß der Ausnahmebearbeitung entweder

- fortgesetzt oder
- beendet oder
- neu aufgerufen werden kann.

Das Fortsetzen des Bezugspunkts (...RESUME) wird anweisungsbezogen verstanden, d.h. die Programmabarbeitung wird mit der Anweisung des Bezugspunkts fortgesetzt, die auf die Anweisung folgt, bei der die Ausnahme eingetreten ist.

Das Beenden des Bezugspunkts (...TERMINATE) ist methodenbezogen definiert. Der Bearbeiter beendet den Aufruf der Bezugsmethode, und es wird im Aufrufer des Bezugspunkts, nach dem jeweiligen Methodenaufruf, fortgesetzt. Besitzt die Bezugsmethode einen Rückgabeparameter, so muß der Bearbeiter

dem Aufrufer der Bezugsmethode genau diesen Parameter zur Verfügung
stellen.

Für das erneute Aufrufen des Bezugspunkts sind zwei Varianten vorgesehen.
Im Sinne eines Noch-einmal-Versuchens (...RETRY) werden die alten Variablen-
werte der Bezugsmethode übernommen und lediglich die Anweisungen der
Methode, nicht aber die Deklarationen, wiederholt. Im Sinne eines Neu-
Versuchens(...REINIT) werden auch die Deklarationen wiederholt, so daß alte
Variablenwerte nicht übernommen werden können.

Bei jeder dieser drei Fortsetzungsmöglichkeiten werden für die Bezugspunkte
"Bearbeitermethode" und "Auslöser" noch weitere - nicht abgeschlossene -
Methodenaufrufe beeinflußt. Diese Methodenaufrufe lassen sich anhand der
Aufrufkette identifizieren. Es sind gerade die Aufrufe vom Bezugspunkt zum
Verursacher, die nach Abschluß der Ausnahmebearbeitung abgebrochen und
als beendet angesehen werden.

Graphisch lassen sich die Fortsetzungsmöglichkeiten für den Verursacher,
den Auslöser und die Bearbeitermethode folgendermaßen veranschaulichen:

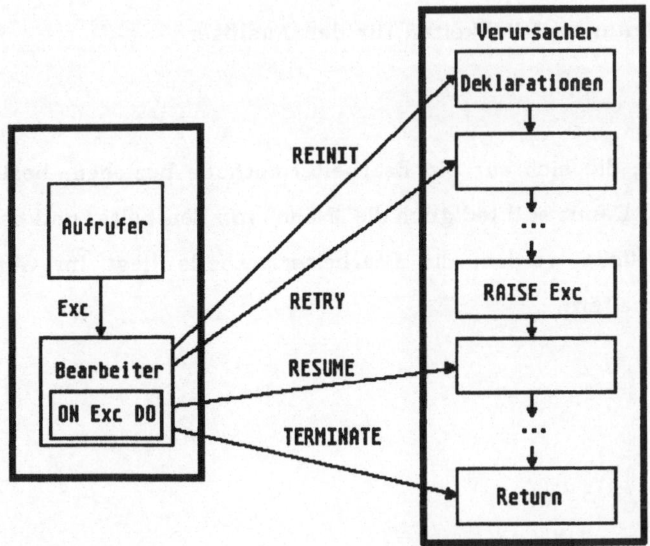

Bild 3-3: Fortsetzungsmöglichkeiten für den Verursacher

Beziehen sich die Fortsetzungsanweisungen auf den Auslöser, so wird immer das Schlüsselwort *PROP_* vor der Anweisung angefügt. Dieser Begriff leitet sich aus dem in englischsprachigen Veröffentlichungen häufig für das Weiterreichen von Ausnahmen verwendeten Verb *to propagate* ab.

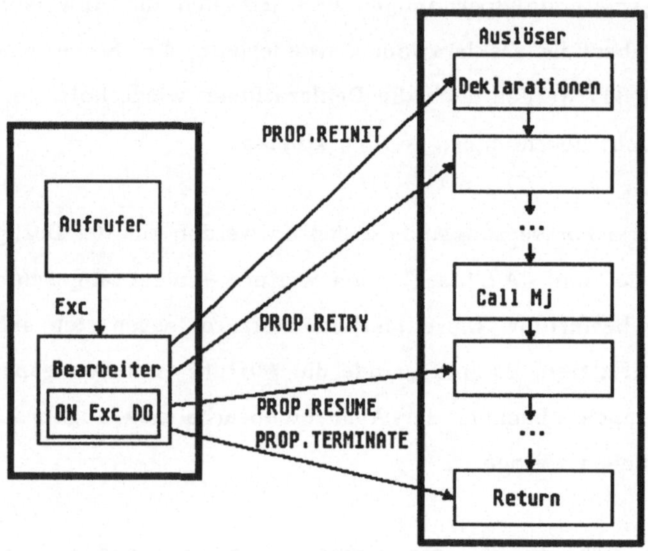

Bild 3-4: Fortsetzungsmöglichkeiten für den Auslöser

Die Anweisungen, die sich auf die Bearbeitermethode beziehen, besitzen alle das Präfix *SELF_*. Damit soll lediglich die "Nähe" von Bearbeiter und Bearbeitermethode ausgedrückt werden: die Bearbeitermethode liegt im Gültigkeitsbereich des Bearbeiters.

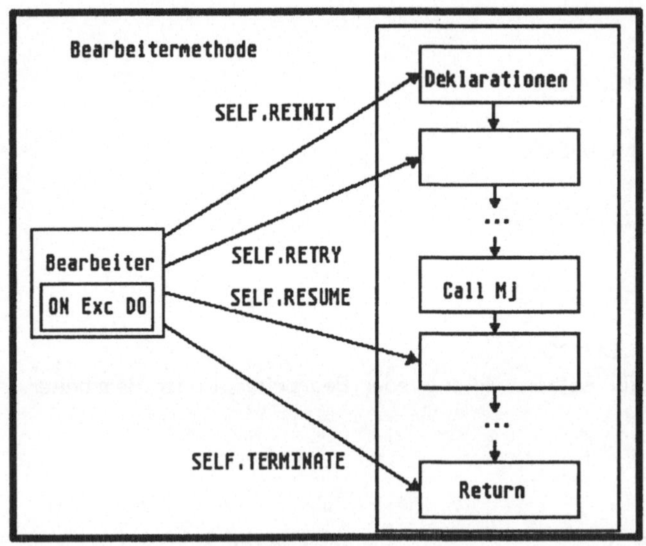

Bild 3-5: Fortsetzungsmöglichkeiten für die Bearbeitermethode

Das Fortsetzen einer Methode wird immer anweisungsbezogen verstanden,
d.h. es wird mit der Anweisung fortgesetzt, die auf die Anweisung folgt, in
der die Ausnahme eingetreten ist.

Das Ersetzen einer Methode ist methodenbezogen definiert. Der Bearbeiter
beendet die Methode und es wird im Aufrufer der Methode nach dem Methodenaufruf, also etwa innerhalb eines Ausdrucks, fortgesetzt.

Ein Beispiel soll den Unterschied deutlich machen.

Beispiel 3-4:

```
EXC  ZeroDiv;
. . .
Div : METHOD ( n: INTEGER ) : INTEGER  EXC ZeroDiv;
BODY
  . . .
END METHOD;
. . .
```

```
Mul: METHOD ( x: INTEGER ) : INTEGER;
BODY
  . . .
END METHOD;
. . .
Compute: METHOD;
BODY
VAR a,b,c,z: INTEGER;
   . . .
   z := a.Div(b).Mul(c);
   . . .
   ON ZeroDiv DO
   /* hierfür setzen wir entweder Bearbeiter 1 oder Bearbeiter 2 ein */
   END ON;
END METHOD;
```

Bearbeiter 1:   **Bearbeiter 2:**

```
ON ZeroDiv DO                        ON ZeroDiv : INTEGER DO
  . . .                                 VAR Result : INTEGER;
  z := . . .                            . . .
    SELF_RESUME;                        PROP_TERMINATE ( Result );
END ON;                              END ON;
```

Bearbeiter 1 setzt die Bearbeitermethode fort, d.h. die Wertzuweisung, in der
die Ausnahme eingetreten ist, wird als beendet angesehen und mit der Nach-
folgeanweisung wird fortgesetzt.

Bearbeiter 2 dagegen beendet den Auslöser, d.h. liefert das von der Division
erwartete Ergebnis zurück, so daß die nachfolgende Multiplikation und
Wertzuweisung durchgeführt werden kann.

Mit diesem Beispiel wollen wir die Vorstellung des Gliederungsschemas für
Fortsetzungsmöglichkeiten abschließen. Wir untersuchen in den folgenden
Abschnitten drei Besonderheiten, die im Zusammenhang mit den Fortsetzungs-
möglichkeiten eines Ausnahmekonzepts stehen. Zunächst betrachten wir, wie
Ausnahmen behandelt werden müssen, die bei der Ausnahmebearbeitung
eintreten. Anschließend diskutieren wir den Einfluß der Datenkapselung auf

die Fortsetzungsmöglichkeiten zwischen verschiedenen Objekten. Den Abschluß bildet die Übertragung der Fortsetzungsmöglichkeiten auf objektorientierte Prozeßsysteme.

3.3.2 Ausnahmen, die bei der Ausnahmebearbeitung eintreten

Tritt während der Ausnahmebearbeitung selbst wieder eine Ausnahme ein, so muß zunächst diese neu eingetretene Ausnahme behandelt werden, bevor mit der ursprünglichen Bearbeitung fortgesetzt werden kann. Bisher hatten wir nur Methodenaufrufe in der Aufrufkette gegeben, nun können auch Bearbeiter auftreten. Wir wollen untersuchen, wie in dieser Situation die Fortsetzungsmöglichkeiten nach Bearbeitung der neu eingetretenen Ausnahme interpretiert werden müssen.

Für die folgende Beschreibung wählen wir Bezeichnungen, die auch in den Bildern 3-6 und 3-7 zu finden sind. Es bezeichne *Exc1* die ursprünglich eingetretene Ausnahme und *Exc2* die neu eingetretene Ausnahme. Der für *Exc1* zuständige Bearbeiter sei *H1*, der für *Exc2* zuständige Bearbeiter sei *H2*.

Der für die Bearbeitung der Ausnahme *Exc2* zuständige Bearbeiter *H2* wird entlang der umgekehrten Aufrufkette ermittelt. Abhängig davon, welche Methode in dieser Aufrufkette den Bearbeiter *H2* zur Verfügung stellen, können wir folgende drei Fälle unterscheiden:

1. Die Ausnahme muß nicht bis zum Bearbeiter *H1* weitergereicht werden, da der Bearbeiter *H2* bereits vorher statisch zugeordnet ist.

2. Die Bearbeitermethode zu *H1*, oder *H1* selbst, stellt den Bearbeiter *H2* zur Verfügung.

3. Die Ausnahme muß über den Bearbeiter *H1* hinaus entlang der umgekehrten
    Aufrufkette weitergereicht werden.

Im ersten Fall können wir die Ergebnisse aus Kapitel 3.3.1 direkt übertragen,
da der Bearbeiter *H1* nicht in der Aufrufkette auftaucht. Die Ausnahme *Exc2*
kann bearbeitet werden. Anschließend wird die Bearbeitung der Ausnahme
Exc1 weitergeführt.

Betrachten wir nun den zweiten Fall. Nachdem die Bearbeitung der Ausnahme *Exc2* durchgeführt ist, muß die Fortsetzung ermittelt werden. Ist der
Bearbeiter *H1* nicht der Bezugspunkt der Fortsetzung, so können ebenfalls
die Ergebnisse aus Kapitel 3.3.1 auf unsere Situation übertragen werden. Ist
der Bearbeiter selbst Bezugspunkt der Fortsetzung, so ist zunächst unklar,
wie das Beenden (TERMINATE) des Bearbeiters definiert werden muß.

Graphisch läßt sich die Situation für den zweiten Fall wie folgt beschreiben:

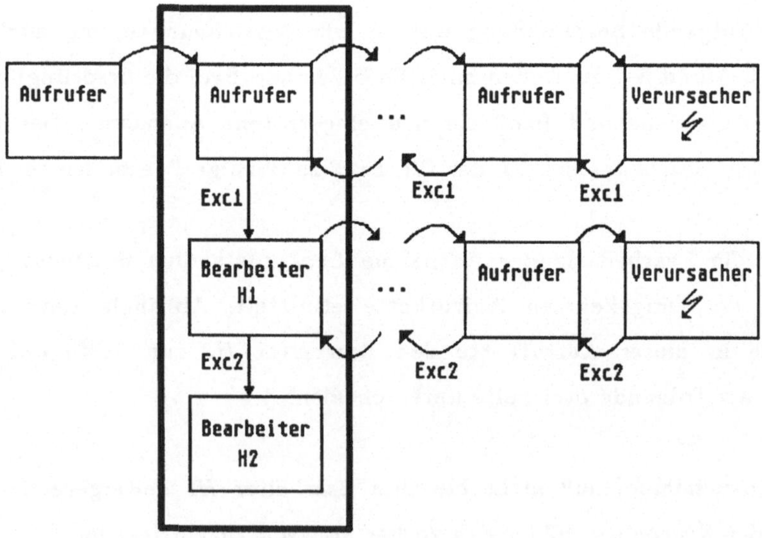

Bild 3-6: Ausnahme, die bei der Ausnahmebearbeitung eingetreten ist (Fall 2)

Bei einem Methodenaufruf heißt "Beenden der Methode", daß der Bearbeiter einen Rückgabeparameter vom gleichen Typ wie der Rückgabeparameter der Methode liefern muß. Vom Bearbeiter wird erwartet, daß er sich so verhält, wie sich die Methode verhalten würde.

Überträgt man diese Semantik auf Bearbeiter, heißt "Beenden des Bearbeiters", daß sich der Bearbeiter *H2* (siehe Bild 3-6) so verhalten muß, wie sich der Bearbeiter *H1* verhalten würde. *H2* enthält *TERMINATE* als Fortsetzungsanweisung. Somit muß auch *H1* eine *TERMINATE*-Anweisung enthalten. Eventuell vorhandene Rückgabeparameter müssen bei *H1* und *H2* vom gleichen Typ sein. Die Fortsetzung wird auf den in *H1* definierten Bezugspunkt ausgelegt. Enthält *H1* verschiedene Fortsetzungsanweisungen, so muß *H1* zumindest eine *TERMINATE*-Anweisung enthalten.

Wenden wir uns nun dem dritten Fall zu, bei dem die eingetretene Ausnahme an den Aufrufer der Bearbeitermethode für den Bearbeiter *H1* weitergereicht werden muß.

Auch hier läßt sich die Situation graphisch veranschaulichen:

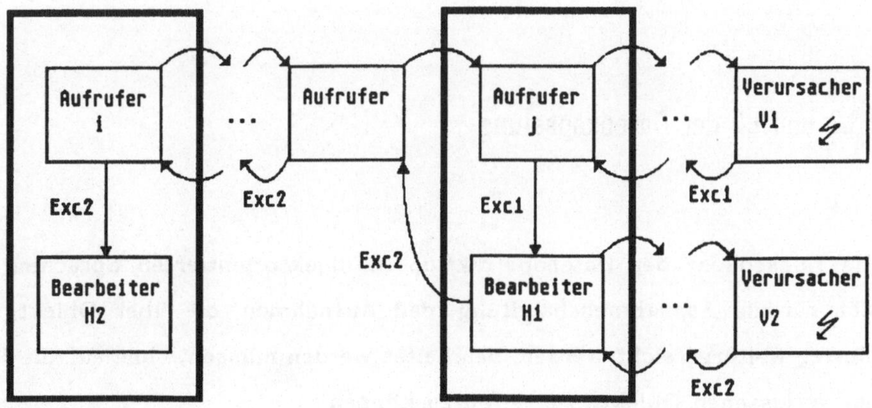

Bild 3-7: Ausnahme, die bei der Ausnahmebearbeitung eingetreten ist (Fall 3)

Will man jetzt die Semantik der Ausnahmefortsetzung definieren, so müssen für den Bearbeiter *H2* die Bezugspunkte identifiziert werden. Wir gehen dabei entsprechend unserer Definition in Abschnitt 3.3.1 vor. Damit ist *Aufrufer i* die Bearbeitermethode, *Aufrufer i+1* der Auslöser und *Verursacher V2* der Verursacher.

Für Fortsetzungen mit den Bezugspunkten "Bearbeitermethode" und "Auslöser" werden alle noch nicht abgeschlossenen Methodenaufrufe vom Bezugspunkt zu den beiden Verursachern beendet. Insbesondere wird auch Bearbeiter *H1* beendet. Die Ausnahmen *Exc1* und *Exc2* sind damit behandelt und werden gelöscht.

Ist der Verursacher als Bezugspunkt der Fortsetzung von *H2* definiert, so wird zunächst *V2* entsprechend der Fortsetzungsanweisung behandelt. Die Ausnahme *Exc2* ist damit bearbeitet und wird gelöscht. Die Ausnahme *Exc1* existiert weiterhin. Der Bearbeiter *H1* wird nun weiter abgearbeitet, mit dem Ziel, auch die in *V1* eingetretene Ausnahme ordnungsgemäß zu behandeln.

Damit haben wir gezeigt, daß Ausnahmen, die während der Ausnahmebearbeitung eintreten, auf die gleiche Weise behandelt werden können, wie Ausnahmen, die in Methoden eintreten.

3.3.3 Einfluß der Datenkapselung

Als Konsequenz der Datenabstraktion in objektorientierten Sprachen ergibt sich für die Ausnahmebehandlung, daß Ausnahmen, die über Objektgrenzen hinweg weitergereicht werden, bearbeitet werden müssen, ohne auf die Interna der verlassenen Objekte zugreifen zu können.

Die große Zahl der angegebenen Fortsetzungsmöglichkeiten ist, für den Fall, daß Bearbeitermethode und Bezugsmethode verschiedenen Objekten zuzuordnen sind, nicht mehr gegeben:

- Das Fortsetzen des Bezugspunktes ist nicht möglich, da damit eine Einflußnahme auf das interne Ablaufverhalten eines Objekts gegeben ist. Solch eine Einflußnahme widerspricht der Datenabstraktion. Ein Benutzer hätte damit direkten Einfluß auf das Synchronisationsverhalten eines Objekts. Man könnte dann als Benutzer die Ausführungsreihenfolge von Methoden sogar so manipulieren, daß Verklemmungen auftreten.

- Das Neustarten des Bezugspunktes entspricht einem impliziten Methodenaufruf. Unter Umständen wird dabei eine objektlokale Methode aufgerufen, was in objektorientierten Sprachen unzulässig ist. Das Neustarten kann außerdem problematisch sein, wenn die Seiteneffekte des Methodenaufrufs innerhalb des Bezugspunktes nicht genau bekannt sind.

- Das Beenden des Bezugspunktes ist nur dann möglich, wenn dem Bearbeiter die Funktionalität des Bezugspunktes bekannt ist. Die Bezugsmethode darf also nicht objektlokal deklariert sein. Zulässiger Bezugspunkt ist außerdem nur der Auslöser. Der Verursacher kann beendet werden, wenn er gleichzeitig Auslöser ist.

Berücksichtigt man diese Einschränkungen der Fortsetzungsmöglichkeiten, so lassen sich die zulässigen Fortsetzungen zwischen verschiedenen Objekten graphisch folgendermaßen darstellen:

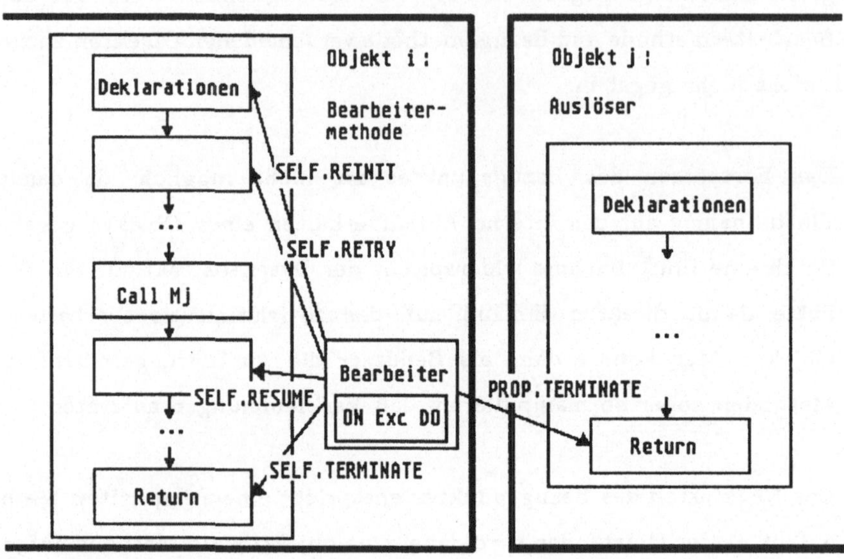

Bild 3-8: Fortsetzungen zwischen verschiedenen Objekten

Befinden sich Bearbeitermethode und Bezugspunkt im gleichen Objekt, steht
natürlich grundsätzlich die ganze Bandbreite der angebotenen Fortsetzungen
zur Verfügung. Ein konkreter Ausnahmemechanismus kann hierfür die zulässigen Fortsetzungen jedoch ebenso restriktiv handhaben wie zwischen Objekten. Dies sind Entscheidungen, die im Rahmen des entsprechenden Sprach-
entwurfs unter Berücksichtigung des Einsatzgebietes der Sprache, des gewünschten Laufzeitverhaltens und ähnlicher Faktoren getroffen werden
müssen.

Die obige Zweiteilung der zugelassenen Fortsetzungen erhöht natürlich den
Verwaltungsaufwand beträchtlich. Jetzt müssen zur Laufzeit Prüfungen vorgenommen werden, ob Ausnahmen innerhalb eines Objekts oder zwischen verschiedenen Objekten bearbeitet werden und in den zuständigen Bearbeitern
nur die erlaubten Fortsetzungen verwendet werden.

3.3.4 Fortsetzungsmöglichkeiten für Prozeßsysteme

Bei den bisherigen Untersuchungen der Fortsetzungsmöglichkeiten sind wir davon ausgegangen, daß wir sequentielle Programme vorliegen haben. In sequentiellen Programmen setzt der Aufrufer einer Methode seine eigene Bearbeitung immer erst dann fort, wenn der Methodenrumpf vollständig abgearbeitet ist.

In dem vorliegenden Abschnitt übertragen wir die für sequentielle Programme vorgestellten Fortsetzungsmöglichkeiten auf objektorientierte Prozeßsysteme. Hierzu ist es erforderlich, sowohl das Kommunikationsverhalten als auch die Prozeßeigenschaften in die Untersuchungen einzubeziehen.

Wenden wir uns zunächst dem Kommunikationsverhalten in einem objektorientierten Prozeßsystem zu. In Kapitel 2.3 hatten wir festgestellt, daß der Kommunikationsmechanismus angibt, ob ein Methodenaufruf synchron oder asynchron ausgeführt wird.

In einem Prozeßsystem, bei dem die Methodenaufrufe synchron erfolgen, muß der Aufrufer das Ende der Methodenabarbeitung abwarten, bevor er weiterarbeiten kann. Der Zustand des Aufrufers ändert sich während des Methodenaufrufs nicht. Für die Definition der Fortsetzungsmöglichkeiten müssen nur diejenigen Methoden betrachtet werden, die in der Methodenaufrufkette vom Aufrufer zum Verursacher zu finden sind. Diese Methodenaufrufe sind, aus der Sicht des Aufrufers, die einzigen noch nicht nicht beendeten Methodenaufrufe. Die Methodenaufrufkette für synchrone Methodenaufrufe besitzt also die gleiche Struktur wie die Aufrufkette in sequentiellen Programmen. Die Definition der Fortsetzungen für sequentielle Programme kann somit direkt auf Prozeßsysteme mit synchronen Methodenaufrufen übertragen werden und bedarf hier keiner weiteren Untersuchung.

Wir beschäftigen uns in diesem Abschnitt nur noch mit objektorientierten Prozeßsystemen, die ausschließlich asynchrone Methodenaufrufe vorsehen.

Im folgenden sprechen wir von **Aktivität** und **Methode**, wenn die syntaktischen Sprachelemente gemeint sind, und von **Aktivitätsprozeß** und **Methodenprozeß**, wenn die Nebenläufigkeit betont werden soll. Den Begriff **Prozeß** verwenden wir als Oberbegriff zu Aktivitätsprozeß und Methodenprozeß. Entsprechend führen wir die Begriffe **Bezugsprozeß**, **Verursacherprozeß**, **Auslöserprozeß** und **Bearbeitermethodenprozeß** ein.

Bei Prozeßsystemen mit asynchronem Methodenaufruf arbeitet der Aufrufer nach einem Methodenaufruf weiter. Jeder Methodenaufruf wird zu einem eigenständigen Methodenprozeß. Tritt in einem Methodenprozeß eine Ausnahme ein, können deshalb weit mehr nicht beendete Methodenaufrufe existieren, als in der Methodenaufrufkette vom ersten Aufrufer zum Verursacher vermerkt sind. Für die Definition der Bezugspunkte und der Semantik von Fortsetzungsmöglichkeiten werden die Methodenprozesse entlang der Methodenaufrufkette und alle noch nicht beendeten Methodenaufrufe benötigt.

Zunächst untersuchen wir, wie sich die unterschiedlichen Fortsetzungsmöglichkeiten auf den Zustand des Bezugsprozesses auswirken können.

Betrachten wir zunächst den Verursacherprozeß. Nachdem die Ausnahme eingetreten ist, wird die Ausnahmebearbeitung eingeleitet. Es scheint uns in dieser Situation nicht sinnvoll, den Verursacherprozeß weiterarbeiten zu lassen. Wir fordern deshalb, daß der Verursacherprozeß, sobald die Ausnahme eingetreten ist, angehalten wird und auf die Bearbeitung der Ausnahme wartet.

Um dieses Verhalten des Verursacherprozesses beschreiben zu können, erweitern wir das in Definition 2-7 angegebene Prozeßzustandsmodell, mit den Zuständen *ruhend* und *aktiv*, um den Zustand *(auf Ausnahmebearbeitung) wartend*.

Der Verursacherprozeß wechselt, sobald eine Ausnahme eingetreten ist, vom Zustand *aktiv* in den Zustand *(auf Ausnahmebearbeitung) wartend*. Sieht der zuständige Bearbeiter das Fortsetzen des Verursachers vor, geht der Verursacherprozeß wieder in den Zustand *aktiv* über. In Bild 3-9 sind diese Zustandsübergänge mit *Ausnahme E tritt ein* und *Fortsetzen E* beschrieben.

Für die Untersuchung weiterer Zustandsübergänge müssen wir zunächst das Verhalten eines Prozeßsystems näher betrachten. Bestehen mehrere Prozesse nebeneinander, so kann sich die Bearbeitung verschiedener Ausnahmen überlappen. Der Verursacher einer Ausnahmebearbeitung kann von anderen Prozessen beeinflußt werden, so daß er Zustandswechsel durchführen kann. Ebenso kann der Bearbeiterprozeß oder der Auslöser einer Ausnahmebearbeitung selbst zum Verursacher einer anderen Ausnahmebearbeitung werden. Wird also die Fortsetzungsanweisung einer Ausnahmebearbeitung ausgeführt, so kann der Bezugspunkt sich in einem der Zustände *aktiv*, *ruhend* oder *wartend* befinden. Wir gehen davon aus, daß im Zustand *wartend* entschieden werden kann, ob die Fortsetzungsanweisung vom "eigenen" Bearbeiter oder von einem "fremden" Bearbeiter kommt.

Betrachten wir nun die bisher noch nicht untersuchten Zustandsübergänge. Ist der Bezugsprozeß der Fortsetzungsanweisung entweder im Zustand *aktiv* oder im Zustand *ruhend*, so behält dieser Prozeß seinen Zustand bei, wenn das Fortsetzen des Bezugsprozesses gefordert wird. Der Bezugsprozeß behält seinen Zustand *wartend* bei, wenn die Fortsetzungsanweisung nicht von dem "eigenen" Bearbeiter ausgeführt wird, sondern von einem "fremden" Bearbeiter.

Das Beenden eines Bezugsprozesses bewirkt immer den Übergang nach *ruhend*. Das Neustarten bewirkt das Beenden des Prozesses mit einem Zustandsübergang nach *ruhend* und einer direkt anschließenden erneuten Aktivierung (Übergang nach *aktiv*).

Die vorgesehenen Zustandsübergänge eines Prozesses in Abhängigkeit von
der gewählten Fortsetzung werden graphisch veranschaulicht:

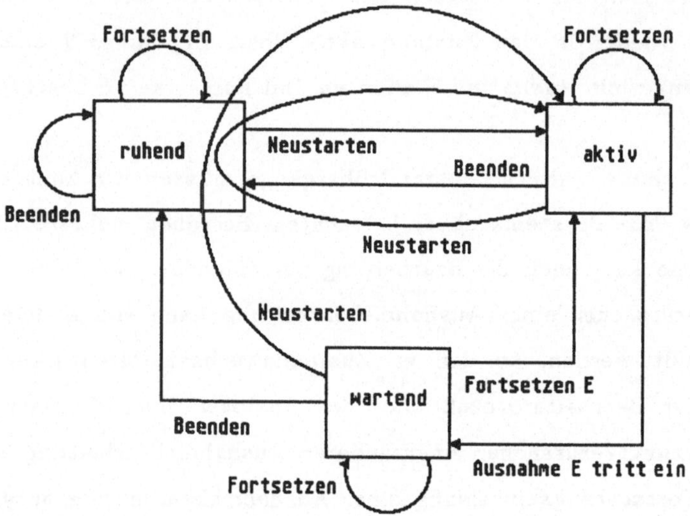

Bild 3-9: Zustandsübergangsdiagramm für einen Prozeß

Damit ist die Analyse der Zustandsübergänge von Bezugsprozessen der
Fortsetzungsmöglichkeiten abgeschlossen. Betrachten wir nun den Vorgang
der Ausnahmebearbeitung etwas näher.

In einem Prozeßsystem mit asynchronen Methodenaufrufen setzt der Aufrufer
einer Methode nach der Ausführung des Methodenaufrufs seine Bearbeitung
fort. Zum Zeitpunkt des Eintretens einer Ausnahme kann sich der Aufrufer
also in einem ganz anderen Zustand befinden als zum Aufrufzeitpunkt der
Methode.

Für die Durchführung der Ausnahmebearbeitung bei asynchronen Methodenaufrufen sind deshalb zwei verschiedene Vorgehensweisen denkbar:

- Ausnahmebearbeitung mit dem zum Aufrufzeitpunkt gültigen Zustand

   Um bei einem asynchronen Methodenaufruf die richtige Zuordnung zum Aufrufzeitpunkt vornehmen zu können, muß man Zeitstempel vergeben. Außerdem muß es gelingen, den Aufrufer auf den zum Aufrufzeitpunkt gültigen Zustand zurückzusetzen und alle Veränderungen und Methodenaufrufe, die seit dem Aufrufzeitpunkt vorgenommen wurden, wieder rückgängig zu machen. Dies ist im Rahmen eines Programms nur mit hohem Protokollieraufwand durchführbar. Es ist nicht automatisierbar, wenn an die Umgebung des Programms bereits Daten weitergegeben wurden. Wir wollen diese Möglichkeit deshalb nicht in unseren Ausnahmemechanismus integrieren.

- Ausnahmebearbeitung in dem zum Bearbeitungszeitpunkt gültigen Zustand

   Die Ausnahmebearbeitung findet in einer gegenüber dem Zeitpunkt des Aufrufs der Methode veränderten Umgebung statt. Der ursprüngliche Methodenaufruf und die Ausnahmebearbeitung sind somit voneinander entkoppelt.

   Einen entscheidenden Einfluß auf die Ausnahmebearbeitung hat der Prozeß, der den für die Ausnahme zuständigen Bearbeiter zur Verfügung stellen muß. Ein prozeßlokaler Ausnahmebearbeiter kann nur dann ausgeführt werden, wenn der Prozeß *aktiv* oder *wartend* ist. Ist der Prozeß bereits *ruhend*, so kann nur ein klassenlokaler oder globaler Bearbeiter ausgeführt werden. Existiert das Objekt nicht mehr, an dessen Prozeß die Ausnahme weitergereicht wird, so kann nur ein globaler Bearbeiter die Ausnahmebehandlung übernehmen.

Das Weiterreichen von Ausnahmen über ruhende Prozesse oder nicht existierende Objekte hinweg erscheint uns nicht sinnvoll. Ein solcher ruhender Prozeß ist beispielsweise ein abgeschlossener Methodenaufruf. Dieser Methodenaufruf kann unter Umständen bereits Ergebnisse an den Aufrufer übergeben haben. Der Aufrufer betrachtet diese Ergebnisse als endgültig und erwartet im allgemeinen keinen nachträglichen Rückruf. Wird dagegen gewünscht, daß die Ergebnisse erst dann freigegeben werden, wenn keine Ausnahmen eingetreten sind, so müßte der entsprechende Methodenaufruf auf das Ende aller weiteren Aufrufe warten. Dieses Warten auf Ergebnisse verbirgt sich bei uns in dem Zustand *aktiv*.

Im Rahmen des neu entwickelten Ausnahmekonzepts führen wir die Ausnahmebehandlung mit dem zum Bearbeitungszeitpunkt gültigen Zustand des Programms durch.

Bei der Beschreibung der Fortsetzungssemantik für asynchrone Methodenaufrufe müssen wir noch angeben, welche Prozesse von einer gewählten Fortsetzung beeinflußt werden können.

Bei sequentiellen Programmen ist es einfach, alle Methodenaufrufe zu identifizieren, die von der gewählten Fortsetzung beeinflußt werden können. Die betroffenen Methodenaufrufe können alle in der Methodenaufrufkette gefunden werden.

Um alle durch die jeweilige gewählte Fortsetzung beeinflußten Prozesse exakt identifizieren zu können, benötigen wir eine formale Definition der Aufrufstruktur aller Methodenprozesse. Diese Aufrufstruktur bezeichnen wir als Aktivierungsbaum.

Bevor wir die formale Definition des Aktivierungsbaums angeben, wollen wir die Bedeutung dieses Baumes an einem Beispiel erläutern.

Beispiel 3-5:

Gegeben sei das Objekt A, das eine Aktivität besitzt, sowie das Objekt B, das die Methode b zur Verfügung stellt. Das Objekt C bietet die Methode c an, das Objekt D stellt die Methoden d1 und d2 zur Verfügung.

Wir geben für jedes der Objekte nur die uns interessierenden Ausschnitte aus der entsprechenden Klassendefinition an. Die Methodenaufrufe erfolgen asynchron.

```
Objekt A :  . . .                   Objekt B:   . . .
            ACTIVITY                            b : METHOD
              B.b;                              BODY
              C.c;                                C.c;
              B.b;                                D.d1;
            END ACTIVITY;                       END METHOD;


Objekt C:   . . .                   Objekt D:   . . .
            c : METHOD                          d1 : METHOD
            BODY                                   . . .
              D.d1;                             END METHOD;
              D.d2;                             d2 : METHOD
            END METHOD;                            . . .
                                                END METHOD;
```

Der Aktivierungsbaum gibt den dynamischen Ablauf eines Programms wieder. Für jede Aktivität eines Programms wird in einem solchen Aktivierungsbaum protokolliert, welche Methodenaufrufe ausgeführt werden. Die Wurzel dieses (binären, knoten- und kantenmarkierten) Baumes ist immer die jeweilige Aktivität. Wir hatten Aktivitäten als selbständige Einheiten charakterisiert, die keinen Aufrufer besitzen. Sie können deshalb immer nur Wurzel eines Aktivierungsbaums sein.

Die bis zu einem Zeitpunkt t durchgeführten asynchronen Methodenaufrufe
können graphisch in Form eines Aktivierungsbaums der Aktivität A dargestellt
werden:

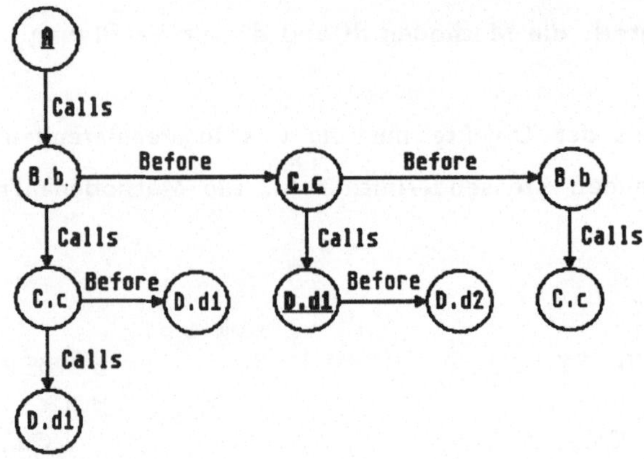

Bild 3-10: Aktivierungsbaum zum Beispiel 3-5

In den Aktivierungsbaum wird eingetragen, welche Methode von welcher
anderen Methode aufgerufen wird und in welcher Reihenfolge ein Aufrufer
Methoden aufruft. Methoden, die mehrmals aufgerufen werden, tauchen auch
mehrmals im Aktivierungsbaum auf, da jeder asynchrone Aufruf einen neuen
Methodenprozeß erzeugt.

Eine mit *Calls* markierte Kante entspricht einem Methodenaufruf. "A Calls
B.b" heißt, daß die Aktivität als erste Methode die Methode b aufruft. Eine
mit *Before* markierte Kante beschreibt die zeitliche Reihenfolge von Methodenaufrufen im gleichen Aufrufer. "D.d1 Before D.d2 " heißt, daß die Methode
d2 direkt nach der Methode d1 aufgerufen wird. Wenn außerdem gilt "C.c
Calls D.d1" ist klar, daß sowohl d1 als auch d2 von der Methode c aufgerufen
werden.

Wir geben im folgenden die formale Definition eines Aktivierungsbaums und eines Selektorpfads an. Diese beiden Definitionen bauen auf weiteren, grundlegenden Definitionen auf, die wir in Anhang B zusammengestellt haben. Diese Definitionen sind im wesentlichen /Müll87/ und /Dörf73/ entnommen; sie wurden lediglich hinsichtlich der Namensgebung vereinheitlicht und unserer Anwendung angepaßt.

Definition 3-26:

Ein **Aktivierungsbaum der Aktivität A** ist ein markierter Binärbaum $G_A = (N,E,s,t,M)$ mit folgenden Eigenschaften:

(i) $M_N := \{A\} \cup$ endliche Menge von Methodenbezeichnern

$M_E := \{Calls, Before\}$

(ii) Sei $w \in N$ die Wurzel des Aktivierungsbaums. Dann gilt:

$(m_N(w) = A) \wedge (g^+(w) \leq 1)$

$\wedge (g^+(w) = 1 \Rightarrow ((\exists e \in E) : (s(e) = w) \wedge (m_E(e) = Calls)))$

$\wedge (\forall n \in N\setminus\{w\}) : (m_N(n) \neq A)$

(iii) Sei $e \in E$ und seien $a = s(e)$ und $b = t(e) \in N$.

(a) $m_E(e) = Calls$ gdw.

$m_N(b)$ ist die Methode, die im Rumpf von $m_N(a)$ als erste aufgerufen wurde.

(b) $m_E(e) = Before$ gdw.

$m_N(b)$ wird im gleichen Rumpf wie $m_N(a)$, aber zeitlich direkt nach $m_N(a)$ aufgerufen.

Anmerkungen zu dieser Definition:

N kennzeichnet die Menge der Knoten, E die Menge der Kanten des Baumes; s ist eine Funktion, die zu einer Kante den Anfangspunkt liefert (engl.: source), t ist eine Funktion, die zu einer Kante den Endpunkt liefert (engl.: target). M ist die Markierung des Baumes, wobei sowohl Knotenmarkierungen M_N als auch Kantenmarkierungen M_E vorgesehen sind; m_N und m_E sind die entsprechenden Abbildungen, die den Knoten bzw. Kanten die jeweilige Markierung zuordnen. Die Funktion g^+ gibt zu einem Knoten die Anzahl der auslaufenden Kanten an.

Definition 3-27:

Sei $G = (N,E,s,t,M)$ ein markierter Binärbaum.

Sei $\chi = \langle x_1, x_2, . \ . \ ., x_r \rangle$ eine endliche nichtleere Folge.

χ heißt **Selektorpfad** gdw.

$(\exists \ e_1, \ . \ . \ ., e_r \ \epsilon \ E) \ (\exists \ n_0, n_1, \ . \ . \ ., n_r \ \epsilon \ N)$ mit

(i) $\langle n_0, e_1, n_1, \ . \ . \ ., e_r, n_r \rangle$ ist Bahn in G

(ii) $(\forall \ 1 \le i \le r) : x_i = m_E(e_i)$

Ein Selektorpfad ist eine Folge von Kantenmarkierungen. In dem Aktivierungsbaum geht von einem Knoten genau eine Kante mit einer bestimmten Markierung zu einem anderen Knoten. Damit beschreibt der Selektorpfad, von einem speziellen Knoten ausgehend, eine eindeutige Bahn zu einem Zielknoten.

Nachdem wir den Aktivierungsbaum einer Aktivität A und den Begriff des Selektorpfads formal definiert haben, wollen wir beschreiben, wie anhand verschiedener Selektorpfade die von den Fortsetzungsmöglichkeiten betroffenen Methodenprozesse identifiziert werden können.

Gegeben sei ein Aktivierungbaum der Aktivität A zum Zeitpunkt des Endes der Ausnahmebearbeitung und vor Ermittlung der Fortsetzung. Sei n_0 der Wurzelknoten und sei n_q der Verursacherknoten. Außerdem sei n_l der Bearbeiterknoten und n_m der Knoten, der mit dem Bezugsprozeß markiert ist.

Zum Zeitpunkt des Eintretens der Ausnahme kann der **Selektorpfad** χ_1 **von der Wurzel** n_0 **zum Verursacher** n_q folgendermaßen definiert werden:

$$\chi_1 := \langle\, x_1, \ldots, x_q\,\rangle \text{ mit der zugehörigen Bahn } \langle\, n_0, e_1, \ldots, e_q, n_q\,\rangle$$
$$\text{wobei } m_N(n_0) = A \,,\; x_1 = \text{Calls und } q \geq 1.$$

Der **Selektorpfad** χ_2 **vom Bearbeiterprozeß** n_l **zum Verursacher** n_q ist Suffix von χ_1:

$$\chi_2 := \langle\, x_{l+1}, \ldots, x_q\,\rangle \text{ wobei } 0 \leq l < q \text{ und } x_{l+1} = \text{Calls}.$$

Der **Selektorpfad** χ_3 **vom Bearbeiterprozeß** n_l **zum Bezugsprozeß** n_m ist Präfix von χ_2:

$$\chi_3 := \langle\, x_{l+1} \ldots, x_m\,\rangle \text{ wobei } l < m \leq q.$$

Sei n_p der Methodenprozeß, der vom Bezugsprozeß n_m aufgerufen wurde und die eingetretene Ausnahme an n_m weitergereicht hat. Der **Selektorpfad** χ_4 **vom Bearbeiterprozeß** n_l **zu dem Methodenprozeß** n_p ist Präfix von χ_2:

$$\chi_4 := \langle\, x_{l+1}, \ldots, x_m, x_{m+1}, \ldots, x_{p-1}, x_p\,\rangle$$
$$\text{wobei } (\, m < p \leq q\,) \wedge (\, x_{m+1} = \text{Calls}\,)$$
$$\wedge\; (\, x_{m+2} = \ldots = x_{p-1} = \text{Before}\,) \wedge (\, x_p = \text{Calls}\,)$$

Unter Verwendung obiger Selektorpfade und der Prozeßzustandsübergänge kann die Semantik der Fortsetzungsmöglichkeiten folgendermaßen definiert werden:

Das Beenden des Bezugsprozesses n_m bewirkt

- den entsprechenden Zustandsübergang für den Bezugsprozeß sowie
- das Beenden aller Methodenprozesse, die in dem von n_1 über den Selektorpfad $\langle \chi_3, \text{Calls} \rangle$ erreichbaren Unterbaum von G_A liegen.

Das Neustarten des Bezugsprozesses n_m bewirkt

- den entsprechenden Zustandsübergang für den Bezugsprozeß sowie
- das Beenden aller Methodenprozesse, die in dem von n_1 über den Selektorpfad $\langle \chi_3, \text{Calls} \rangle$ erreichbaren Unterbaum von G_A liegen.

Das Fortsetzen des Bezugsprozesses n_m bewirkt

- den entsprechenden Zustandsübergang für den Bezugsprozeß sowie
- das Beenden aller Methodenprozesse, die in dem von n_1 über den Selektorpfad χ_4 erreichbaren Unterbaum von G_A liegen.

Zum Abschluß wollen wir noch die Grenzfälle untersuchen, bei denen Anfang
und Ende obiger Selektorpfadkonstruktionen zusammenfallen und die somit
über die Selektorpfadkonstruktion nicht erfaßt werden. Wir verwenden ε als
Symbol für den leeren Selektorpfad.

a) Aktivität = Verursacher

    heißt $\chi_1 = \varepsilon$ und damit auch χ_2, χ_3 und χ_4.
    Der Selektorpfad $\langle \chi_3, \text{Calls} \rangle$ ist damit gleich $\langle \text{Calls} \rangle$.

b) Bearbeiterprozeß = Verursacher

    heißt $\chi_2 = \varepsilon$ und damit auch χ_3 und χ_4.
    Der Selektorpfad $\langle \chi_3, \text{Calls} \rangle$ ist damit gleich $\langle \text{Calls} \rangle$.

c)   Bearbeiterprozeß = Bezugspunkt

heißt $\chi_3 = \varepsilon$.

Der Selektorpfad $\langle \chi_3,$ Calls $\rangle$ ist damit gleich $\langle$ Calls $\rangle$.

d)   Bezugspunkt = Verursacher

heißt $\chi_4 = \varepsilon$.

Wir wollen nun die Identifikation der Bezugspunkte und den Einsatz der Selektorpfade anhand des Aktivierungsbaums aus Beispiel 3-5 (Bild 3-10) erläutern:

Der mit **D.d1** markierte Knoten sei der Verursacher.

Der Selektorpfad von der Wurzel zum Verursacher ist von der Form $\chi_1 = \langle$ Calls, Before, Calls $\rangle$.

Nach Eintreten der Ausnahme wird zunächst untersucht, ob der Verursacher einen Bearbeiter anbietet. Ist dies nicht der Fall wird der Aufrufer (**C.c**) untersucht. Ist auch dort kein Bearbeiter vorgesehen, wird der nächste Aufrufer (**A**) überprüft. Wir gehen davon aus, daß A einen Bearbeiter zur Verfügung stellt.

Der Selektorpfad vom Bearbeiterprozeß zum Verursacher ist dann $\chi_2 = \langle$ Calls, Before, Calls $\rangle = \chi_1$.

Sieht der Bearbeiter das Fortsetzen des Auslösers vor, so ist der Selektorpfad vom Bearbeiterprozeß zum Bezugspunkt von der Form $\chi_3 = \langle$ Calls, Before $\rangle$.

Zur Bestimmung aller Methoden, die zusätzlich beendet werden müssen, wird außerdem noch der Selektorpfad $\chi_4 = \langle$ Calls, Before, Calls $\rangle$ benötigt.

Damit ist die Beschreibung der Fortsetzungsmöglichkeiten für Prozeßsysteme abgeschlossen. Zunächst haben wir festgestellt, daß die Semantik synchroner Methodenaufrufe der Semantik von Methodenaufrufen in einem sequentiellen Programm entspricht. Die entsprechenden Aussagen zur Ausnahmebehandlung können somit für synchrone Methodenaufrufe direkt aus der Ausnahmebehandlung für sequentielle Programme abgeleitet werden. Wir haben gezeigt, daß das Gliederungsschema für Fortsetzungen auch für asynchrone Methodenaufrufe übernommen werden kann. Außerdem haben wir erläutert, warum die Ausnahmebearbeitung den aktuellen Zustand beim Eintreten der Ausnahme berücksichtigt und nicht den früheren Zustand beim zugeordneten Methodenaufruf. Bei der Definition der Semantik der einzelnen Fortsetzungsmöglichkeiten mußte beachtet werden, daß mit jedem asynchronen Methodenaufruf ein neuer Methodenprozeß erzeugt wird und ein Prozeß unterschiedliche Zustände annehmen kann.

3.4 Bisherige Vorschläge zur Ausnahmebehandlung

In diesem Abschnitt beschäftigen wir uns mit den wesentlichen bisher veröffentlichten Konzepten zur Ausnahmebehandlung.

Wir geben zunächst an, wie sich verschiedene Vorschläge für Fortsetzungsmöglichkeiten in das von uns entwickelte Gliederungsschema einordnen lassen. Anhand eines Beispiels zeigen wir, daß es durch diese Einordnung möglich ist, bestimmte Schwächen von vorgeschlagenen Ausnahmekonzepten zu erkennen. Abschließend stellen wir die unterschiedlichen Ansätze zur Ausnahmebehandlung in objektorientierten Programmiersprachen vor.

Die grundlegende Veröffentlichung zur Ausnahmebehandlung in Programmiersprachen stammt von Goodenough /Good75/. Als Fortsetzungsmöglichkeiten nach der Ausnahmebehandlung werden das Beenden oder das Fortsetzen der Operation vorgeschlagen. Dabei ist Goodenough der Ansicht, daß die Ausnahmebearbeitung nicht innerhalb der Operation erfolgen kann, in der die Ausnahme eintritt. Ausnahmen können nur explizit weitergereicht werden. Die Semantik der Fortsetzungen wird anhand von Beispielen erläutert. Formulieren wir die Fortsetzungsmöglichkeiten in der Terminologie unseres Gliederungsschemas, so realisiert /Good75/

- das Fortsetzen des Auslösers,
- das Beenden des Auslösers und
- das Beenden der Bearbeitermethode.

/Cocc82/ verstehen ihren Ansatz als Erweiterung des Ansatzes von Goodenough um die Möglichkeit des Neustartens einer Operation. Die Anweisungen zur Bezeichnung und Realisierung der Fortsetzungsmöglichkeiten werden, bis auf die Möglichkeit des Neustartens, genau wie bei /Good75/ gewählt. Zusätzlich wird jedoch noch die strenge Trennung zwischen lokaler Ausnahmebearbeitung und weitergereichten Ausnahmen eingeführt, wodurch die Semantik der Fortsetzungen grundlegend geändert wird. Die Semantik der Fortsetzungsmöglichkeiten wird mit Hilfe der Hoareschen Methode der Zusicherungen definiert. Überträgt man auch diesen Ansatz in die Terminologie unseres Gliederungsschemas, so werden in /Cocc82/ folgende Fortsetzungmöglichkeiten beschrieben:

- das Fortsetzen,
- das Beenden und
- das Neustarten der Bearbeitermethode.

Vergleicht man die von /Good75/ und /Cocc82/ vorgeschlagenen Fortsetzungsmöglichkeiten, so erkennt man, daß in /Cocc82/

- die Möglichkeit des Neustartens gegeben ist. Das wird von den Autoren auch ausdrücklich betont.

- der Auslöser - im Gegensatz zu /Good75/ - nicht mehr fortgesetzt und beendet werden kann. Stattdessen kann die Bearbeitermethode fortgesetzt werden. Das wird in dem Aufsatz zunächst nicht deutlich, zumal die Autoren hierfür die gleichen Begriffe wie /Good75/ verwenden.

Diese Gegenüberstellung macht deutlich, wie ungenügend die bisherigen Begriffsfestlegungen waren. Mit Hilfe des von uns eingeführten Gliederungsschemas können solche Widersprüche aufgedeckt werden.

In /Lisk79/ wird für Goodenoughs Vorschlag der Begriff "Resumption-Modell" gewählt. Der Begriff "Termination-Modell" wird für einen Fortsetzungsmechanismus eingeführt, der gemäß unserer Terminologie die Bearbeitermethode beendet.

/Yemi85/ stellt einen Ausnahmemechanismus vor, der "Replacement-Modell" genannt wird und insbesondere die Fortsetzung innerhalb von Ausdrücken gestattet. Die in /Yemi85/ als "Retry" bezeichnete Fortsetzung ruft die verursachende Operation lediglich durch den Bearbeiter explizit noch einmal auf und kann von uns durch ein Beenden des Auslösers realisiert werden. Die vorgeschlagenen Mechanismen entsprechen in unserem Gliederungsschema den Fortsetzungsmöglichkeiten "Fortsetzen des Auslösers" und "Beenden des Auslösers".

/Meye88/ stellt den Ausnahmemechanismus der objektorientierten Programmiersprache Eiffel vor. Die realisierte Fortsetzungsmöglichkeit bezeichnen wir als Neustarten der Bearbeitermethode.

In /Hind88/ wird ein Ausnahmekonzept für eine objektorientierte Sprache vorgeschlagen, dessen Fortsetzungsmöglichkeit sich nicht unmittelbar in unser Gliederungsschema einfügen läßt. Eine genauere Untersuchung zeigt, daß diese Fortsetzung der Methodenstruktur objektorientierter Sprachen offenbar nicht genügend angepaßt ist. Wie leicht dadurch Fehlerquellen entstehen können, wollen wir an einem Programmbeispiel erläutern. Wir haben das Beispiel /Hind88/ entnommen, leicht modifiziert und in unserer Notation wiedergegeben.

Beispiel 3-6:

Das Beispiel umfaßt 2 Methoden. Eine Methode (*Quadsolution*) errechnet die Lösung einer quadratischen Gleichung. Die andere Methode (*User*) führt Berechnungen durch und ruft im Rahmen dieser Berechnungen auch die Methode *Quadsolution* auf.

```
EXC  Undef, Result;
. . .
User : METHOD ;
BODY
    VAR x, m, n: REAL;
    VAR d, e, f: REAL;
    VAR k, l : REAL;
    . . .
    x := Quadsolution( d, e, f );
    Drucker.Write( " x = ", x);
    k := . . .
    l := . . .
    . . .
    ON Undef
    DO
        Drucker.Write( "No Solution");
    END ON;
    ON Result( v, w : REAL )
    DO
        m := v; n := w;
        Drucker.Write( "m = ", m);
        Drucker.Write( "n = ", n);
    END ON;
    IF x < k THEN . . .
    WHILE l > m DO . . .
    . . .
END METHOD;
    .

    .

    .
```

```
Quadsolution : METHOD ( a, b, c: REAL) : REAL EXC Undef, Result(REAL,REAL);
BODY
    VAR det, x1, x2 : REAL;
    det := b * b - 4 * a * c;
    IF  det < 0
    THEN RAISE Undef;
    ELSE
        x1 := ( - b + det.sqrt ) / ( 2 * a );
        IF  det = 0
        THEN   RETURN ( x1 );
        ELSE   x2 := ( - b - det.sqrt ) / ( 2 * a );
               RAISE Result( x1, x2 );
        END IF;
    END IF;
END METHOD;
```

Wir erläutern zunächst die Eigenschaften des in /Hind88/ beschriebenen Ausnahmekonzepts. Die Deklaration eines Ausnahmebearbeiters wird wie eine Anweisung behandelt. Die Syntax der zugrundeliegenden Sprache läßt Bearbeiterdeklarationen überall dort in einem Programm zu, wo auch Anweisungen angegeben werden können. Wenn eine Ausnahme in einer Methode eintritt und weitergereicht wird, so werden im Aufrufer der Methode alle Anweisungen vom Methodenaufruf bis zu dem entsprechenden, nach dem Methodenaufruf definierten, Ausnahmebearbeiter übersprungen. Die Anweisungen des Ausnahmebearbeiters werden ausgeführt. Danach wird mit der Anweisung fortgesetzt, die auf die Anweisungen des Ausnahmebearbeiters folgt.

Betrachten wir nun das obige Beispiel genauer. Man stellt fest, daß die Ausnahme *Result* eingeführt wurde, um die Anzahl der Rückgabeparameter der Methode *Quadsolution* indirekt von einem auf zwei zu erweitern. Tritt keine Ausnahme ein, so wird der Variablen x das Ergebnis des Methodenaufrufs zugewiesen. Danach finden die Wertzuweisungen an k und l statt. Tritt die Ausnahme *Result* ein, so werden den Variablen m und n Werte zugewiesen. Es findet hier keine Zuweisung an x statt. Die Wertzuweisungen an k und l werden ebenfalls nicht ausgeführt.

Gerade das "Überspringen" von Anweisungen für den Fall, daß die Ausnahmebearbeitung durchgeführt wird, muß als sehr kritische Eigenschaft des Ausnahmekonzepts angesehen werden. In unserem Beispiel folgen nach den Bearbeiteranweisungen für die Ausnahmen *Result* und *Undef* Anweisungen, die sowohl auf *x* als auch auf *k*, *l* und *m* zugreifen. Wurden die vorhergehenden Wertzuweisungen nicht ausgeführt, da die Ausnahme *Result* eingetreten ist, können die nachfolgenden Anweisungen zu falschen Ergebnissen führen. Programmtechnisch läßt sich hier ohne zusätzliche Abfragen nicht mehr feststellen, ob die Ausnahme ausgelöst wurde oder nicht. Vor Verwendung der Variablen *x*, *m*, *n*, *k* und *l* müßte also immer geprüft werden, ob die Variablen die gewünschten Werte besitzen.

An diesem Beispiel sieht man, daß ein Ausnahmekonzept die Möglichkeit des beliebigen "Überspringens" von Anweisungen vermeiden muß. Für objektorientierte Sprachen bietet es sich an, ein Ausnahmekonzept an die Methodenstruktur anzulehnen. Methoden stellen in objektorientierten Sprachen entweder Ausdrücke (Methoden mit Rückgabeparameter) oder Anweisungen (Methoden ohne Rückgabeparameter) dar. In unserem Ausnahmekonzept haben wir diese Methodenstruktur berücksichtigt. Methoden können beendet, fortgesetzt oder neu gestartet werden. Das Fortsetzen der Methode erfolgt anweisungsorientiert. Hier muß, falls die Methode in einem Ausdruck aufgerufen wurde, unter Umständen eine Wertzuweisung durch den Bearbeiter durchgeführt werden. Das Beenden der Methode erfolgt ausdrucksorientiert. Das Neustarten unterstützt beide Sichtweisen. In keinem dieser Fälle ist es möglich, Anweisungen zu überspringen.

Abschließend stellen wir Ansätze zur Ausnahmebehandlung in objektorientierten Programmiersprachen vor. Diese Ansätze berücksichtigen vor allem objektorientierte Strukturierungs- und Implementierungskriterien. Gemeinsam ist diesen Ansätzen, daß sie unter einer Ausnahme immer ein konkretes –

meist fehlerhaftes – Objekt verstehen. Bei der Bearbeitung dieser Ausnahme-objekte lassen sich zwei Vorgehensweisen unterscheiden:

1. Ausnahmeobjekte bleiben erhalten

Die Objekte einer Klasse besitzen gemeinsame Eigenschaften, sogenannte Attribute. Ein Ausnahmeobjekt ist dadurch gekennzeichnet, daß es ein Attribut oder mehrere Attribute seiner Klasse verletzt. Sobald eine solche Attributverletzung erkannt ist, wird dieses Objekt als Ausnahme-objekt gekennzeichnet. Die Verwendung eines Ausnahmeobjekts wird ebenfalls erkannt und gemeldet, um so eine geeignete Weiterverarbeitung durchführen zu können. Ausnahmeobjekte werden hier also ausdrücklich zugelassen. Die Ausnahmebehandlung umfaßt das Erkennen der Attribut-verletzung, die Kennzeichnung des Objekts und das Melden jeder Ver-wendung des Ausnahmeobjekts.

Diese Sichtweise von Ausnahmen ist überwiegend für den Einsatz in Datenbanken einsetzbar. Der Ansatz ist in /Bord86/ ausführlich beschrieben.

2. Ausnahmeobjekte werden in Standardobjekte transformiert

Hier werden die Ausnahmeobjekte, sobald sie erkannt sind, mit Hilfe einer Ausnahmebearbeitung in Standardobjekte transformiert. Für diese Standardobjekte ist dann wiederum die übliche Bearbeitung möglich. Diese Sichtweise entspricht der Vorstellung, die im Zusammenhang mit einer Ausnahmebearbeitung in Programmiersprachen am weitesten ver-breitet ist.

Sehr detaillierte Beschreibungen solcher Ausnahmekonzepte sind in /Dony88/ und /Knud84/ zu finden. Der Schwerpunkt dieser Ansätze liegt auf einer objektorientierten Strukturierung der Ausnahmen und möglichst flexiblen Zuordnung der Ausnahmebearbeiter sowie Fortsetzungsmöglichkeiten zu diesen Ausnahmen. Bei /Dony88/ sind die Fortsetzungen nur kurz beschrieben, entsprechen jedoch in unserer Terminologie dem Fortsetzen des Auslösers und Beenden der Bearbeitermethode.

Die Klassifikation der Ausnahmen ist vor allen Dingen ein organisatorisches Problem, das in beiden Veröffentlichungen aus der objektorientierten Sichtweise und gemäß der objektorientierten Philosophie gelöst wurde:

- Ausnahmen sind Objekte und in Klassen organisiert;

- Ausnahmeklassen können entsprechend einer Vererbungshierarchie geordnet werden und verhalten sich wie übliche Klassen;

- Bearbeiter sind diesen Klassen in Form von Methoden zugeordnet;

- Das Erzeugen eines Ausnahmeobjekts und die Fortsetzung nach der Bearbeitung sind ebenfalls Methoden der Ausnahmeklasse.

Diese Sichtweise scheint uns für die formale Definition der Ausnahmebehandlung nicht geeignet. Wir sind der Ansicht, daß bei der Ausnahmebehandlung die Organisation der Ausnahmen nur von geringer Bedeutung ist. Der Schwerpunkt der Ausnahmebehandlung liegt in der Beschreibung des Kontrollflußwechsels nach dem Eintreten der Ausnahme und der Fortsetzungsmöglichkeiten. Außerdem scheint gerade die organisatorische Abtrennung der Ausnahmen und der Ausnahmebearbeitung von den Methoden, in denen die Ausnahmen eintreten können und die Bearbeitung erfolgen muß, dem Prinzip der Datenkapselung zu widersprechen. Schließlich sehen wir Ausnahmen als Ereignisse und nicht als Objekte. Deshalb haben wir die existierenden Ansätze zur Ausnahmebehandlung nicht näher für die formale Beschreibung der Semantik herangezogen.

3.5 Zusammenfassung

In diesem Kapitel haben wir den von uns entwickelten Ansatz zur Ausnahmebehandlung in objektorientierten Sprachen vorgestellt.

Wir haben die Eigenschaften der Ausnahmebehandlung definiert und systematisch den Ausnahmen und Ausnahmebearbeitern zugeordnet. Die Fortsetzungsmöglichkeiten nach Abschluß einer Ausnahmebehandlung spielen dabei eine besondere Rolle. Um diese Eigenschaft systematisch beschreiben zu können, haben wir ein Gliederungsschema für Fortsetzungen eingeführt. Mit diesem Schema werden auch die Fortsetzungsmöglichkeiten bereits existierender Ausnahmemechanismen erfaßt. Hierzu haben wir einige veröffentlichte Ansätze zur Ausnahmebehandlung vorgestellt. Außerdem haben wir aufgezeigt, inwieweit sich unser Ansatz von existierenden Ansätzen zur Ausnahmebehandlung in objektorientierten Sprachen unterscheidet.

Das Konzept zur Ausnahmebehandlung ist sowohl für sequentielle Programme als auch für Prozeßsysteme geeignet. Damit liegt ein Ausnahmemechanismus vor, der eine Bearbeitung von Ausnahmen über Prozeßgrenzen hinweg vorsieht. Es hat sich gezeigt, daß die Fortsetzungsmöglichkeiten, die zunächst für sequentielle Programme entwickelt wurden, direkt auf nebenläufige Prozesse übertragen werden können.

Für die formale Definition der Ausnahmebehandlung mit Hilfe der denotationellen Methode der Semantikdefinition, die in Kapitel 4.2 vorgestellt wird, legen wir sequentielle objektorientierte Programme zugrunde. Wir haben uns dafür entschieden, weil

- es zum einen zur Beschreibung nebenläufiger Prozesse mit asynchronen Methodenaufrufen noch keine geeigneten formalen Beschreibungsmittel gibt und

- zum anderen die denotationellen Definitionen in Verbindung mit Kapitel 3.3.4 eine vollständige Beschreibung der Ausnahmebehandlung für objektorientierte Prozeßsysteme darstellen.

4. Die Semantik der Ausnahmebehandlung

Bisher haben wir unser Konzept zur Ausnahmebehandlung in objektorientierten Programmiersprachen lediglich informell vorgestellt. In diesem Kapitel wird die Semantik der Ausnahmebehandlung formal definiert.

Bei der Auswahl einer Methode zur Semantikdefinition muß berücksichtigt werden, ob die charakteristischen Eigenschaften der Ausnahmebehandlung mit der jeweiligen Methode geeignet beschrieben werden können. Wir verstehen die Ausnahmebehandlung als Mittel zur strukturierten Programmierung. Als ein solches Sprachmittel hat die Ausnahmebehandlung wesentlichen Einfluß auf die Auswertereihenfolge von Anweisungen. Der Kontrollfluß spielt also bei der Ausnahmebehandlung die zentrale Rolle. Eine Methode zur Definition der Semantik eines Ausnahmekonzepts muß somit vor allem die Beschreibung des Kontrollflusses unterstützen.

Es gibt einige wenige Veröffentlichungen zur Ausnahmebehandlung, die eine formale Semantikdefinition angeben. Diesen Semantikdefinitionen ist gemeinsam, daß sie die axiomatische Methode nach Hoare als Beschreibungsmittel wählen. Das Hoaresche Axiomensystem war ursprünglich nicht zur Beschreibung des Kontrollflusses gedacht. Für die Beschreibung der Ausnahmebehandlung muß die axiomatische Methode deshalb um Mittel zur Beschreibung des Kontrollflusses ergänzt werden. Es werden in der Literatur verschiedene Erweiterungen vorgeschlagen, die sich hinsichtlich ihrer Leistungsfähigkeit unterscheiden. Wir stellen die leistungsfähigste Erweiterung der axiomatischen Methode im ersten Abschnitt dieses Kapitels vor. Die Untersuchung dieser Erweiterung zeigt jedoch, daß sie keine geeignete Beschreibung des Kontrollflusses für unser Ausnahmekonzept zuläßt. Aus diesem Grund setzen wir die Hoaresche Methode nicht zur Semantikdefinition ein.

Besonders gut geeignet zur Beschreibung des Kontrollflusses erscheint uns die denotationelle Methode der Semantikdefinition. Wir setzen deshalb diese

Methode ein, um die Eigenschaften unseres Ausnahmekonzepts formal zu definieren. Im zweiten Abschnitt dieses Kapitels geben wir eine kurze Einführung in die Grundprinzipien der denotationellen Methode. Wir erläutern die Struktur und die grundlegenden Begriffe denotationeller Definitionen. Außerdem stellen wir die Fortsetzungssemantik als das Mittel zur Beschreibung des Kontrollflusses in Semantikdefinitionen vor.

Der dritte Abschnitt dieses Kapitels ist der eigentlichen Semantikdefinition gewidmet. Hier werden die Eigenschaften des Ausnahmekonzepts formal definiert, die wir in Kapitel 3.2 und 3.3 unter Verwendung des Klassifikationsschemas beschrieben haben. Als programmiersprachlicher Rahmen dient wiederum die im 2. Kapitel eingeführte Spezifikationssprache.

4.1 Bisherige Ansätze zur Semantikdefinition

Bisherige Veröffentlichungen, die formale Semantiken der Ausnahmebehandlung angeben, setzen als Beschreibungsmittel die axiomatische Methode der Semantikdefinition ein /Cocc82/, /Cris82a/, /Cris82b/, /Cris84/, /Luck80/. Für die Beschreibung von Kontrollfluß-Eigenschaften kann das Hoaresche Axiomensystem nicht unverändert verwendet werden. In der Literatur sind bis jetzt drei verschiedene Erweiterungen der Hoareschen Methode vorgeschlagen worden. Diese Erweiterungen unterscheiden sich darin, welche Fortsetzungsmöglichkeiten nach einer Ausnahmebearbeitung formuliert werden können. In /Luck80/ kann nur das Beenden der Bearbeitermethode beschrieben werden. /Chris84/ (Folgearbeit zu /Cris82a/, /Cris82b/) kann nur das Fortsetzen der Bearbeitermethode beschreiben. /Cocc82/ - mit der leistungsfähigsten Erweiterung - kann das Fortsetzen, Beenden und Neustarten der Bearbeitermethode definieren.

Wir beschreiben im folgenden die Semantikdefinition nach /Cocc82/ und erläutern, warum selbst dieser leistungsfähige Ansatz für die Beschreibung unseres Ausnahmekonzepts nicht geeignet ist.

Die axiomatische Methode der Semantikdefinition beruht auf der Methode der Zusicherungen nach Floyd. Ein Zusicherungssystem sieht für jede Anweisung eine Vorbedingung und eine Nachbedingung vor. Damit werden die Veränderungen beschrieben, die eine Anweisung bewirkt. Es wird folgende Schreibweise eingeführt:

"{P} C {Q}" heißt   "Wenn vor Ausführung der Anweisung C die Bedingung P gilt, dann gilt nach Ausführung von C die Bedingung Q".

Das Zusicherungssystem wurde von Hoare /Hoar73/ zu einem Axiomensystem erweitert, indem für jede Anweisung die Semantik in Form von Ableitungsregeln definiert und ein Satz von Axiomen vorgegeben wird. Für jede Anweisung ist genau eine Vorbedingung und genau eine Nachbedingung vorgesehen (one-entry/one-exit command). Unter Verwendung der Regeln und Axiome versucht man die Korrektheit eines Programms bezüglich einer vorgegebenen Spezifikation zu beweisen.

Bezieht man die Ausnahmebehandlung in die Semantikdefinition mit ein, so muß es möglich sein, das Verhalten des Programms in Abhängigkeit von der Ausnahmebearbeitung und den jeweiligen Fortsetzungen zu beschreiben. Um die Ausnahmebehandlung mit Hilfe der Methode nach Hoare beschreiben zu können, werden in /Cocc82/ einige Erweiterungen des ursprünglichen Ansatzes durchgeführt.

Die übliche Hoaresche Notation wird dahingehend erweitert, daß zu jeder Anweisung mehrere Nachbedingungen angegeben werden können, die sich gegenseitig ausschließen müssen (one-entry/multi-exit command). Dabei bestimmt die Zahl der unterschiedlichen Reaktionen auf eine in der Anweisung eingetretene Ausnahme die Anzahl der Nachbedingungen:

$$\{P\} \ C \ \{Q\} \ \{R\} \ \{S\} \qquad \text{mit } Q {\wedge} R = Q {\wedge} S = R {\wedge} S = \text{False} \ .$$

Für jede Ausnahme *Exc* wird eine boolesche Ausnahmevariable *raised(Exc)* eingeführt, die "True" gesetzt wird, wenn die Ausnahme eingetreten und noch nicht bearbeitet ist. Die Ausnahmevariable wird "False" gesetzt, sobald die eingetretene Ausnahme bearbeitet ist. Für die Anweisung zum Aufrufen eines Bearbeiters gilt daher:

$$\{P\} \ \text{RAISE Exc} \ \{\text{raised(Exc): } P\} \ .$$

Der Übergang von der RAISE-Anweisung zum Bearbeiter wird unter Verwendung der booleschen Ausnahmevariablen durchgeführt. Für den Bearbeiter muß also gelten:

$$\{\text{raised(Exc): } P\} \ \text{Bearbeiter}_{\text{Exc}} \ \{Q\} \ .$$

Dabei wird gefordert, daß der für eine Ausnahme zuständige Bearbeiter im gleichen Block wie die RAISE-Anweisung definiert ist. Die Weitergabe von Ausnahmen über Blockgrenzen hinweg darf nur explizit, d.h. durch Angabe eines Bearbeiters, in dem die Ausnahme erneut eintritt, erfolgen.

Für die Bestimmung des Ortes, an dem nach der Ausnahmebearbeitung fortgesetzt wird, müssen noch Größen zur Identifizierung des Anfangs und Endes eines Blocks eingeführt werden. Jeder Block B wird durch die Sprungmarken *beginB* und *endB* geklammert. Diese Sprungmarken können durch Sprunganweisungen in den Zusicherungen angesprochen werden. In der Nachbedingung jedes Bearbeiters wird, unter Verwendung solcher Sprunganweisungen, angegeben, wo die Bearbeitung fortgesetzt werden soll. Soll beispielsweise nach der Ausnahmebearbeitung am Ende des Blocks B fortgesetzt werden, so notiert man:

$$\{raised(Exc): P\} \; Bearbeiter_{Exc} \; \{endB: Q\}.$$

Als Beispiel für eine Bearbeiterdefinition soll hier ein Bearbeiter definiert werden, der verschiedene Fortsetzungsmöglichkeiten vorsieht:

-   Der Block, in dem die Ausnahme eingetreten ist, wird verlassen.

-   Der Block, in dem die Ausnahme eingetreten ist, wird nochmals ausgeführt.

-   Der Block, in dem die Ausnahme eingetreten ist, wird verlassen, und der Bearbeiter reicht eine Ausnahme weiter.

Sei ein Block B mit der Vorbedingung S und den Nachbedingungen Q und $raised(Exc_2): R$ gegeben:

$$\{S\} \; B \; \{Q\} \; \{raised(Exc_2) : R\}.$$

Ist in diesem Block ein Bearbeiter mit dem gerade beschriebenen Verhalten definiert, so notieren wir hierfür:

$$\{raised(Exc_1): P\} \; Bearbeiter_{Exc_1} \quad \{endB: Q\}$$
$$\{beginB: S\}$$
$$\{endB: (raised(Exc_2): R) \}.$$

Mit Hilfe der in /Cocc82/ beschriebenen Erweiterungen ist es möglich, ein Ausnahmekonzept zu definieren, daß folgende Fortsetzungsmöglichkeiten besitzt:

- Beenden der Bearbeitermethode:

  Es wird an das Ende des Blocks gesprungen, in dem der Bearbeiter definiert ist (nach /Cocc82/: Escape; in unserer Terminologie: SELF_TERMINATE).

- Neustarten der Bearbeitermethode mit Initialisierung:

  Es wird an den Anfang des Blocks gesprungen, in dem der Bearbeiter definiert ist (nach /Cocc82/: Retry; in unserer Terminologie: SELF_REINIT).

- Fortsetzen der Bearbeitermethode:

  Es wird nach der Anweisung fortgesetzt, in der die Ausnahme eingetreten ist bzw. die die Ausnahme weitergereicht hat (nach /Cocc82/: Notify; in unserer Terminologie: SELF_RESUME).

Will man zusätzlich auch Verursacher oder Auslöser als Bezugspunkte der Fortsetzungen zulassen, so muß man weitere Marken einführen und die Aufrufbeziehungen definieren. Wenn das Weiterreichen der Ausnahmen nicht explizit, sondern, wie bei unserem Ansatz, implizit möglich sein soll, sind wiederum umfangreiche Erweiterungen nötig.

Damit wird die Schwachstelle dieser Methode der Semantikdefinition für Ausnahmekonzepte deutlich. Die Erweiterungen der axiomatischen Methode bestehen darin, daß Erläuterungen in Prosa und Zusicherungen mit Marken und unbedingten Sprunganweisungen in das Axiomensystem eingefügt werden. Zur Beschreibung des Kontrollflusses werden somit gerade die Sprachmittel verwendet, die eine formale Überprüfung erschweren. Deshalb halten wir die axiomatische Methode mit Erweiterungen für die Definition der Semantik von Ausnahmekonzepten für ungeeignet.

4.2 Die denotationelle Methode der Semantikdefinition

Da die axiomatische Methode keine geeignete Beschreibung des Kontrollflusses
für unser Ausnahmekonzept zuläßt, verwenden wir die denotationelle Methode
der Semantikdefinition. Mit Hilfe der denotationellen Fortsetzungssemantik
kann der Einfluß von Sprachelementen auf den Kontrollfluß besonders einfach
und elegant beschrieben werden. Dieser Methode kommt daher eine zentrale
Bedeutung in unserem Konzept zur Ausnahmebehandlung zu.

In diesem Abschnitt erläutern wir zunächst informell, welche Vorstellungen
sich hinter denotationellen Semantiken verbergen. Anschließend geben wir
eine Einführung in die Struktur denotationeller Definitionen. Eine denotationelle Beschreibung umfaßt die Definition der abstrakten Syntax, der semantischen Algebren und der Auswertefunktionen. Wir stellen die einzelnen
Bestandteile vor und erläutern ihre Funktion im Rahmen einer Semantikdefinition. Schließlich führen wir die direkte Semantik und die Fortsetzungssemantik als zwei unterschiedliche Arten denotationeller Definitionen ein.
Mit der Fortsetzungssemantik kann der Einfluß von Sprachelementen auf den
Kontrollfluß eines Programms beschrieben werden. Anhand eines Beispiels
wird ein erster Einblick in die Verwendungsmöglichkeiten der Fortsetzungssemantik gegeben.

4.2.1 Einführung

Die denotationelle Methode der Semantikdefinition wurde in den sechziger
Jahren von der Forschungsgruppe um Christopher Strachey an der Universität
Oxford entwickelt. Als Grundlage dient der Lambda-Kalkül in der Form, wie
er von Dana Scott 1969 vorgeschlagen wurde. Die Ursprünge des Lambda-Kalküls wiederum gehen auf Curry und Church (1930/32) zurück.

Die zentrale Eigenschaft einer denotationellen Semantikbeschreibung ist, daß man Funktionen definiert, die syntaktische Strukturen auf mathematische Objekte abbilden. Die mathematischen Objekte modellieren die Bedeutung der syntaktischen Elemente.

Setzt man die denotationelle Methode zur Definition von Sprachelementen einer Programmiersprache ein, so geht man von folgender Vorstellung aus:

Der Zustand einer Programmabarbeitung wird durch eine Funktion beschrieben, die jedem programmiersprachlichen Objekt einen Wert zuordnet. Die Ausführung einer programmiersprachlichen Anweisung bewirkt eine Zustandsänderung und liefert zu einem gegebenen Zustand einen neuen Zustand, der wiederum durch eine Funktion beschrieben wird. Der Zustandsübergang kann ebenfalls durch eine Funktion modelliert werden /Schn86/.

Untersuchen wir die einzelnen Anweisungen einer Programmiersprache unter dem Gesichtspunkt ihrer Funktionalität genauer, so benötigen wir zunächst einige grundlegende Definitionen über Programmiersprachen /Tenn82/.

Definition 4-1:

Ein **Bezeichner** ist ein symbolischer Name, der vom Programmierer gewählt werden kann.

Definition 4-2:

Eine **Bezeichnerbindung** ist die Verknüpfung eines Bezeichners mit einem Speicherplatz.

Definition 4-3:

Der **Status** einer Berechnung wird in die Komponenten Umgebung und Speicher aufgeteilt. Die **Umgebung** versteht man dabei als Menge von Bezeichnerbindungen, der **Speicher** wird als Menge der Wirkungen von Zuweisungen verwendet.

Der Wert eines Ausdrucks hängt, über die verwendeten Bezeichner, vom Status der Berechnung ab. Ein Befehl ist die Veranlassung einer Änderung des momentanen Berechnungsstatus.

Deklarationen, Ausdrücke und Befehle lassen sich nun folgendermaßen charakterisieren. Zu einem Berechnungsstatus liefert

- jede Deklaration eine neue Umgebung,
- jeder Ausdruck einen neuen Wert und
- jeder Befehl einen neuen Speicher.

Die Semantik eines Programms ist dadurch definiert, daß die Semantik der einzelnen Anweisungen, sowie die Wirkung der Komposition dieser Anweisungen beschrieben wird.

4.2.2 Struktur denotationeller Definitionen

Eine denotationelle Semantikdefinition umfaßt nach /Tenn82/, /Schm86/ die Definition der

- abstrakten Syntax
- semantischen Algebren
- Auswertefunktionen.

Wir wollen zunächst die Bedeutung dieser drei Bestandteile einer Semantikdefinition erläutern.

Definition 4-4:

> Die **abstrakte Syntax** legt die syntaktischen Strukturen fest, deren Semantik
> definiert werden soll. Zur Beschreibung der abstrakten Syntax wird eine
> (Chomsky-) Grammatik verwendet, die möglichst einfache Produktionen
> besitzt.

Die abstrakte Syntax umfaßt syntaktische Bereiche und Syntaxregeln. Die
syntaktischen Bereiche entsprechen den nichtterminalen Symbolen der Grammatik, die Syntaxregeln den Produktionen. Als terminale Symbole werden
Schlüsselwörter, Bezeichner u.ä. definiert.

Die der abstrakten Syntax zugrundeliegende Grammatik darf mehrdeutig sein,
d.h. es kann zu einem Wort der von der Grammatik erzeugten Sprache mehrere
Ableitungsbäume in der Grammatik geben.

Bei einem Sprachentwurf geht man davon aus, die Syntax in Form einer
eindeutigen Grammatik und in einer für die Syntaxanalyse möglichst gut
geeigneten Darstellung vorliegen zu haben. Diese Art der Syntax wollen wir
als **konkrete Syntax** bezeichnen. Sie ist, bei der Übersetzung von Programmen,
die Grundlage für den Aufbau des Syntaxbaums.

Für die denotationelle Semantikdefinition konstruiert man zu der Grammatik,
die die konkrete Syntax festlegt, eine Grammatik, mit der die abstrakte
Syntax beschrieben wird. Dabei wird natürlich gefordert, daß die von beiden
Grammatiken erzeugten Sprachen gleich sind, d.h. daß die Grammatiken
schwach äquivalent sind.

Wir werden bei den Semantikdefinitionen zur Ausnahmebehandlung ebenfalls eine abstrakte Syntax für die Auswertefunktionen verwenden. Diese abstrakte Syntax leiten wir aus der konkreten Syntax der von uns im zweiten und dritten Kapitel definierten Spezifikationssprache ab.

Definition 4-5:

> Eine **semantische Algebra** besteht aus einem semantischen Bereich und den darauf definierten Operationen. Unter Bezugnahme auf die, als gegeben vorausgesetzten, semantischen Algebren wird die Semantik der syntaktischen Strukturen definiert.

Definition 4-6:

> Eine **Auswertefunktion** definiert die Wirkung syntaktischer Strukturen. Für jeden syntaktischen Bereich, d.h. für jedes nichtterminale Symbol der Grammatik, wird eine Auswertefunktion vorgesehen. Jede Auswertefunktion wird durch eine Menge von Gleichungen beschrieben, wobei es gerade soviele Gleichungen gibt, wie Alternativen in den Produktionen zu dem betreffenden nichtterminalen Symbol vorgesehen sind.

Wir wollen sowohl rekursive Bereichsdefinitionen als auch rekursiv definierte Auswertefunktionen zulassen. Die Semantik einer rekursiven Definition ergibt sich als der kleinste Fixpunkt der jeweiligen Funktion. Die denotationelle Semantik wird deshalb auch **Fixpunktsemantik** genannt. Fordern wir, daß die unseren Semantikdefinitionen zugrundeliegenden Bereiche vollständige Halbordnungen mit kleinstem Element und die definierten Funktionen stetig sind, so ist sichergestellt, daß für diese Funktionen mindestens ein Fixpunkt existiert, der auf einfache Weise konstruiert werden kann (Fixpunkttheorem) /Schm86/. Die von uns definierten semantischen Algebren und Funktionen erfüllen genau diese Anforderungen (vollständige Halbordnungen, stetige Funktionen), so daß wir im folgenden auch rekursive Definitionen verwenden dürfen.

Die denotationelle Methode wird von uns eingesetzt, um die Semantik bestimmter Sprachelemente einer Spezifikationssprache zu beschreiben. Für diese Beschreibung benötigen wir einige grundlegende semantische Bereiche, die wir im folgenden vorstellen werden. Für jeden dieser Bereiche definieren wir die zugeordneten Konstruktoren und Selektoren. Hinsichtlich der Notation lehnen wir uns an /Schm86/ an.

Als Beispiele für primitive Bereiche stellen wir die natürlichen Zahlen und die Wahrheitswerte vor. Für die natürlichen Zahlen sind die üblichen arithmetischen Operationen und Vergleichsoperationen angegeben. Für boolesche Werte geben wir einige logische Operationen und die Auswahlfunktion an.

I. Natürliche Zahlen Nat = $\mathbb{N}$
   Operationen:
   plus, minus, times: Nat $\times$ Nat $\rightarrow$ Nat;
   equals, lessthan, greaterthan: Nat $\times$ Nat $\rightarrow$ Bool;

II. Wahrheitswerte Bool = $\mathbb{B}$
    Operationen:
    true, false : Bool;
    not: Bool $\rightarrow$ Bool;
    or: Bool $\times$ Bool $\rightarrow$ Bool;
    Auswahlfunktion:
    $(\_ \rightarrow \_ \ \square \ \_)$: Bool $\times$ D $\times$ D $\rightarrow$ D;
    für b $\in$ Bool und d_1, d_2 $\in$ D gilt: $(b \rightarrow d_1 \ \square \ d_2) \in$ D.
    wobei : $(\text{true} \rightarrow d_1 \ \square \ d_2) = d_1$
    und: $(\text{false} \rightarrow d_1 \ \square \ d_2) = d_2$

Wir stellen die zusammengesetzten Bereiche *Kreuzprodukt*, *disjunkte Vereinigung* und *Funktion* vor, die wir auch in der Semantikdefinition verwenden werden. Für die folgenden Definitionen sollen *A* und *B* semantische Bereiche bezeichnen.

Für Kreuzprodukte werden Projektionsfunktionen zur Verfügung gestellt, die es gestatten, einzelne Komponenten eines Tupels anzusprechen.

III. Kreuzprodukt $A \times B$

Für $a \in A$ und $b \in B$ gilt : $(a,b) \in A \times B$;

Projektion auf die erste Komponente:

$fst : A \times B \to A$;

Für $(a,b) \in A \times B$ gilt: $fst(a,b) = a$

Projektion auf die zweite Komponente:

$snd: A \times B \to B$;

Für $(a,b) \in A \times B$ gilt: $snd(a,b) = b$

allgemeine Projektion:

$\downarrow i : A_1 \times A_2 \times . . . \times A_n \to A_i$, für $1 \leq i \leq n$.

Für $(a_1, ... , a_i, ... , a_n) \in A_1 \times A_2 \times . . . \times A_n$ gilt: $(a_1, ... , a_i, ... , a_n) \downarrow i = a_i$

Für die disjunkte Vereinigung bieten wir Injektionsfunktionen an. Ein neues Element wird, unter Berücksichtigung des Bereichs, dem es zugeordnet ist, in den zusammengesetzten Bereich eingetragen. Nach der Eintragung kann die Zugehörigkeit eines Elements zu einem bestimmten Bereich überprüft werden. Diese Prüfungsmöglichkeit (*isA(x)*, *isB(y)*) stellen wir im Rahmen der mehrfachen Fallunterscheidung vor.

IV. Disjunkte Vereinigung $A + B$

Injektion der ersten Komponente:

$inA: A \to A + B$;

Dabei gilt für alle $a \in A$:　$inA(a) = (zero,a)$

Injektion der zweiten Komponente:

$inB: B \to A + B$;

Dabei gilt für alle $b \in B$:　$inB(b) = (one,b)$

Für Funktionen definieren wir den Funktionskonstruktor und die Möglichkeit der Funktionsanwendung. Außerdem erläutern wir die Semantik von Funktionskomposition und mehrfacher Fallunterscheidung.

V. Funktion $A \rightarrow B$

Funktionskonstruktor:

Für $e \in B$ und $x \in A$ gilt: $(\lambda x.e) \in A \rightarrow B$

Für alle $a \in A$ liefert $(\lambda x.e)\ a = [a/x]\,e$ genau einen Wert aus B.

Funktionsanwendung:

Für $g: A \rightarrow B$ und $a \in A$ gilt: $g(a) \in B$

Aus $g = \lambda x.e$ folgt $g(a) = [a/x]\,e$.

Funktionskomposition:

Für $f: A \rightarrow B$ und $g: B \rightarrow C$ gilt: $g \circ f : A \rightarrow C$ und $g \circ f\ (x) = g(f(x))$.

Mehrfache Fallunterscheidung:

Sei $d \in A+B$, $(\lambda x.e_1): A \rightarrow C$ und $(\lambda y.e_2): B \rightarrow C$. Dann gilt:

$$(\text{ cases } d \text{ of}$$
$$isA(x) \rightarrow e_1$$
$$\Box\ \ isB(y) \rightarrow e_2 \text{ end }) \in C.$$

Für $a \in A$ gilt: $(\text{ cases } inA(a) \text{ of}$
$$isA(x) \rightarrow e_1$$
$$\Box\ isB(y) \rightarrow e_2$$
$$\text{end }) = [a/x]\ e_1$$

Für $b \in B$ gilt: $(\text{ cases } inB(b) \text{ of}$
$$isA(x) \rightarrow e_1$$
$$\Box\ isB(y) \rightarrow e_2$$
$$\text{end }) = [b/y]\ e_2$$

An dieser Stelle seien noch einige Abkürzungen erläutert, die wir zum Teil bereits bei der Definition der Bereichsoperationen verwendet haben:

(g a)	ist eine andere Schreibweise für g(a);
[x $\mapsto$ v] g	ist definiert als (λx' . (equals x' x) $\rightarrow$ v $\square$ g(x'));
[a/x] e	heißt "ersetze im Ausdruck e alle freien Vorkommen des Bezeichners x durch den Ausdruck a".

Damit ist die Beschreibung der grundlegenden semantischen Bereiche mit den zur Verfügung stehenden Operationen abgeschlossen. In Anhang C haben wir diese Definitionen nochmals zusammengefaßt.

4.2.3 Direkte Semantik und Fortsetzungssemantik

In der Literatur über denotationelle Semantik /Schm86/, /Gord79/ werden für denotationelle Definitionen meist zwei Beschreibungsmöglichkeiten gegenübergestellt:

- direkte Semantik
- Fortsetzungssemantik.

Zunächst charakterisieren wir die denotationelle Beschreibung mittels **direkter Semantik**. Die Wirkung jeder programmiersprachlichen Anweisung wird unter Verwendung von Funktionen und Funktionsanwendungen definiert. Auf die Reihenfolge der Auswertung programmiersprachlicher Anweisungen kann, über die üblichen Regeln des Lambda-Kalküls hinaus, im Rahmen der Semantikdefinition kein Einfluß genommen werden.

Definition 4-7:

Eine **Kontrollstruktur** ist eine programmiersprachliche Anweisung, die Einfluß auf die Auswertereihenfolge von Anweisungen eines Programms besitzt.

Die Semantik von Kontrollstrukturen, die eine andere Auswertereihenfolge als die sequentielle Programmabarbeitung fordern, kann unter Verwendung der direkten Semantik nicht mehr denotationell beschrieben werden. Zur Definition der Semantik von Kontrollstrukturen benötigt man also ein anderes Beschreibungsmittel. Hierfür steht die Fortsetzungssemantik zur Verfügung, deren Eigenschaften wir im folgenden kurz vorstellen.

Die **Fortsetzungssemantik** zeichnet sich dadurch aus, daß besondere semantische Bereiche, die Fortsetzungen (engl.: continuations), in die Semantikdefinitionen einbezogen werden. Diese semantischen Bereiche repräsentieren den Kontrollfluß und erlauben es, die Auswertereihenfolge der programmiersprachlichen Anweisungen direkt zu beeinflussen. Die Wirkung jeder programmiersprachlichen Anweisung auf den Kontrollfluß wird im Rahmen ihrer Semantikdefinition festgelegt.

Die Unterschiede zwischen direkter Semantik und Fortsetzungssemantik sollen anhand eines Beispiels erläutert werden, das in ähnlicher Form in /Gord79/ und /Schm86/ zu finden ist. Das Beispiel beschreibt die Komposition von Anweisungen (Befehlen) denotationell. Zunächst stellen wir die Semantikdefinition mittels direkter Semantik vor.

Beispiel 4-1: Direkte Semantik der Komposition von Anweisungen

Die abstrakte Syntax der Komposition von Anweisungen ist folgendermaßen definiert:

> S $\in$ Statement
> S ::= S_1 ; S_2 | . . .

Die einzige von uns benötigte semantische Algebra ist der Speicher, der jeder Adresse den gespeicherten Wert zuordnet. Die Variable s verwenden wir dort als Parameter, wo der Speicher als semantischer Bereich definiert ist.

> s $\in$ Store = Location $\rightarrow$ Storval

In direkter Semantik wird die Komposition zweier Anweisungen mit Hilfe der Auswertefunktion $\mathcal{S}_D$ (Der Index D steht für *direct*.) folgendermaßen beschrieben:

$$\mathcal{S}_D : \textit{Statement} \rightarrow \text{Store} \rightarrow \text{Store}$$
$$\mathcal{S}_D [\![S_1 ; S_2]\!] = \mathcal{S}_D [\![S_2]\!] \circ \mathcal{S}_D [\![S_1]\!]$$

Zunächst wird Anweisung S_1 für einen aktuellen Speicher s_1 ausgewertet ($\mathcal{S}_D [\![S_1]\!] \, s_1$). Als Ergebnis erhält man den modifizierten Speicher s_2, der wiederum Eingangsparameter für die Auswertung der Anweisung S_2 ist ($\mathcal{S}_D [\![S_2]\!] \, s_2$). Als Endergebnis erhält man den Speicher s_3:

$$
\begin{aligned}
\mathcal{S}_D [\![S_1 ; S_2]\!] \, s_1 &= (\, \lambda s. \; \mathcal{S}_D [\![S_2]\!] \, (\, \mathcal{S}_D [\![S_1]\!] \, s \,)) \, s_1 \\
&= \mathcal{S}_D [\![S_2]\!] \, (\, \mathcal{S}_D [\![S_1]\!] \, s_1) \\
&= \mathcal{S}_D [\![S_2]\!] \, s_2 \\
&= s_3
\end{aligned}
$$

Ein vorzeitiger Abbruch nach Ausführung von S_1 kann mit den vorgestellten denotationellen Beschreibungsmitteln nicht formuliert werden; das Ergebnis der Anweisung S_1 wird immer an die Anweisung S_2 weitergegeben.

Will man Einfluß auf die Abarbeitungsreihenfolge von Anweisungen nehmen, so muß als denotationelle Beschreibungsart die Fortsetzungssemantik verwendet werden. Wir definieren im folgenden die Semantik von Anweisungen bzw. Befehlen. Die zugeordnete Fortsetzung wird als **Befehlsfortsetzung** bezeichnet. Entsprechend gibt es auch Fortsetzungen für Ausdrücke (Ausdrucksfortsetzung) oder Deklarationen (Deklarationsfortsetzung). Zur Beschreibung der Ausnahmebehandlung benötigen wir in erster Linie Befehlsfortsetzungen. Deshalb gehen wir auf die anderen Fortsetzungsmöglichkeiten nicht näher ein.

Anschaulich läßt sich eine Befehlsfortsetzung als die Folge der Anweisungen des Programms beschreiben, die noch auszuführen sind. Oft wird in diesem Zusammenhang das Bild eines Kellers gewählt, der die Aufgabe einer Fortsetzung übernimmt. In den Keller werden alle auszuführenden Anweisungen so eingetragen, daß die erste auszuführende Anweisung oberstes Kellerelement und die letzte auszuführende Anweisung unterstes Kellerelement ist. Die Anweisungen werden entsprechend der Abarbeitungsreihenfolge eines Kellers bearbeitet. Sobald eine Anweisung ausgeführt ist, wird sie aus dem Keller entfernt. Läßt man zusätzliche Manipulationen des Kellers zu, wie etwa das Löschen bestimmter Anweisungen oder das zusätzliche Eintragen von Anweisungen, so kann damit die Auswertereihenfolge von Anweisungen beeinflußt werden.

Übertragen wir diese Sichtweise wieder auf die denotationellen Definitionen. Die Befehlsfortsetzung wird als eine Funktion definiert, die das aktuelle Zwischenergebnis (*Store*) auf das Endergebnis des Programms (*Store*) abbildet. Führt man Befehlsfortsetzungen als Parameter von Auswertefunktionen ein, so ist es möglich, im Rahmen der Semantikdefinition anzugeben, an welche Folgeanweisungen die Ergebnisse der aktuellen Anweisung weitergegeben werden sollen.

Beispiel 4-2: Fortsetzungssemantik der Komposition von Anweisungen

Beschreibt man die Komposition zweier Anweisungen mittels Fortsetzungssemantik, so geht man von folgender Befehlsfortsetzung aus:

$$c \in Cmdcont = Store \to Store$$

Die Funktionalität der Auswertefunktion $\mathcal{S}_D$ wird um den Parameter *Cmdcont* erweitert. Damit erhalten wir eine neue Auswertefunktion $\mathcal{S}_C$ (Der Index C steht für *continuation*.), die folgendermaßen definiert ist:

$$\mathcal{S}_C : \textit{Statement} \to Cmdcont \to Store \to Store$$

Da wir *Cmdcont* als Bereich der Form *Store* $\to$ *Store* definiert haben, können wir die Auswertefunktion auch notieren als:

$$\mathcal{S}_C : \textit{Statement} \to Cmdcont \to Cmdcont$$

Die zugehörige Gleichung lautet:

$$\mathcal{S}_C[\![S_1;S_2]\!] = \mathcal{S}_C[\![S_1]\!] \circ \mathcal{S}_C[\![S_2]\!]$$

Man beachte an dieser Stelle, daß die Anweisungen S_1 und S_2 gerade in der umgekehrten Reihenfolge notiert werden, wie bei der entsprechenden Definition mittels direkter Semantik. Den Zusammenhang zwischen direkter Semantik und Fortsetzungssemantik können wir noch präzisieren:

$$\mathcal{S}_C[\![S]\!]\, c = c\, (\mathcal{S}_D[\![S]\!])\quad \text{bzw.}$$

$\mathcal{S}_C [\![S]\!] \ c \ s = c \ s'$ wenn die Anweisung S den Speicher s in den Speicher s' überführt, d.h. wenn gilt $s' = \mathcal{S}_D [\![S]\!] \ s$.

Die Auswertestrategie von Auswertefunktionen, die mit Fortsetzungssemantik beschrieben sind, wird als *normal-order-evaluation* bezeichnet /Abel85/. Die Ausdrücke werden so weit wie möglich expandiert und erst danach reduziert. Im Gegensatz dazu steht eine Auswertestrategie (*applicative-order-evaluation*), bei der zuerst die Argumente ausgewertet werden und dann erst expandiert wird.

Nun wollen wir zeigen, wie mit Hilfe von Fortsetzungssemantik Einfluß auf die Auswertereihenfolge von Anweisungen genommen werden kann. Wir definieren die Semantik einer Anweisung *STOP*, die zum sofortigen Programmabbruch führen soll, folgendermaßen:

$$\mathcal{S}_C [\![STOP]\!] = \lambda c.\lambda s. \ s$$

Für den konkreten Programmausschnitt *STOP*; S_2 können folgende Umformungen vorgenommen werden:

$$\mathcal{S}_C [\![STOP \ ; \ S_2]\!] \ c_1 \ s_1 = \mathcal{S}_C [\![STOP]\!] \ (\mathcal{S}_C [\![S_2]\!] \ c_1) \ s_1$$
$$= (\lambda c.\lambda s. \ s \ ) \ (\mathcal{S}_C [\![S_2]\!] \ c_1) \ s_1 = s_1$$

Die Semantik der Folge *STOP*; S_2 ist unabhängig davon, welche Anweisungen nach der STOP-Anweisung definiert sind. Die Anweisung S_2 muß nicht mehr ausgewertet werden, da sie das Ergebnis nicht mehr beeinflussen kann.

Mit diesem Beispiel haben wir die Grundprinzipien der denotationellen Fortsetzungssemantik erläutert. Unter Verwendung der Fortsetzungssemantik ist es möglich, den Einfluß eines programmiersprachlichen Konstrukts auf die Auswertereihenfolge von Anweisungen eines Programms zu definieren. Gerade die Beeinflussung der Auswertereihenfolge ist, wie im dritten Kapitel ausgeführt, ein Charakteristikum der Ausnahmebehandlung. Die sequentielle Abarbeitung eines Programms wird unterbrochen,

- sobald die Ausnahme eintritt, um den zuständigen Bearbeiter zu ermitteln und auszuführen;

- wenn die Ausnahmebearbeitung abgeschlossen ist, um mit der Abarbeitung der durch die Fortsetzungsanweisung gekennzeichneten Anweisung fortzusetzen.

Dieser Kontrollfluß muß in der Semantikdefinition wiedergegeben werden. Aufgrund obiger Überlegungen zu den Möglichkeiten denotationeller Semantikdefinitionen ist für unsere Anwendung die Fortsetzungssemantik geeignet. Die nachfolgenden Semantikdefinitionen formulieren wir deshalb mit Fortsetzungssemantik.

4.3 Die Semantikdefinitionen

In diesem Kapitel definieren wir die Semantik des im dritten Kapitel informell eingeführten Konzepts zur Ausnahmebehandlung mit Hilfe der denotationellen Methode. Als Grundlage für die zur Semantikdefinition benötigte abstrakte Syntax dient die im zweiten und dritten Kapitel eingeführte Spezifikationssprache.

Zunächst geben wir die denotationellen Beschreibungsmittel an, die für die Definition der Ausnahmebehandlung benötigt und eingesetzt werden. Damit sind bereits die ersten grundlegenden Semantikdefinitionen der Sprachelemente zur Ausnahmebehandlung möglich. Im Anschluß daran werden die charakteristischen Eigenschaften der Ausnahmebehandlung denotationell definiert:

-   Fortsetzungsmöglichkeiten
-   Gültigkeitsbereich und Zugriffsbereich von Bearbeitern
-   Einplanen von Ausnahmen
-   Freigeben und Sperren von Ausnahmen
-   Freigeben und Sperren von Bearbeitern.

Für jede dieser Eigenschaften wird der betrachtete Ausschnitt aus der zugrundegelegten objektorientierten Spezifikationssprache, in Form einer abstrakten Syntax, angegeben. Die abstrakte Syntax wird in den Auswertefunktionen benötigt. Außerdem stellen wir die semantischen Algebren vor, die im Rahmen der Semantikdefinition eingesetzt werden. Eine Zusammenstellung aller von uns definierten semantischen Algebren ist in Anhang D zu finden.

4.3.1 Die grundlegenden Definitionen

Wir beschreiben in diesem Abschnitt die Semantik der Sprachelemente, die in gleicher oder ähnlicher Form in den folgenden denotationellen Definitionen verwendet werden. Dazu stellen wir den uns interessierenden Ausschnitt aus der Spezifikationssprache in Form einer abstrakten Syntax vor. Wir führen die wesentlichen semantischen Algebren ein und definieren die Auswertefunktionen für Variablen-, Methoden- und Bearbeiterdeklarationen sowie Methodenaufrufe.

Zunächst gehen wir von folgendem Sprachausschnitt aus:

Ein Programm besteht aus einer Folge von Methodendeklarationen. Innerhalb jeder Methode können lokale Variablen und lokale Bearbeiter deklariert werden. Als Anweisungen stehen der Bearbeiteraufruf (*RAISE*) und der Methodenaufruf zur Verfügung; weitere Anweisungen sind denkbar, sollen hier aber nicht definiert werden.

Semantikbeschreibung 1 (Abstrakte Syntax):

$$
\begin{array}{lll}
M & \in & \text{Method}; \\
D & \in & \text{Declaration}; \\
S & \in & \text{Statement}; \\
H & \in & \text{Handler}; \\
I & \in & \text{Identifier}; \\
CI & \in & \text{ClassIdent};
\end{array}
$$

$$
\begin{array}{lll}
M & ::= & M_1 \; ; \; M_2 \mid I : \text{METHOD BODY } D; \; S; \; H \text{ END METHOD} \,. \\
D & ::= & D_1 \; ; \; D_2 \mid \text{VAR } I : CI \,. \\
S & ::= & S_1 \; ; \; S_2 \mid \text{RAISE } I \mid I() \mid \ldots \\
H & ::= & H_1 \; ; \; H_2 \mid \text{ON } I \text{ DO } S \text{ END ON} \,.
\end{array}
$$

Der semantische Bereich der bezeichenbaren Werte (*Denotable Value*) umfaßt die primitiven Bereiche (*Nat*, *Bool*) sowie einige neu definierte Bereiche (*Cmdcont*, *Environment*, *Method*).

Die Befehlsfortsetzung (*Cmdcont*) ist, entsprechend Kapitel 4.2.3, definiert
als *Cmdcont = Store → Store* und findet sowohl im Bereich *Method* als auch
im Bereich *Handler* Verwendung.

Die Bereiche *Handler* und *Variable* werden in dem Bereich *ComplexValue*
zusammengefaßt. Für den Zugriff auf nicht deklarierte Größen wird ein
Fehlerwert (*Errvalue*) als Ergebnis vorgesehen.

Der semantische Bereich Umgebung (*Environment*) besteht aus zwei Komponenten: der Klassenumgebung (*ClassEnvironment*) und der Methodenumgebung
(*MethodEnvironment*). In die Klassenumgebung werden die Methoden sowie
globale Verwaltungsinformationen – ein Beispiel dafür ist die Größe *caller-env* –
eingetragen. In die Methodenumgebung werden methodenlokale Variablen-
und Bearbeiterdeklarationen eingetragen.

Für den Bereich *Environment* sind einige Operationen definiert: die Operationen
empty... erzeugen eine leere Umgebung; die Operationen *access...* liefern zu
einem Bezeichner den zugeordneten Wert in der angegebenen Umgebung; die
Operationen *update...* tragen für den angegebenen Bezeichner den gewünschten
Wert in die Umgebung ein.

Fortsetzung der **Semantikbeschreibung 1 (Semantische Algebren)**:

    Bereich   ce   ∈ ClassEnvironment = Id → DenotableValue;
    Bereich   c   ∈ Cmdcont = Store → Store ;
    Bereich   cv   ∈ ComplexValue = Handler + Variable + Errvalue ;
    Bereich   d   ∈ DenotableValue = Environment + Cmdcont + Method +
                                       Nat + Bool + . . . ;

    Bereich   e   ∈ Environment = ClassEnvironment × MethodEnvironment;

Operationen:

emptymethenv : Environment → Environment
    emptymethenv = λ(ce,me). (ce, λi.inErrvalue( ))

emptyclassenv : Environment
   emptyclassenv = (λi. inErrvalue( ), λi.inErrvalue( ))

accessmethenv : Id $\rightarrow$ Environment $\rightarrow$ ComplexValue
   accessmethenv = λi.λ(ce,me). me(i)

accessclassenv : Id $\rightarrow$ Environment $\rightarrow$ DenotableValue
   accessclassenv = λi.λ(ce,me). ce(i)

updatemethenv : Id $\rightarrow$ ComplexValue $\rightarrow$ Environment $\rightarrow$ Environment
   updatemethenv = λi. λcv. λ(ce,me). (ce, [i $\mapsto$ cv] me)

updateclassenv : Id $\rightarrow$ DenotableValue $\rightarrow$ Environment $\rightarrow$ Environment
   updateclassenv = λi. λd. λ(ce,me). ([i $\mapsto$ d] ce, me)

Bereich   h ϵ Handler = Cmdcont $\rightarrow$ Cmdcont
Bereich   i ϵ Id = Identifier
Bereich   l ϵ Location
Operationen:
   next-locn: Location

Bereich   m ϵ Method = Environment $\rightarrow$ Cmdcont $\rightarrow$ Cmdcont
Bereich   me ϵ MethodEnvironment = Id $\rightarrow$ ComplexValue
Bereich   t ϵ Type
Bereich   v ϵ Variable = Location $\times$ Type

Fortsetzung der **Semantikbeschreibung 1 (Auswertefunktionen):**

$\mathcal{D}$: *Declaration* $\rightarrow$ Environment $\rightarrow$ Environment

$\mathcal{D}[\![D_1 ; D_2]\!] = \mathcal{D}[\![D_2]\!] \circ \mathcal{D}[\![D_1]\!]$

$\mathcal{D}[\![VAR\ I : CI]\!] = \lambda$e.updatemethenv $[\![I]\!]$
                              inVariable(next-locn, $\mathcal{T}[\![CI]\!]$) e

$\mathcal{T}$: *ClassIdent* $\rightarrow$ Type

$\mathcal{T}[\![Nat]\!]$ = Nat

$\mathcal{T}[\![Bool]\!]$ = Bool

$\mathcal{H}$: *Handler* $\to$ Environment $\to$ Environment

$\mathcal{H}[\![H_1 ; H_2]\!] = \mathcal{H}[\![H_2]\!] \circ \mathcal{H}[\![H_1]\!]$

$\mathcal{H}[\![ON\ I\ DO\ S\ END\ ON]\!] = \lambda e.updatemethenv\ [\![I]\!]\ inHandler(\mathcal{S}[\![S]\!]\ e)\ e$

$\mathcal{M}$: *Method* $\to$ Environment $\to$ Environment

$\mathcal{M}[\![M_1 ; M_2]\!] = \lambda e.\ fix(\ \lambda e'.\ \mathcal{M}[\![M_2]\!]\ (\ \mathcal{M}[\![M_1]\!]\ e')\ e\ )$

$\mathcal{M}[\![I : METHOD\ BODY\ D;\ S;\ H\ END\ METHOD]\!] =$
    $\lambda e.updateclassenv\ [\![I]\!]\ inMethod$
        $(\ \lambda e'.\ \lambda c.\ \mathcal{S}[\![S]\!]\ (\ updateclassenv\ [\![\ caller\text{-}env\ ]\!]\ inEnvironment(e')$
                        $(\ \mathcal{H}[\![H]\!]\ (\ \mathcal{D}[\![D]\!]\ emptymethenv\ e\ )))\ c\ )\ e$

$\mathcal{S}$: *Statement* $\to$ Environment $\to$ Cmdcont $\to$ Cmdcont

$\mathcal{S}[\![S_1 ; S_2]\!] = \lambda e.\ \mathcal{S}[\![S_1]\!]e \circ \mathcal{S}[\![S_2]\!]e$

$\mathcal{S}[\![I()]\!] = \lambda e.\lambda c.\ cases\ (\ accessclassenv[\![I]\!]\ e)\ of$
                $.\ .\ .$
                $[\!]\ isMethod(m) \to (\ m\ e\ c\ )$
                $.\ .\ .$
                end

Variablen- , Bearbeiter- und Methodendeklarationen bewirken immer einen
Umgebungswechsel. Eine Umgebung dient als Eingangsparameter, in sie wird
die aktuelle Variable, der aktuelle Bearbeiter oder die aktuelle Methode
eingetragen. Die so veränderte Umgebung wird dann als Ausgangsparameter
zurückgeliefert.

Der Eintrag einer Variable in die Umgebung umfaßt die Angabe des Variablen-
bezeichners, eines Speicherplatzes und des zugeordneten Klassenbezeichners.
Wir gehen für unsere Semantikdefinition davon aus, daß alle möglichen
Klassenbezeichner bereits bekannt sind.

Ein Bearbeitereintrag besteht aus dem Ausnahmebezeichner und einer Funktion
mit der Funktionalität *Cmdcont* $\to$ *Cmdcont*, die jeder Befehlsfortsetzung

eine Fortsetzung zuordnet und aus der Semantik des Bearbeiterrumpfes abgeleitet wird.

Der Eintrag für eine Methode besteht aus dem Methodenbezeichner und einer Funktion, die die Funktionalität *Environment* $\rightarrow$ *Cmdcont* $\rightarrow$ *Cmdcont* besitzt. Zum Aufrufzeitpunkt der Methode wird als aktuelle Umgebung die Umgebung des Aufrufers übergeben und in der Größe *caller-env* abgelegt. Diese Information benötigt man, um das Weiterreichen von Ausnahmen entsprechend der umgekehrten Methodenaufrufreihenfolge durchführen zu können. Die in einer Methode deklarierten Größen bewirken eine Änderung der Umgebung. Dabei wird zunächst eine neue methodenlokale Umgebung erzeugt (*emptymethenv*) und dann werden die Eintragungen entsprechend der Auswertefunktionen vorgenommen.

Sequenzen von Variablen- und Bearbeiterdeklarationen werden entsprechend der Reihenfolge der einzelnen Deklarationen in der jeweiligen Umgebung abgelegt.

Die Semantik der Methodendeklaration ist mit Hilfe einer Fixpunkt-Gleichung definiert. Die Definition wurde gewählt, da innerhalb des Methodenrumpfes andere Methodenbezeichner von an dieser Stelle noch nicht deklarierten Methoden verwendet werden können und Vorwärtsdeklarationen, wie etwa in Pascal, in der Spezifikationssprache nicht vorgesehen sind.

Die Semantik eines Methodenaufrufs, der lediglich durch die Angabe des Methodenbezeichners charakterisiert ist, wird folgendermaßen definiert: Innerhalb der aktuellen Umgebung wird geprüft, ob dem Bezeichner eine Methode zugeordnet ist. Ist dies der Fall, wird die Methode mit der aktuellen Umgebung (Aufruferumgebung) und der aktuellen Befehlsfortsetzung (um zum Aufrufer zurückkehren zu können) aufgerufen. Ist dem Bezeichner keine Methode zugeordnet, kann z.B. eine Fehlermeldung erfolgen. Auf diese und weitere Reaktionsmöglichkeiten werden wir nicht eingehen und in jeder Auswertefunktion als ". . ." angeben.

An dieser Stelle können wir noch keine Aussage über die Semantik des Bearbeiteraufrufs machen, da die Wirkung der Ausnahmebearbeitung sehr eng mit der Fortsetzungsmöglichkeit gekoppelt ist. Allen Fortsetzungsmodellen gemeinsam ist jedoch die Ermittlung des für eine Ausnahme zuständigen Bearbeiters.

Die Funktion *execute-handler* prüft zunächst in der lokalen Methodenumgebung, ob ein Bearbeiter vorgesehen ist. Ist dies der Fall, wird der Bearbeiter ausgeführt. Ist methodenlokal kein Bearbeiter vorgesehen, wird in der Aufruferumgebung die gleiche Prüfung vorgenommen. Dieser Vorgang wird so lange wiederholt, bis ein Bearbeiter gefunden wurde, oder die Aufruferumgebung leer ist.

Die Operation *next-env* ermittelt, unter Verwendung der Variablen *caller-env*, zu der aktuellen Umgebung die Umgebung des Aufrufers.

Die semantischen Funktionen *execute-handler* und *next-env* sind folgendermaßen definiert:

```
execute-handler: Id → Environment → Cmdcont → Cmdcont

execute-handler =
  λi.λe.λc. cases (accessmethenv i e) of
          isHandler(h) → ( h c )
          ◻ isErrvalue( ) → execute-handler i (next-env e) c
          end

next-env: Environment → Environment

next-env = λe. cases (accessclassenv ⟦caller-env⟧ e ) of
              . . .
                 ◻ isEnvironment(e') → e'
              . . .
              end
```

Damit ist die grundlegende Untersuchung der denotationellen Beschreibungs-mittel, die wir zur Definition der Ausnahmebehandlung einsetzen werden, abgeschlossen. In den folgenden Abschnitten wenden wir uns den charakte-ristischen Eigenschaften des Ausnahmekonzepts zu.

4.3.2 Fortsetzungsmöglichkeiten

Nachdem ein erster Einblick in die Anwendung der denotationellen Definitions-methode für die Ausnahmebehandlung gegeben wurde, sollen im folgenden die Semantiken der verschiedenen Fortsetzungsmodelle erarbeitet werden. Wir gehen dabei entsprechend der im dritten Kapitel eingeführten Klassifi-kation der Fortsetzungsmöglichkeiten vor.

Die angegebenen Auswertefunktionen stellen Erweiterungen der Semantikbe-schreibung 1 aus Kapitel 4.3.1 dar. Wir definieren die jeweils vorzunehmenden Erweiterungen der Semantikbeschreibung bzw. Änderungen bestehender Auswertefunktionen.

Im Rahmen der vorliegenden Arbeit werden die Fortsetzungsmöglichkeiten getrennt voneinander vorgestellt, um die unterschiedlichen Mechanismen und Definitionen klar darstellen zu können. /Scho89/ zeigt, daß sich alle denotatio-nellen Beschreibungen der Fortsetzungen zu einer Gesamtsemantik zusammen-fassen lassen, ohne daß sich die Fortsetzungsmöglichkeiten widersprechen. Dadurch ist es uns möglich, die Modelle im folgenden getrennt zu entwickeln.

4.3.2.1 Bezugspunkt Verursacher

1. Fortsetzen des Verursachers

Nach Beendigung des Bearbeiters wird der Verursacher fortgesetzt. Die zu definierende Semantik des Bearbeiteraufrufs entspricht der Semantik eines Prozeduraufrufs, d.h. dem Bearbeiter wird als Befehlsfortsetzung die Befehlsfortsetzung des Verursachers übergeben.

Semantikbeschreibung 2 (Auswertefunktion):

$$\mathcal{S} : Statement \to \text{Environment} \to \text{Cmdcont} \to \text{Cmdcont}$$

$$\mathcal{S}[\![\text{RAISE I}]\!] = \lambda e.\ \lambda c.\ \text{execute-handler}[\![\text{I}]\!]\ e\ c$$

2. Beenden des Verursachers

Der Bearbeiter beendet den noch nicht abgearbeiteten Teil des Verursachers. Dazu benötigt man die zum Aufrufzeitpunkt der Verursachermethode aktuelle Befehlsfortsetzung des Aufrufers. Bei jedem Methodenaufruf wird die aktuelle Befehlsfortsetzung an den Bezeichner *continuation* gebunden. Tritt eine Ausnahme ein, so wird der zuständige Bearbeiter mittels *execute-handler* ermittelt und ausgeführt. Die Befehlsfortsetzung wird der Variablen *continuation* entnommen.

Semantikbeschreibung 3 (Auswertefunktionen):

$$\mathcal{M} : Method \to \text{Environment} \to \text{Environment}$$

$$\mathcal{M}[\![\text{I: METHOD BODY D; S; H END METHOD}]\!] =$$
$$\lambda e.\ \text{updateclassenv}\ [\![\text{I}]\!]\ \text{inMethod}$$
$$(\ \lambda e'.\ \lambda c.\ \mathcal{S}[\![\text{S}]\!]\ (\ \text{updateclassenv}\ [\![\text{continuation}]\!]\ \text{inCmdcont}(c)$$
$$(\ \text{updateclassenv}\ [\![\text{caller-env}]\!]\ \text{inEnvironment}(e')$$
$$(\ \mathcal{H}[\![\text{H}]\!]\ (\ \mathcal{D}[\![\text{D}]\!]\ \text{emptymethenv}\ e\ ))))\ c\ )\ e$$

$\mathcal{S}$: *Statement* → Environment → Cmdcont → Cmdcont

$\mathcal{S}$⟦RAISE I⟧ = λe. λc. cases (accessclassenv ⟦continuation⟧ e) of
          . . .
          ▯ isCmdcont(c') → (execute-handler ⟦I⟧ e c')
          . . .
          end

3. Neustarten des Verursachers

Nach Abschluß der Ausnahmebearbeitung wird der Verursacher erneut aufgerufen. Mittels *REINIT* werden die lokalen Deklarationen des Verursachers
nochmals bearbeitet, mittels *RETRY* nicht. Dem Bearbeiter muß die betreffende
Verursachermethode zugänglich gemacht werden. Dazu wird die jeweils
aktuelle Methode an den Bezeichner *act-meth* gebunden. Die zum Zeitpunkt
des Methodenaufrufs aktuelle Befehlsfortsetzung wird dem Bezeichner
continuation zugeordnet und dem Verursacher beim Wiederaufruf übergeben.

Semantikbeschreibung 4 (Auswertefunktionen):

$\mathcal{M}$: *Method* → Environment → Environment

$\mathcal{M}$⟦I: METHOD BODY D; S; H END METHOD⟧ =
λe. updateclassenv ⟦I⟧ inMethod
  (λe'. λc. $\mathcal{S}$⟦S⟧ (updateclassenv ⟦continuation⟧ inCmdcont(c)
            (updateclassenv ⟦caller-env⟧ inEnvironment(e')
            (updateclassenv ⟦act-meth⟧ inMethod
              (λe''. λc'. $\mathcal{S}$⟦S⟧ (updateclassenv ⟦continuation⟧
             inCmdcont(c') ($\mathcal{H}$⟦H⟧ ($\mathcal{D}$⟦D⟧ e''))) c')
            ($\mathcal{H}$⟦H⟧ ($\mathcal{D}$⟦D⟧ emptymethenv e)))) c) e

S : *Statement* → Cmdcont → Cmdcont → Cmdcont

S[RAISE I] =
λe. λc. cases (accessclassenv [act-meth] e) of
   . . .
       ▯ isMethod(m) → cases (accessclassenv [continuation] e) of
             . . .
              ▯ isCmdcont(c') → execute-handler [I] e (m e c')
             . . .
              end
   . . .
       end

Sollen die lokalen Methodendeklarationen beim Wiederaufruf des Verursachers nicht nochmals bearbeitet werden, so muß der Anteil (H[H] (D[D] e")) in obiger semantischer Gleichung lediglich durch e" ersetzt werden.

4.3.2.2 Bezugspunkt Auslöser

1. Fortsetzen des Auslösers

Für Methoden ohne Rückgabeparameter ist das Fortsetzen des Auslösers gleichzusetzen mit dem Beenden der Methode, die vom Auslöser aufgerufen wurde und die betreffende Ausnahme weitergereicht hat. Um das Beenden einer Methode beschreiben zu können, haben wir die Variable *continuation* eingeführt, die bei jeder Methode vermerkt, mit welcher Anweisung der Aufrufer fortgesetzt werden muß.

Zur Bestimmung des zuständigen Bearbeiters benötigt man wiederum die Variable *caller-env*, in der die Aufruferumgebung abgelegt ist.

Semantikbeschreibung 5 (Auswertefunktionen):

$\mathcal{M}$: *Method* → Environment → Environment

$\mathcal{M}$ ⟦I: METHOD BODY D; S; H END METHOD⟧ =
λe. updateclassenv ⟦I⟧ inMethod
  (λe'. λc. $\mathcal{S}$⟦S⟧ (updateclassenv ⟦continuation⟧ inCmdcont(c)
          (updateclassenv ⟦caller-env⟧ inEnvironment(e')
            ($\mathcal{H}$⟦H⟧ ($\mathcal{D}$⟦D⟧ emptymethenv e)))) c) e

Nach dem Eintreten der Ausnahme wird der zugeordnete Bearbeiter unter Verwendung der Operation *propresume* ermittelt und aufgerufen. Liegt ein lokaler Bearbeiter vor, so entspricht das Fortsetzen des Auslösers dem Fortsetzen des Verursachers. Liegt kein lokaler Bearbeiter vor, so wird untersucht, ob ein Bearbeiter in der Aufruferumgebung vorgesehen ist. Ist dort kein Bearbeiter zugeordnet, wird die Operation *propresume* rekursiv aufgerufen.

Die korrekte Befehlsfortsetzung wird mit Hilfe der Funktion *next-cont* ermittelt, die auf die in der jeweiligen Umgebung gültige Variable *continuation* zugreift.

Fortsetzung der **Semantikbeschreibung 5** :

$\mathcal{S}$: *Statement* → Environment → Cmdcont → Cmdcont

$\mathcal{S}$⟦RAISE I⟧ = λe. λc. propresume ⟦I⟧ e c

Semantische Operationen:

propresume : Id → Environment → Cmdcont → Cmdcont

propresume =
λi. λe. λc. cases (accessmethenv i e) of
       isHandler(h) → (h c)
       �‖ isErrvalue () →

```
                    cases (accessmethenv i (next-env e)) of
                    isHandler(h) → ( h c )
                    ▯ isErrvalue () → propresume i (next-env e) (next-cont e)
                    end
            end


next-cont : Environment → Cmdcont

next-cont = λe. cases (accessclassenv ⟦continuation⟧ e ) of
                    . . .
                    ▯ isCmdcont(c) → c
                    . . .
                    end
```

2. Beenden des Auslösers

Am Ende der Bearbeitung werden alle Methodenaufrufe entlang der Aufrufkette vom Verursacher bis einschließlich zum Auslöser beendet.

Nach Eintreten der Ausnahme wird zunächst geprüft, ob ein lokaler Bearbeiter vorliegt. Ist dies der Fall, so entspricht das Beenden des Auslösers
dem Beenden des Verursachers. Ist kein lokaler Bearbeiter vorgesehen, wird
der zugeordnete Bearbeiter unter Verwendung der rekursiven Funktion
propterm ermittelt und ausgeführt. Mit Hilfe der Funktion *next-env* wird die
jeweilige Aufruferumgebung aus der Variable *caller-env* bestimmt. Die Funktion
next-cont führt den Übergang von der aufgerufenen Methode zum jeweiligen
Aufrufer unter Verwendung der Variable *continuation* durch.

Die Semantik der Methodendeklaration stimmt mit der Semantik der Methodendeklaration von Semantikbeschreibung 5 überein und wird deshalb hier nicht
mehr angegeben.

Semantikbeschreibung 6 (Auswertefunktionen):

$\mathcal{S}$: *Statement* → Environment → Cmdcont → Cmdcont

$\mathcal{S}$ [RAISE I] =
λe. λc. cases (accessmethenv [I] e) of
   . . .
      □ isHandler(h) → cases (accessclassenv [continuation] e) of
            . . .
            □ isCmdcont(c') → h c'
            . . .
            end
      □ isErrvalue( ) → propterm [I] e c
      end

Semantische Operation:

propterm : Id → Environment → Cmdcont → Cmdcont
propterm =
λi. λe. λc. cases (accessmethenv i e) of
     isHandler(h) → (h c)
     □ isErrvalue ( ) → propterm i (next-env e) (next-cont e)
     end

3. Neustarten des Auslösers

Nach Eintreten der Ausnahme wird zunächst geprüft, ob ein methodenlokaler
Bearbeiter vorgesehen ist. Ist dies der Fall, so entspricht das Neustarten des
Auslösers dem Neustarten des Verursachers. Ist kein lokaler Bearbeiter
vorgesehen, so wird der zuständige Bearbeiter ermittelt. Gleichzeitig wird
der Aufrufer bestimmt, wobei die in der Variable *act-meth* abgelegte Methode
verwendet und erneut aufgerufen wird.

Die Semantik der Methodendefinition ist gleich der Semantik der Methodendefinition für das Neustarten des Verursachers (Semantikbeschreibung 4).
Auch hier gilt wieder, daß die in Semantikbeschreibung 4 angegebene Definition dem Neustarten des Auslösers mit Initialisierung (*PROP_REINIT*) entspricht. Das Neustarten des Auslösers ohne nochmalige Initialisierung

(*PROP_RETRY*) kann formuliert werden, indem man bei der Auswertefunktion für die Methodendefinition der Semantikbeschreibung 4 den Anteil ($\mathcal{H}$[H] ($\mathcal{D}$[D] e")) durch e" ersetzt.

Semantikbeschreibung 7 (Auswertefunktionen):

$\mathcal{S}$: *Statement* → Environment → Cmdcont → Cmdcont

$\mathcal{S}$[RAISE I] =
λe. λc. cases (accessmethenv [I] e) of
    isHandler(h) → (cases (accessclassenv [act-meth] e) of
          . . .
          □ isMethod(m) → h (m e (next-cont e))
          . . .
          end)
    □ isErrvalue( ) → propreinit [I] e c
    end

Semantische Operation:

propreinit : Id → Environment → Cmdcont → Cmdcont

propreinit =
λi. λe. λc. cases (accessmethenv i (next-env e)) of
    isHandler(h) → cases (accessclassenv [act-meth] e) of
          . . .
          □ isMethod (m) → h (m e (next-cont e))
          . . .
          end
    □ isErrvalue( ) → propreinit i (next-env e) (next-cont e)
    end

4.3.2.3 Bezugspunkt Bearbeitermethode

1. Fortsetzen des Bearbeiters

Für Methoden ohne Rückgabeparameter ist das Fortsetzen der Bearbeitermethode gleichwertig zum Beenden des Auslösers. Semantikbeschreibung 6
kann hier also übernommen werden.

2. Beenden der Bearbeitermethode

Nach dem Eintreten der Ausnahme wird der zuständige Bearbeiter mit Hilfe
der Funktion *selfterm* ermittelt und ausgeführt. Ist ein lokaler Bearbeiter
vorgesehen, so entspricht das Beenden der Bearbeitermethode dem Beenden
des Verursachers. Die Befehlsfortsetzung des Aufrufers wird mit Hilfe der
Funktion *next-cont* ermittelt. Ist kein lokaler Bearbeiter vorgesehen, wird
die Funktion *selfterm*, mit jeweils aktualisierten Parametern, rekursiv aufgerufen.

Die Auswertefunktion der Methodendeklaration ist gleich der Auswertefunktion
der Methodendeklaration für das Fortsetzen des Auslösers (Semantikbeschreibung 5).

Semantikbeschreibung 8 (Auswertefunktionen):

$\mathcal{S}$: *Statement* → Environment → Cmdcont → Cmdcont

$\mathcal{S}$ [[RAISE I]] = λe. λc. selfterm [[I]] e c

Semantische Operation:

selfterm : Id $\to$ Environment $\to$ Cmdcont $\to$ Cmdcont

selfterm =
λi. λe. λc. cases (accessmethenv i e) of
   isHandler(h) $\to$ (h (next-cont e))
   $\square$ isErrvalue ( ) $\to$ selfterm i (next-env e) (next-cont e)
   end

3. Neustarten der Bearbeitermethode

Die Semantik der Methodendeklaration ist gleich der Semantik der Methodendeklaration für das Neustarten des Verursachers und des Auslösers (Semantikbeschreibung 4). Semantikbeschreibung 4 gibt das Neustarten der Bearbeitermethode mit Initialisierung an (*SELF_REINIT*). Soll die Bearbeitermethode
ohne Neuinitialisierung (*SELF_RETRY*) wiederholt werden, so muß in der
Auswertefunktion der Methodendeklaration wiederum der Anteil ($\mathcal{H}$[H] (
$\mathcal{D}$[D] e")) durch *e"* ersetzt werden.

Semantikbeschreibung 9 (Auswertefunktionen):

$\mathcal{S}$: *Statement* $\to$ Environment $\to$ Cmdcont $\to$ Cmdcont

$\mathcal{S}$[RAISE I] = λe. λc. selfreinit [I] e c

Semantische Operation:

selfreinit : Id $\to$ Environment $\to$ Cmdcont $\to$ Cmdcont

selfreinit =
λi. λe. λc. cases (accessmethenv i e) of
   isHandler(h) $\to$ cases (accessclassenv [act-meth] e) of
      . . .
     $\square$ isMethod(m) $\to$ h (m e (next-cont e))
      . . .
     end

```
          □ isErrvalue( ) → selfreinit i ( next-env e ) ( next-cont e )
          end
```

Die Definition der Fortsetzungsmöglichkeiten des Ausnahmekonzepts ist
damit abgeschlossen. Wir haben gezeigt, welche grundlegenden Mittel zur
Semantikdefinition in Form von (Hilfs-) Variablen und semantischen Operationen benötigt werden, um die verschiedenen Fortsetzungen beschreiben zu
können. Außerdem sind die Gemeinsamkeiten und Unterschiede der verschiedenen Fortsetzungen aufgrund ihrer Semantiken deutlich geworden.

4.3.3 Gültigkeitsbereich und Zugriffsbereich von Bearbeitern

Den denotationellen Semantiken in Kapitel 4.3.2 haben wir einen Sprachausschnitt zugrunde gelegt, der lediglich methodenlokale Bearbeiter, jedoch
keine klassenlokalen oder globalen Bearbeiter zuläßt. Nach jedem Eintreten
einer Ausnahme wird geprüft, ob ein methodenlokaler Bearbeiter vorgesehen
ist. Ist dies der Fall, wird dieser Bearbeiter ausgeführt. Andernfalls wird die
Ausnahme weitergereicht.

In diesem Abschnitt wollen wir die Überlappung globaler, klassenlokaler und
methodenlokaler Bearbeiterdeklarationen beschreiben. Exemplarisch definieren
wir die Semantik für die Fortsetzungsmöglichkeit "Fortsetzen des Verursachers". Die Einbettung in jedes andere Fortsetzungsmodell kann völlig
analog durchgeführt werden.

Zunächst erläutern wir, was wir im folgenden unter einem Bearbeiter verstehen wollen, der einer Ausnahme statisch zugeordnet ist.

Gegeben ist eine der Klasse C zugeordnete Methode m. Bei der Ausführung von m tritt die Ausnahme e ein bzw. wird e an m weitergereicht. Ein Bearbeiter h ist der Ausnahme e **statisch zugeordnet**, wenn er methodenlokal in m, klassenlokal in C oder global deklariert ist.

Ist für eine eingetretene Ausnahme kein statisch zugeordneter Bearbeiter vorgesehen, wird die Ausnahme an den Aufrufer der Methode weitergereicht.

Wir geben den für die folgenden Definitionen interessanten Ausschnitt aus der Spezifikationssprache in Form einer abstrakten Syntaxdefinition an.

Ein Programm besteht unter anderem aus einer Folge von Ausnahmen-, Klassen- und Bearbeiterdeklarationen. Innerhalb einer Klasse können Ausnahmen, Methoden und Bearbeiter deklariert werden. Innerhalb jeder Methode können wiederum Ausnahmen und Bearbeiter deklariert werden. Als Anweisungen stehen der Bearbeiteraufruf (*RAISE*) und der Methodenaufruf zur Verfügung.

Semantikbeschreibung 10 (Abstrakte Syntax):

$$
\begin{array}{ll}
U & \in \ \text{Unit;} \\
C & \in \ \text{Class;} \\
M & \in \ \text{Method;} \\
UD & \in \ \text{UnitDeclaration;} \\
CD & \in \ \text{ClassDeclaration;} \\
MD & \in \ \text{MethodDeclaration;} \\
S & \in \ \text{Statement;} \\
H & \in \ \text{Handler;} \\
I & \in \ \text{Identifier;}
\end{array}
$$

$$
\begin{array}{lll}
U & ::= & UD \ ; \ C \ ; \ H \ . \\
UD & ::= & UD_1 \ ; \ UD_2 \ | \ \text{EXC } I. \\
C & ::= & C_1 \ ; \ C_2 \ | \ I = \text{CLASS BODY } CD; \ M; \ H \text{ END CLASS } . \\
CD & ::= & CD_1 \ ; \ CD_2 \ | \ \text{EXC } I. \\
M & ::= & M_1 \ ; \ M_2 \ | \ I : \text{METHOD BODY } MD; \ S; \ H \text{ END METHOD } .
\end{array}
$$

$$MD ::= MD_1 ; MD_2 \mid EXC\ I.$$
$$S\ \ ::= S_1 ; S_2 \mid RAISE\ I \mid I().$$
$$H\ \ ::= H_1 ; H_2 \mid ON\ I\ DO\ S\ END\ ON\ .$$

Die Umgebung wird in die Komponenten globale Umgebung, Klassenumgebung und Methodenumgebung aufgeteilt:

Bereich e ϵ Environment = UnitEnvironment $\times$ ClassEnvironment
$\times$ MethodEnvironment;

Bereich ue ϵ UnitEnvironment = Id $\rightarrow$ SystemValue ;

Bereich sv ϵ SystemValue = Errvalue + Handler + ExcDecl
+ Environment + ClassEnvironment + ... ;

Bereich edec ϵ ExcDecl = Errvalue;

UnitEnvironment enthält Klassendeklarationen sowie die global deklarierten Ausnahmen und Bearbeiter. *ClassEnvironment* enthält Methodendeklarationen sowie die klassenlokal deklarierten Ausnahmen und Bearbeiter. *MethodEnvironment* enthält die methodenlokal deklarierten Ausnahmen und Bearbeiter.

Als Bereichsoperationen für die Umgebung selbst sowie für die verschiedenen Komponenten der Umgebung sind vorgesehen:

emptyenv : Environment
    emptyenv = (λi.inErrvalue(), λi.inErrvalue(), λi.inErrvalue())

emptyunitenv, accessunitenv, updateunitenv,

emptyclassenv, accessclassenv, updateclassenv,

emptymethenv, accessmethenv, updatemethenv.

Die Operationen sind in Anlehnung an die entsprechenden Bereichsoperationen aus Kapitel 4.3.1 definiert.

Die Funktionalität der Auswertefunktion für den Bearbeiter muß um die Information darüber erweitert werden, ob der Bearbeiter global (*UnitDecl*), klassenlokal (*ClassDecl*) oder methodenlokal (*MethodDecl*) deklariert wurde. Hierfür wird ein neuer Bereich, mit *Region* bezeichnet, eingeführt:

Bereich Region   = UnitDecl + ClassDecl + MethodDecl;

Bereich UnitDecl   = Errvalue;

Bereich ClassDecl   = Errvalue;

Bereich MethodDecl = Errvalue;

Die Funktionalität der Auswertefunktion $\mathcal{H}$ ist dann wie folgt definiert:

$\mathcal{H}$: *Handler* → Environment → Region → Environment

Fortsetzung der **Semantikbeschreibung 10 (Auswertefunktionen):**

$\mathcal{U}$: *Unit* → Environment

$\mathcal{U}[\![UD;C;H]\!] = \mathcal{C}[\![C]\!] \ (\mathcal{H}[\![H]\!] \ (\mathcal{UD}[\![UD]\!] \ \text{emptyenv}) \ \text{inUnitDecl()} \ )$

$\mathcal{UD}$: *UnitDeclaration* → Environment → Environment

$\mathcal{UD}[\![UD_1;UD_2]\!] = \mathcal{UD}[\![UD_2]\!] \circ \mathcal{UD}[\![UD_1]\!]$

$\mathcal{UD}[\![EXC \ I]\!] = \lambda e.\text{updateunitenv} \ [\![I]\!] \ \text{inExcDecl()} \ e$

$\mathcal{C}$: *Class* → Environment → Environment

$\mathcal{C}[\![C_1;C_2]\!] = \lambda e.\text{fix}(\lambda e'. \ \mathcal{C}[\![C_2]\!] \ (\ \mathcal{C}[\![C_1]\!] \ e') \ e)$

$\mathcal{C}[\![I = CLASS \ CD;M;H \ END \ CLASS]\!] =$
$\lambda e.\text{updateunitenv} \ [\![I]\!] \ \text{inClassEnvironment}$
    $((\mathcal{H}[\![H]\!] \ (\mathcal{M}[\![M]\!](\ \mathcal{CD}[\![CD]\!] \ \text{emptyclassenv} \ e)) \ \text{inClassDecl()}) \downarrow 2) \ e$

$\mathcal{CD}$: *ClassDeclaration* → Environment → Environment

$\mathcal{CD}[\![CD_1;CD_2]\!] = \mathcal{CD}[\![CD_2]\!] \circ \mathcal{CD}[\![CD_1]\!]$

$\mathcal{CD}[\![EXC\ I]\!] = \lambda e.updateclassenv\ [\![I]\!]\ inExcDecl(\ )\ e$

$\mathcal{M}$: *Method* → Environment → Environment

$\mathcal{M}[\![M_1;M_2]\!] = \lambda e.\ fix(\lambda e'.\mathcal{M}[\![M_2]\!]\ (\ \mathcal{M}[\![M_1]\!]\ e'\ )\ e\ )$

$\mathcal{M}[\![I : METHOD\ MD;\ S;\ H\ END\ METHOD]\!] =$
$\lambda e.\ updateclassenv\ [\![I]\!]\ inMethod($
    $\lambda e'.\ \mathcal{S}[\![S]\!](\mathcal{H}[\![H]\!](\mathcal{MD}[\![MD]\!]\ (updateunitenv\ [\![caller\text{-}env]\!]$
      $inEnvironment\ (e')\ emptymethenv\ e\ ))\ inMethodDecl(\ )\ ))\ e$

$\mathcal{MD}$: *MethodDeclaration* → Environment → Environment

$\mathcal{MD}[\![MD_1;MD_2]\!] = \mathcal{MD}[\![MD_2]\!] \circ \mathcal{MD}[\![MD_1]\!]$

$\mathcal{MD}[\![EXC\ I]\!] = \lambda e.updatemethenv\ [\![I]\!]\ inExcDecl(\ )\ e$

$\mathcal{S}$: *Statement* → Environment → Cmdcont → Cmdcont

$\mathcal{S}[\![S_1;S_2]\!] = \mathcal{S}[\![S_1]\!]e \circ \mathcal{S}[\![S_2]\!]e$

$\mathcal{S}[\![I(\ )]\!] = \lambda e.\lambda c.\ cases\ (accessclassenv\ [\![I]\!]\ e)\ of$
          . . .
          $[\!]\ isMethod(m) \to (m\ e\ c)$
          . . .
          end

Die Auswertefunktion der RAISE-Anweisung muß die Prüfung vornehmen, ob ein der Ausnahme statisch zugeordneter Bearbeiter existiert. Die Prüfung wird für methodenlokale, klassenlokale und globale Bearbeiter getrennt durchgeführt (*MethodHandler?*, *ClassHandler?*, *UnitHandler?*), da die entsprechenden Bearbeiter in unterschiedlichen Umgebungen (*MethodEnvironment*,

ClassEnvironment, UnitEnvironment) abgelegt sind. Analog sind für die Bearbeiterausführung unterschiedliche Funktionen nötig: *CallMethodHandler*, *CallClassHandler* und *CallUnitHandler* .

Fortsetzung der **Semantikbeschreibung 10**

$\mathcal{S}$: *Statement* → Environment → Cmdcont → Cmdcont

$\mathcal{S}$[[RAISE I]] = λe.λc. raise [[I]] e c

    wobei

    raise : *Id* → Environment → Cmdcont → Cmdcont

    raise = λi.λe.λc. MethodHandler? i e → CallMethodHandler i e c
                        ◻ ClassHandler? i e → CallClassHandler i e c
                        ◻ UnitHandler? i e → CallUnitHandler i e c
                        ◻ cases (accessunitenv [[caller-env]] e) of
                            . . .
                          ◻ isEnvironment(e') → raise i e' c
                            . . .
                        end

    MethodHandler? : Id → Environment → Bool

    MethodHandler? = λi.λe. cases(accessmethenv i e) of
                          . . .
                        ◻ isHandler(h) → true
                        . . .
                      end

    CallMethodHandler : Id → Environment → Cmdcont → Cmdcont

    CallMethodHandler = λi.λe.λc. cases(accessmethenv i e) of
                          . . .
                        ◻ isHandler(h) → (h c)
                        . . .
                      end

Analog sind die Funktionen *ClassHandler?*, *UnitHandler?*, *CallClassHandler* und *CallUnitHandler* definiert.

In der Auswertefunktion für die Bearbeiterdeklaration wird, abhängig davon, wo der Bearbeiter deklariert ist, geprüft, ob die zugehörige Ausnahme bereits deklariert ist. Nur wenn die Ausnahme deklariert ist, ist die Bearbeiterdeklaration zulässig. Zur Prüfung wird der Bereich *Region* benötigt, der angibt, ob der Bearbeiter global, klassenlokal oder methodenlokal deklariert ist. Die Prüfung selbst wird mit Hilfe der Funktionen *CorrUnitHandler*, *CorrClassHandler* und *CorrMethodHandler* durchgeführt.

Fortsetzung der **Semantikbeschreibung 10:**

$$\mathcal{H} : Handler \to \text{Environment} \to \text{Region} \to \text{Environment}$$

$$\mathcal{H}[\![H_1;H_2]\!] = \mathcal{H}[\![H_2]\!] \circ \mathcal{H}[\![H_1]\!]$$

$$\mathcal{H}[\![\text{ON I DO S END}]\!] =$$

```
λe.λr. cases r of
    isUnitDecl( ) →
        (CorrUnitHandler? [[I]] e →   updateunitenv [[I]]
                                      inHandler( S[[S]] e) e
                           □          updateunitenv [[I]]
                                      inErrvalue( ) e )
    □ isClassDecl( ) →
        (CorrClassHandler? [[I]] e → updateclassenv [[I]]
                                     inHandler( S[[S]] e) e
                          □          updateclassenv [[I]]
                                     inErrvalue( ) e )
    □ isMethodDecl( ) →
        (CorrMethodHandler? [[I]] e → updatemethenv [[I]]
                                     inHandler( S[[S]] e) e
                          □ updatemethenv [[I]]
                                     inErrvalue( ) e )
    end
```

CorrUnitHandler? : Id → Environment → Bool

CorrUnitHandler? =
λi.λe. UnitHandler? i e → true
                    ☐ cases(accessunitenv i e) of
                    . . .
                        ☐ isExcDecl( ) → true
                    . . .
                        end

CorrClassHandler? : Id → Environment → Bool

CorrClassHandler? =
λi.λe. CorrUnitHandler? i e → true
                    ☐ ClassHandler? i e
                        → true
                        ☐ cases(accessclassenv i e) of
                        . . .
                            ☐ isExcDecl( ) → true
                        . . .
                            end

CorrMethodHandler? : Id → Environment → Bool

CorrMethodHandler? =
λi.λe. CorrClassHandler? i e → true
                    ☐ MethodHandler? i e
                        → true
                        ☐ cases(accessmethenv i e) of
                        . . .
                            ☐ isExcDecl( ) → true
                        . . .
                            end

Die Definition des Gültigkeits- und Zugriffsbereichs von Ausnahmebearbeitern
ist damit abgeschlossen. Wir haben erläutert, welche semantischen Bereiche
eingeführt werden müssen, um die Bearbeiterdeklarationen aufnehmen zu
können. Außerdem wurde angegeben, wie sich die Gültigkeitsregeln, die den
Gültigkeitsregeln in Programmiersprachen mit Blockstruktur entsprechen,
denotationell formuliert werden können.

4.3.4 Einplanen von Ausnahmen

Mit der WHEN-Anweisung wird dem Programmierer die Möglichkeit gegeben, an einer Stelle innerhalb einer Methode die Bedingung für das Eintreten einer Ausnahme zu formulieren und damit die Ausnahme einzuplanen. Das heißt, die Ausnahme ist genau dann eingetreten, wenn die (Ausnahme-) Bedingung erfüllt ist. Zur Laufzeit wird das Erfülltsein der Bedingung nach jedem Methodenaufruf, d.h. der kleinsten Einheit auf Sprachebene, die in einem objektorientierten Programm Veränderungen vornehmen kann, geprüft.

Um das Einplanen von Ausnahmen definieren zu können, muß die Struktur des Methodenrumpfes geändert werden. Das Einplanen bewirkt einen Umgebungswechsel, entspricht also einer Deklaration. Wollen wir eine Einflußnahme auf die Einplanung einer Ausnahme an beliebiger Stelle innerhalb einer Methode zulassen, so müssen WHEN-Deklarationen an beliebigen Stellen im Methodenrumpf möglich sein. Hier stellt die Einführung besonderer Deklarationen (*SpecialDeclaration*) sicher, daß im Anweisungsteil des Rumpfes nur WHEN-Deklarationen, aber keine anderen (Ausnahme-, Variablen-) Deklarationen zugelassen werden. Zusätzlich sind, wie bisher, Variablen- und Ausnahmedeklarationen am Anfang des Rumpfes und Bearbeiterdeklarationen am Ende des Rumpfes vorgesehen.

Semantikbeschreibung 11 (Abstrakte Syntax):

M	$\in$	Method
MD	$\in$	MethodDeclaration
SD	$\in$	SpecialDeclaration
S	$\in$	Statement
B	$\in$	BooleanExpression
I	$\in$	Identifier

$$M \ ::= \ I : \text{METHOD MD}; \ S_1; \ SD_1; \ S_2; \ SD_2; \ . \ . \ .; \ S_n; \ SD_n; \ H \ \text{END}.$$
$$MD ::= \ SD \ | \ MD_1;MD_2 \, .$$
$$SD \ ::= \ SD_1;SD_2 \ | \ \text{WHEN B RAISE I}.$$
$$S \ \ ::= \ S_1 \ ; \ S_2 \ | \ I \, ().$$
$$B \ \ ::= \ B_1 \wedge B_2 \ | \ . \ . \ .$$

Bei der Semantikbeschreibung 11 handelt es sich um eine Erweiterung der Semantikbeschreibung 10.

Zur Verwaltung der Einplanungen wird ein zusätzlicher Bereich *ConditionList* eingeführt. Eine WHEN-Deklaration hat den Eintrag der angegebenen Ausnahmebedingung in *ConditionList* zur Folge. Falls für die einzuplanende Ausnahme bereits eine Einplanung vorgesehen ist, wird der bisherige Eintrag gelöscht (*remove*) und die neue Bedingung eingetragen (*cons*).

Die Überprüfung der Einplanungen wird nach jedem Methodenaufruf durchgeführt. Ist eine der Ausnahmebedingungen erfüllt, so wird der entsprechende Ausnahmebearbeiter aufgerufen.

Fortsetzung der **Semantikbeschreibung 11 (Semantische Algebren , Auswertefunktionen)**:

Bereich e ϵ Environment = UnitEnvironment $\times$ ClassEnvironment $\times$

$\qquad\qquad\qquad\qquad\qquad$ MethodEnvironment $\times$ ConditionList;

Bereich cde ϵ ConditionElem = Id $\times$ (Store $\rightarrow$ Bool);

Bereich cl ϵ ConditionList = ConditionElem*;

$\mathcal{M}$: *Method* $\rightarrow$ Environment $\rightarrow$ Environment

$\mathcal{M}[\![I : \text{METHOD MD}; \ S_1; \ SD_1; \ . \ . \ .; \ S_n; \ SD_n; \ H \ \text{END METHOD}]\!] =$
$\lambda e.\text{updateclassenv} \ [\![I]\!] \ \text{inMethod}(\lambda e'. \ \mathcal{S}[\![S_1]\!] \ e_1(\ ...(\mathcal{S}[\![S_n]\!]e_n) \ ...))e$

wobei

$$e_1 = \mathcal{H}[\![H]\!]\ (\ \mathcal{MD}[\![MD]\!]\ (\ \text{updateunitenv}\ [\![\text{caller-env}]\!]$$
$$\text{inEnvironment(e')}\ \text{emptymethenv}\ e))\ \text{inMethodDecl()}$$

$$e_i = \mathcal{SD}[\![SD_{i-1}]\!]\ e_{i-1}\quad \text{für } 1 < i \leq n$$

$\mathcal{MD}\quad:\quad \textit{MethodDeclaration} \rightarrow \text{Environment} \rightarrow \text{Environment}$

$\mathcal{MD}[\![\ \text{WHEN B RAISE I}]\!] = \lambda e.\ \mathcal{SD}[\![\text{WHEN B RAISE I}]\!]\ e$

$\mathcal{SD}\quad:\quad \textit{SpecialDeclaration} \rightarrow \text{Environment} \rightarrow \text{Environment}$

$\mathcal{SD}[\![\ SD_1;\ SD_2]\!] = \mathcal{SD}[\![SD_2]\!]\ \circ\ \mathcal{SD}[\![SD_1]\!]$

$$\mathcal{SD}[\![\ \text{WHEN B RAISE I}]\!] = \lambda e.(\ e{\downarrow}1, e{\downarrow}2, e{\downarrow}3,$$
$$\text{cons}\ ([\![I]\!], \mathcal{B}[\![B]\!]e)\ (\text{remove}\ [\![I]\!]\ e{\downarrow}4))$$

wobei

remove: Id $\rightarrow$ ConditionList $\rightarrow$ ConditionList

```
remove = λi.λcl. cases cl of
                isErrvalue() → inErrvalue()
                ▯ isConditionElem(y)
                   → equal fst(y) i → nil
                                   ▯ inConditionElem(y)
                ▯ isConditionElem × ConditionElem(y)
                   → equal fst(fst(y)) i → inConditionElem( snd(y) )
                                      ▯ cons ( fst(y), remove( i snd(y) ) )
                . . .
                end
```

$\mathcal{S}\quad:\quad \textit{Statement} \rightarrow \text{Environment} \rightarrow \text{Cmdcont} \rightarrow \text{Cmdcont}$

```
𝒮[I()] = λe.λc. cases (accessclassenv [I] e) of
                . . .
                ▯ isMethod(m) → m e ( check( e e↓4 c) )
                . . .
                end
```

wobei

check: Environment $\to$ ConditionList $\to$ Cmdcont $\to$ Cmdcont

$$\text{check} = \lambda e.\lambda cl.\lambda c.\ \text{null } cl \to c$$
$$\square\ \text{eval } e\ (\text{ hd } cl)\ (\text{ check } e\ (\text{ tl } cl\ )\ c\ )$$

und

eval: Environment $\to$ ConditionElem $\to$ Cmdcont $\to$ Cmdcont

$$\text{eval} = \lambda e.\lambda(i,cde).\lambda c.\lambda s.\ (\text{ cde } s\ ) \to \text{raise } i\ e\ c\ s$$
$$\square\ \ c\ s$$

$$\mathcal{B}\quad :\ \textit{BooleanExpression} \to \text{Environment} \to \text{Store} \to \text{Bool}$$

$$\mathcal{B}[\![B_1 \wedge B_2]\!] = \lambda e.\lambda s.\ \mathcal{B}[\![B_1]\!]\ e\ s \to \mathcal{B}[\![B_2]\!]\ e\ s$$
$$\square\ \text{false}$$

Wir haben in diesem Abschnitt gezeigt, welche Verwaltungsinformationen für das Einplanen von Ausnahmen vorgesehen werden müssen. Die Einplanungsanweisung wird als Deklaration angesehen. Will man Einplanungen an beliebigen Stellen innerhalb eines Methodenrumpfes zulassen, so muß die Semantik des Methodenrumpfes grundlegend geändert werden. Diese Änderungen haben wir vorgestellt. Außerdem haben wir erläutert, wie die Überprüfung von eingeplanten Ausnahmebedingungen durchgeführt wird.

4.3.5 Freigeben und Sperren von Ausnahmen

Freigabe- und Sperranweisungen bewirken keinen Befehlsfortsetzungs- sondern
einen Umgebungswechsel. Diese Anweisungen werden deshalb, ebenso wie
die WHEN-Anweisung, als spezielle Deklarationen in die Sprachdefinition
eingeführt.

Die Semantik des Freigabe- und Sperrmechanismus wird im folgenden beschrieben. Dabei stellt Semantikbeschreibung 12 eine Erweiterung der Semantikbeschreibung 11 dar.

Semantikbeschreibung 12 (Abstrakte Syntax):

> D ϵ Declaration
> S ϵ Statement
> SD ϵ SpecialDeclaration

> D   ::=   EXC I .
> S   ::=   RAISE I .
> SD ::=   ENABLE_EXC I | DISABLE_EXC I | . . .

Der Bereich Environment wird um die Komponente *ExcEnvironment* erweitert,
in die für jede Ausnahme eingetragen wird, ob sie freigegeben (*EnabledExc*)
oder gesperrt (*DisabledExc*) ist.

Fortsetzung der **Semantikbeschreibung 12 (Semantische Algebren):**

> Bereich   EnabledExc = Errvalue ;
>
> Bereich   DisabledExc = Errvalue;
>
> Bereich ev ϵ ExcValue = EnabledExc + DisabledExc ;
>
> Bereich ee ϵ ExcEnvironment = Id $\rightarrow$ ExcValue;
>
> Bereich e ϵ Environment = UnitEnvironment $\times$ ClassEnvironment
>
> $\times$ MethodEnvironment $\times$ ConditionList $\times$ ExcEnvironment ;

Operationen:

accessexcenv : Id → Environment → ExcValue
  accessexcenv = λi.λ(ue,ce,me,cl,ee). ee(i)

updateexcenv : Id → ExcValue → Environment → Environment
  updateexcenv = λi.λev.λ(ue,ce,me,cl,ee).(ue, ce, me, cl, [i $\mapsto$ ev] ee)

Sobald eine Ausnahme gesperrt ist, wird

- die RAISE-Anweisung wie eine leere Anweisung behandelt;

- die WHEN-Anweisung wie gewohnt ausgeführt, d.h. die gewünschten
  Einplanungen eingetragen;

- keine der vorgesehenen Einplanungen überprüft;

- jede von einer Methode weitergereichte Ausnahme ignoriert, d.h. der
  Verursacher ohne Bearbeitung der Ausnahme fortgesetzt.

Jede neu deklarierte Ausnahme wird zunächst freigegeben, d.h. ihr Status
wird mit *EnabledExc* vorbesetzt.

Fortsetzung der **Semantikbeschreibung 12 (Auswertefunktionen)**:

$\mathcal{D}$: *Declaration* → Environment → Environment

$\mathcal{D}$[[EXC I]] = λe. updateexcenv [[I]] inEnabledExc( ) e

$\mathcal{SD}$: *SpecialDeclaration* → Environment → Environment

$\mathcal{SD}$[[ENABLE_EXC I]] = λe. updateexcenv [[I]] inEnabledExc( ) e

$\mathcal{SD}$[[DISABLE_EXC I]] = λe. updateexcenv [[I]] inDisabledExc( ) e

$\mathcal{S}$: *Statement* → Environment → Cmdcont → Cmdcont

$\mathcal{S}$⟦RAISE I⟧ = λe.λc. cases (accessexcenv ⟦I⟧ e) of
                    isDisabledExc( ) → c
                    ▯ isEnabledExc( ) → raise ⟦I⟧ e c
                    end

Außerdem müssen folgende Funktionen angepaßt werden:

check: Environment → ConditionList → Cmdcont → Cmdcont

check = λe.λcl.λc. null cl → c
                          ▯ eval e (hd cl) (check e (tl cl) c)

und

eval: Environment → ConditionElem → Cmdcont → Cmdcont

eval = λe.λ(i,cde).λc.λs. cases (accessexcenv i e) of
                   isDisabledExc( ) → c s
                   ▯ isEnabledExc( ) → (cde s) → raise i e c s
                                                  ▯ c s
                   end

raise : Id → Environment → Cmdcont → Cmdcont

raise = λi.λe.λc. MethodHandler? i e
               → cases(accessexcenv i e) of
                  isDisabledExc( ) → c
                  ▯ isEnabledExc( ) → CallMethodHandler i e c
                  end
               ▯ ClassHandler? i e
                  → cases(accessexcenv i e) of
                     isDisabledExc( ) → c
                     ▯ isEnabledExc( ) → CallClassHandler i e c
                     end
               ▯ UnitHandler? i e
                  → cases(accessexcenv i e) of
                     isDisabledExc( ) → c
                     ▯ isEnabledExc( ) → CallUnitHandler i e c
                     end

```
        ⫾ cases(accessexcenv i e) of
            isDisabledExc( ) → c
            ⫾ isEnabledExc( )
                → cases (accessunitenv 〚caller-env〛 e) of
                    . . .
                    ⫾ isEnvironment(e') → raise i e' c
                    . . .
                    end
        end
```

Die Definition der Semantik von Freigabe- und Sperranweisungen für Ausnahmen ist damit abgeschlossen. Wir haben die Erweiterungen vorgestellt,
die an den semantischen Bereichen vorgenommen werden müssen. Es hat sich
außerdem gezeigt, daß Freigabe- und Sperranweisungen in enger Wechselwirkung mit dem Bearbeiteraufruf (*RAISE*) und der Einplanungsanweisung
(*WHEN*) stehen.

4.3.6 Freigeben und Sperren von Bearbeitern

In diesem Abschnitt wird das Sperren des "innersten" einer Ausnahme statisch
zugeordneten Bearbeiters denotationell definiert. Dabei ist die Semantik so
festgelegt, daß der innerste nicht gesperrte Bearbeiter gesperrt wird. Ist
etwa ein methodenlokaler Bearbeiter bereits gesperrt, so wird der klassenlokale Bearbeiter gesperrt. In /Scho89/ sind weitere Sperrmöglichkeiten, in
Anlehnung an die in Kapitel 3.2 diskutierten Ansätze, beschrieben.

Semantikbeschreibung 13 (Abstrakte Syntax):

S   ∈ Statement

```
S   ::=   DISABLE_NEXT_HAND I      | ENABLE_NEXT_HAND I
          DISABLE_METHOD_HAND I    | ENABLE_METHOD_HAND I
          DISABLE_CLASS_HAND I     | ENABLE_CLASS_HAND I
          DISABLE_UNIT_HAND I      | ENABLE_UNIT_HAND I.
```

Semantikbeschreibung 13 stellt eine Erweiterung der Semantikbeschreibung 12 dar.

Der Bereich *Handler* wird um die Komponente *Location* erweitert. *Location* bezeichnet einen Speicherplatz, in den eingetragen wird, ob der Bearbeiter freigegeben (*true*) oder gesperrt (*false*) ist. Als Unterscheidungskriterium wurden boolesche Werte gewählt, um die erforderlichen Änderungen an den bereits bestehenden Definitionen möglichst nahtlos vornehmen zu können.

Fortsetzung der **Semantikbeschreibung 13 (Semantische Algebren):**

Bereich   Status = Bool;

Bereich h ϵ Handler = (Cmdcont $\to$ Cmdcont) $\times$ Location;

Die Funktionen *MethodHandler?*, *ClassHandler?* und *UnitHandler?* wurden so abgeändert, daß sie auch weiterhin zur Definition der RAISE-Anweisung verwendet werden können.

Fortsetzung der **Semantikbeschreibung 13 (Auswertefunktionen):**

$\mathcal{S}$: *Statement* $\to$ Environment $\to$ Cmdcont $\to$ Cmdcont

$\mathcal{S}$[DISABLE_NEXT_HAND I] =
    λe.λc.λs. MethodHandler? [I] e s
        $\to$ $\mathcal{S}$[DISABLE_METHOD_HAND I] e c s
      ❏ ClassHandler? [I] e s
        $\to$ $\mathcal{S}$[DISABLE_CLASS_HAND I] e c s
      ❏ UnitHandler? [I] e s
        $\to$ $\mathcal{S}$[DISABLE_UNIT_HAND I] e c s
        ❏ c s

MethodHandler? : Id → Environment → Store → Bool

MethodHandler? =
λi.λe.λs. cases (accessmethenv i e) of
         . . .
         ▯ isHandler(h) → cases (access snd(h) s) of
                         . . .
                         ▯ isBool(b) → b
                         . . .
                         end
         . . .
         end

Analog sind *ClassHandler?* und *UnitHandler?* definiert.

$\mathcal{S}$⟦ DISABLE_METHOD_HAND I ⟧ =
λe.λc. cases (accessmethenv ⟦I⟧ e) of
       . . .
       ▯ isHandler(h) → return-value inBool(false) (assign snd(h) c)
       . . .
       end

$\mathcal{S}$⟦ ENABLE_NEXT_HAND I ⟧ =
   λe.λc.λs. MethodHandlerDis? ⟦I⟧ e s
             → $\mathcal{S}$⟦ ENABLE_METHOD_HAND I ⟧e c s
             ▯ ClassHandlerDis? ⟦I⟧ e s
               → $\mathcal{S}$⟦ ENABLE_CLASS_HAND I ⟧e c s
               ▯ UnitHandlerDis? ⟦I⟧ e s
                 → $\mathcal{S}$⟦ ENABLE_UNIT_HAND I ⟧e c s
               ▯ c s

MethodHandlerDis? : Id → Environment → Store → Bool

MethodHandlerDis? =
λi.λe.λs. cases (accessmethenv i e) of

   . . .

   ☐ isHandler(h) → cases (access snd(h) s) of

      . . .

      ☐ isBool(b) → not b

      . . .

      end

  . . .

  end

Analog sind *ClassHandlerDis?* und *UnitHandlerDis?* definiert.

$\mathcal{S}$⟦ ENABLE_METHOD_HAND I ⟧ =
λe.λc. cases (accessmethenv ⟦I⟧ e) of

  . . .

  ☐ isHandler(h) → return-value inBool(true) (assign snd(h) c)

  . . .

  end

$\mathcal{S}$⟦RAISE I⟧ = λe.λc. raise ⟦I⟧ e c

Zur Beschreibung der Funktionen *assign* und *return-value* benötigen wir
weitere semantische Bereiche und Operationen. An dieser Stelle wird mit
Hilfe der Funktionen direkt auf den Speicher zugegriffen. *Assign* verwendet
zum Eintragen des booleschen Wertes eine weitere Funktion *update*. Erstmals
setzen wir neben der Befehlsfortsetzung auch die Ausdrucksfortsetzung
Exprcont ein.

Fortsetzung der **Semantikbeschreibung 13 (Semantische Algebren und Operationen)**:

Bereich sv ϵ Storval = Nat + Bool + ...;

Bereich x ϵ Exprval = Storval;

Bereich k ϵ Exprcont = Exprval → Cmdcont;

Bereich s ϵ Store = Location → Storval;

assign : Location $\twoheadrightarrow$ Cmdcont $\twoheadrightarrow$ Exprcont
  assign = λl.λc.λx.λs. c(update l x s)

return-value : Exprval $\twoheadrightarrow$ Exprcont $\twoheadrightarrow$ Cmdcont
  return-value = λx.λk. k(x)

access : Location $\twoheadrightarrow$ Store $\twoheadrightarrow$ Storval
  access = λl.λs. s(l)

update : Location $\twoheadrightarrow$ Storval $\twoheadrightarrow$ Store $\twoheadrightarrow$ Store
  update = λl.λsv.λs. [l $\mapsto$ sv] s

Das Sperren von Bearbeitern haben wir hier nicht - wie bei den Ausnahmen - als Deklaration, sondern als Anweisung definiert. Die Sperranweisung von Ausnahmen wirkt nur lokal im Rumpf der Methode, in der die Sperranweisung ausgeführt wird. Die Sperranweisung für Bearbeiter wirkt dagegen global und ist nicht auf die aktuelle Methodenumgebung beschränkt. Um diese Wirkung formulieren zu können, haben wir das Sperren von Bearbeitern als Anweisung beschrieben.

Bei den Sperr- und Freigabeanweisungen für Bearbeiter wurden wir erstmals mit dem wesentlichen Nachteil der Fortsetzungssemantik konfrontiert. Der Zugriff auf Werte, die im Speicher abgelegt sind, kann nur sehr mühsam formuliert werden. Für diesen Zweck ist die direkte Semantik besser geeignet als die Fortsetzungssemantik. Da der Zugriff auf Werte im Rahmen von Auswertefunktionen jedoch nur sehr selten nötig war und die Fortsetzungssemantik eindeutig Vorteile bei der Beschreibung der Kontrollflußeigenschaften besitzt, haben wir hier Fortsetzungssemantik verwendet.

Die denotationelle Definition der Eigenschaften unseres Ausnahmekonzepts für objektorientierte Sprachen ist damit abgeschlossen. Wir fassen im folgenden die Ergebnisse und Erfahrungen zusammen.

4.4 Zusammenfassung

Unter Verwendung der denotationellen Methode der Semantikdefinition ist es uns gelungen, die Semantik des von uns vorgestellten Ausnahmekonzepts für objektorientierte Sprachen formal zu definieren.

Im Rahmen der vorliegenden Arbeit wurden die zentralen Eigenschaften des Ausnahmekonzepts denotationell beschrieben. Diese Eigenschaften zeichnen sich dadurch aus, daß sie

- erstmals vollständig definiert wurden (Fortsetzungsmöglichkeiten);

- erstmals formal definiert wurden (Gültigkeits- und Existenzbereich von Bearbeitern, Freigeben und Sperren von Ausnahmen);

- neu eingeführt wurden (Einplanen von Ausnahmen, Freigeben und Sperren von Bearbeitern).

Neben diesen zentralen Eigenschaften können weitere denotationelle Definitionen der Ausnahmebehandlung formuliert werden. So wird in /Scho89/ gezeigt, daß

- die verschiedenen Fortsetzungsmöglichkeiten zu einer gemeinsamen denotationellen Beschreibung zusammengefaßt werden können;

- die denotationellen Mechanismen parametrisierter Prozeduren direkt auf die Parametrisierung von Ausnahmebearbeitern und Ausnahmebezeichnern übertragen werden können;

- Methoden und Bearbeiter mit Rückgabeparametern eine grundlegend andere Funktionalität besitzen als Methoden und Bearbeiter ohne Rückgabeparameter;

- es trotz der geänderten Funktionalität gelingt, die Fortsetzungsmöglichkeit des Beendens von Methoden mit Rückgabeparametern übersichtlich
  zu beschreiben.

Zusammenfassend können wir feststellen, daß sich die denotationelle Fortsetzungssemantik sehr gut zur Beschreibung der Fortsetzungsmöglichkeiten eignet. Auch für die Definition von Gültigkeits- und Existenzbereichen,
der Einplanung von Ausnahmen sowie der verschiedenen Freigabe- und Sperranweisungen kann die Fortsetzungssemantik als ein sehr anschauliches und
übersichtliches Beschreibungsmittel eingesetzt werden.

Weniger gut geeignet ist die Fortsetzungssemantik, wenn innerhalb einer
Auswertefunktion auf konkrete Werte des Speichers oder auf Werte von
Ausdrücken zugegriffen werden muß. Wir haben diese Situation bei der
Definition des Freigebens und Sperrens von Bearbeitern kennengelernt. An
dieser Stelle mußte auf Ausdrucksfortsetzungen zurückgegriffen werden. Die
Definition der Auswertefunktionen wird durch die Vielzahl zusätzlicher
semantischer Operationen leicht unübersichtlich. Die gleiche Situation tritt
ein, wenn man einen *call-by-value*-Parameterübergabemechanismus beschreiben
will /Scho89/. Hier zeigt sich, daß die direkte Semantik besser zur Beschreibung geeignet ist. Bei direkter Semantik ist das Ergebnis einer Ausdrucks-
auswertung gerade der gewünschte Wert des Ausdrucks. Da der Schwerpunkt
unserer Untersuchungen jedoch auf der Beschreibung des Kontrollflusses
lag, haben wir die Nachteile bei der Beschreibung der Parametrisierung, die
nicht zu den zentralen Eigenschaften der Ausnahmebehandlung gehört, in
Kauf genommen.

Die vorgestellten denotationellen Semantikdefinitionen können in Zukunft für objektorientierte Sprachen eingesetzt werden als

-   Sprachentwurfskriterium:

    Welche der vorgeschlagenen Eigenschaften des Ausnahmekonzepts sollen in eine objektorientierte Sprache übernommen werden? Werden alle Fortsetzungsmöglichkeiten benötigt oder genügt lediglich ein Teil der Möglichkeiten? Welcher der vorgestellten Sperrmechanismen für Bearbeiter soll integriert werden?

-   Implementierungsgrundlage:

    Welche Wirkung sollen die Sprachelemente zur Ausnahmebehandlung besitzen, welche Informationen werden zur Realisierung benötigt und wie müssen diese Informationen verwaltet werden?

-   Mittel zur Beschreibung der Semantik des implementierten Ausnahme-konzepts.

Nachdem nun die Semantik des Ausnahmekonzepts definiert ist, wenden wir uns im folgenden Kapitel den statischen Prüfungsmöglichkeiten für die Ausnahmebehandlung zu.

5. Prüfungen zur Übersetzungszeit

Korrektheitsprüfungen, die bereits zur Übersetzungszeit von Programmen durchgeführt werden können, stellen einen wertvollen Beitrag zur Zuverlässigkeit dieser Programme dar. Das neue Ausnahmekonzept für objektorientierte Sprachen verstehen wir als Sprachmittel zur strukturierten Programmierung. Wird die korrekte Verwendung der Sprachelemente zur Ausnahmebehandlung bereits zur Übersetzungszeit eines Programms geprüft, so erhöht dies ebenfalls die Zuverlässigkeit des Programms. Wir haben deshalb die Syntax und die Semantik unseres Ausnahmekonzepts so entworfen, daß möglichst viele Korrektheitsprüfungen im Rahmen einer statischen Typprüfung oder Datenflußanalyse durchgeführt werden können. Die Prüfungsmöglichkeiten, die den statischen Typprüfungen zugeordnet werden können, sind sehr gut denotationell beschreibbar. Für unser Ausnahmekonzept werden diese Prüfungen in /Scho89/ ausführlich diskutiert. Wir wollen uns in dem vorliegenden Kapitel mit den Prüfungen beschäftigen, für die eine Datenflußanalyse erforderlich ist.

Im ersten Abschnitt beschreiben wir die Anforderungen, die an die Verwendung der Sprachelemente zur Ausnahmebehandlung in einem Programm gestellt werden müssen. Sind diese Anforderungen erfüllt, so ist sichergestellt, daß zur Laufzeit des Programms keine Fehler bezüglich der Ausnahmebehandlung auftreten können.

Der zweite Abschnitt ist der Datenflußanalyse für die Ausnahmebearbeitung gewidmet. Wir geben an, welche Informationen über das Ausnahmeverhalten eines Programms für Prüfungen zur Übersetzungszeit von Interesse sind. Außerdem beschreiben wir, wie diese Informationen gewonnen werden können. Eine zentrale Rolle spielt dabei die Bestimmung der Ausnahmen, die von einer Methode oder einem Ausnahmebearbeiter weitergereicht werden können.

Die eigentlichen statischen Prüfungsmöglichkeiten werden im dritten Abschnitt vorgestellt. Für diese Prüfungen benötigen wir die im Rahmen der Datenflußanalyse gewonnenen Informationen über die weiterreichbaren Ausnahmen. Damit ist es möglich, die Anforderungen zu formulieren, die an Ausnahme- und Bearbeiterdeklarationen gestellt werden müssen, um eine korrekte Ausnahmebearbeitung durchführen zu können.

Eine Zusammenfassung der Ergebnisse schließt das Kapitel über die Prüfungsmöglichkeiten zur Übersetzungszeit ab.

5.1 Anforderungen

Ziel der statischen (Datenfluß-) Analyse ist es, zur Übersetzungszeit bereits soviel Information über ein Programm zu gewinnen, daß Fehler, die zur Laufzeit auftreten können, während der Übersetzung erkannt und behoben werden. Außerdem kann eine Optimierung des Programmcodes durch Weglassen überflüssiger, nicht benutzter Programmteile durchgeführt werden.

Der Vorteil statischer Prüfungen gegenüber Laufzeitprüfungen liegt darin, daß Fehler zur Übersetzungszeit noch leicht ausgebessert werden können. Zur Laufzeit könnten diese Situationen eventuell zum Programmabsturz führen. Neben diesem Sicherheitsaspekt ist natürlich auch der Gesichtspunkt der Laufzeiteffizienz von Bedeutung. Wenn weniger dynamische Prüfungen durchgeführt werden müssen, wird die Laufzeit eines Programms kürzer.

Damit diese Vorteile statischer Prüfungen auch für objektorientierte Programme mit Ausnahmebehandlung ausgenutzt werden können, haben wir das Ausnahmekonzept gerade so entwickelt, daß Korrektheitsprüfungen bereits zur Übersetzungszeit durchgeführt werden können.

Im Rahmen einer Datenflußanalyse wird zunächst ermittelt, welche Ausnahmen von Methoden und Ausnahmebearbeitern weitergereicht werden können. Die dabei gewonnenen Informationen werden mit den vorliegenden Ausnahme-, Bearbeiter- und Methodendeklarationen verglichen. Dabei wird überprüft, ob

- für jede Ausnahme, die eintreten kann, ein Bearbeiter vorgesehen ist;

- Ausnahmen, Bearbeiter und Methoden korrekt deklariert sind.

Die Korrektheitsanforderungen an die vorgenommenen Ausnahme-, Bearbeiter- und Methodendeklarationen in einem Programm können folgendermaßen präzisiert werden. Es wird gefordert, daß

a) alle Ausnahmen, die eintreten können, bearbeitet oder weitergereicht werden;

b) alle Ausnahmen, die weitergereicht werden können, in der Methoden- bzw. Bearbeiterschnittstelle deklariert sind;

c) der Rückgabeparametertyp des Bearbeiters mit der Fortsetzungsmöglichkeit und dem Bezugspunkt der Fortsetzung verträglich ist;

d) systemdefinierte Ausnahmen und die ihnen zugeordneten Bearbeiter geeignet in die Beschreibung und Überprüfung einbezogen werden;

e) die Bearbeiterdeklaration mit der Ausnahmedeklaration verträglich ist, d.h. die gleichen Parametertypen besitzt;

f) Ausnahmedeklarationen, Ausnahmefreigabe- und Sperranweisungen sowie die Anweisungen zum Aufrufen des Ausnahmebearbeiters bezüglich der formalen und aktuellen Parameter verträglich sind.

Das Erfülltsein der Anforderungen e) und f) wird bereits während der statischen Typprüfung untersucht. Auf diese Prüfungen werden wir also im folgenden nicht näher eingehen. Genauer vorstellen werden wir in diesem Kapitel die Prüfung der Anforderungen a) bis d), die im Rahmen der Datenflußanalyse durchgeführt wird.

Als programmiersprachlichen Rahmen für die nun folgenden Untersuchungen verwenden wir die im zweiten und dritten Kapitel eingeführte Spezifikationssprache, in die das von uns entwickelte Ausnahmekonzept integriert ist. Mit Hilfe der Spezifikationssprache sind objektorientierte Programme formulierbar, in denen Klassen als getrennt übersetzbare Einheiten angesehen werden können. Für die korrekte Übersetzung einer Klasse benötigt man, neben der Klasse selbst, lediglich die Schnittstellen der von ihr benutzten Klassen. Damit kann die korrekte Verwendung der Methoden sowie eine angemessene Ausnahmebehandlung sichergestellt werden. Die Datenflußanalyse kann aufgrund dieser Klassenstruktur auf zwei Arten durchgeführt werden:

-   klassenlokal oder
-   global.

Bei klassenlokalen Prüfungen werden die Deklarationen benutzter Klassen als vorgegeben angenommen. Fehlermeldungen sind immer bezüglich der gegebenen Deklarationen zu sehen. Stellt sich heraus, daß die Deklarationen falsch sind, so muß die Analyse aller Klassen, die auf diesen Deklarationen aufbauen, nochmals durchgeführt werden.

Bei globalen Prüfungen werden alle Klassen des Systems gemeinsam untersucht, ohne daß zunächst ein Vergleich der gewonnenen Informationen mit den vorliegenden Deklarationen vorgenommen wird. Man spricht in diesem Zusammenhang von einem **Ableitungsvorgang**. Erst das Ergebnis dieser Ableitung wird mit den tatsächlich vorliegenden Deklarationen auf Übereinstimmung geprüft.

Am Beispiel der Bestimmung der Ausnahmen, die von Methoden weitergereicht werden können, stellen wir diese beiden unterschiedlichen Vorgehensweisen vor. Alle weiteren Analysen können ebenfalls klassenlokal oder global durchgeführt werden.

Bevor wir uns der Datenflußanalyse und den Prüfungsmöglichkeiten zuwenden, soll an diese Stelle noch eine Bemerkung zur Notation gemacht werden. Für die Beschreibung der statischen Prüfungen bedienen wir uns im folgenden einer Mengen- und Relationendarstellung, wie sie für die Definition von Algorithmen zur Datenflußanalyse häufig verwendet wird. Eine alternative Darstellung hierfür sind beispielsweise attributierte Grammatiken. Der Vergleich der beiden Ansätze hat jedoch gezeigt, daß mit der Mengendarstellung die gleichen Sachverhalte wesentlich prägnanter formuliert werden können als mit attributierten Grammatiken. Wir setzen deshalb die Mengenschreibweise ein.

5.2 Bestimmung der weiterreichbaren Ausnahmen

In diesem Abschnitt beschäftigen wir uns mit der Datenflußanalyse für die Ausnahmebehandlung. Die zentrale Rolle spielt dabei die Bestimmung der Ausnahmen, die von einer Methode oder einem Ausnahmebearbeiter weitergereicht werden können. Wir definieren zunächst die Mengen, die bei der Analyse von Bedeutung sind. Zur Ermittlung der weiterreichbaren Ausnahmen muß bekannt sein, welche Methodenaufrufe zulässig und welche Bearbeiter vorgesehen sind. Wir beschreiben diese Zusammenhänge in Form eines Aufrufgraphen. Auf der Grundlage dieses Aufrufgraphen kann für jede Methode und für jeden Bearbeiter bestimmt werden, welche Ausnahmen weitergereicht werden können. Anhand eines konkreten Programmbeispiels wird das Prinzip dieser Datenflußanalyse sowie die Rolle des Aufrufgraphen erläutert.

Bei /Geus89/ wird die Bestimmung der weiterreichbaren Ausnahmen ähnlich dem hier vorgestellten Ansatz durchgeführt. Bezüglich der Aufwandsabschätzungen zur Gewinnung dieser Informationen stimmen die Ergebnisse überein. Wesentliche Unterschiede bestehen jedoch in der sprachlichen Integration der Ausnahmebearbeiter sowie in den Fortsetzungsmöglichkeiten nach Abschluß der Ausnahmebearbeitung. Außerdem gehen die Prüfungsmöglichkeiten, die wir vorstellen werden, weit über die in /Geus89/ durchgeführten Prüfungen hinaus. Bei /Geus89/ wird der Schwerpunkt der Untersuchungen auf die Implementierungsmöglichkeiten und die konkrete Codegenerierung gelegt. In der vorliegenden Arbeit, in der die formalen Grundlagen der Ausnahmebehandlung diskutiert werden sollen, wird dagegen auf Überlegungen zur Implementierung verzichtet.

Für die folgenden Untersuchungen wollen wir kurz die Eigenschaften der Ausnahmebehandlung zusammenfassen, die für das Weiterreichen von Ausnahmen von Bedeutung sind:

- Für Bearbeiter, in denen Ausnahmen eintreten können oder an die Ausnahmen weitergereicht werden können, ist kein statisch zugeordneter Bearbeiter vorgesehen. Diese Ausnahmen werden immer an den Aufrufer der Bearbeitermethode weitergereicht.

- Der Gültigkeitsbereich für Bearbeiter ist in Anlehnung an die Gültigkeitsbereiche von Bezeichnern in Sprachen mit Blockstruktur definiert. Ein globaler Bearbeiter ist überall gültig, außer er wird auf Klassen- oder Methodenebene neu definiert; dann ist dort der neu definierte Bearbeiter gültig. Gleiches gilt für klassenlokale Bearbeiter, deren Gültigkeitsbereich von methodenlokalen Bearbeitern eingeschränkt wird.

- Eine eingetretene Ausnahme wird nur dann an den Aufrufer der Methode weitergereicht, wenn weder auf Methodenebene noch auf Klassenebene oder global ein Bearbeiter vorgesehen ist.

Zunächst wird für jede Methode und jeden Bearbeiter die Menge der weiterreichbaren Ausnahmen bestimmt. Weitergereicht werden die Ausnahmen, die
in der Methode bzw. dem Bearbeiter eintreten, aber von keinem statisch
zugeordneten Bearbeiter behandelt werden können. Gleiches gilt für Ausnahmen, die bereits an die Methode bzw. den Bearbeiter weitergereicht
wurden.

Definition 5-1:

Die Menge der von einer Methode m weiterreichbaren Ausnahmen wird
mit **Propagate$_m$** bezeichnet. Entsprechend bezeichnet man die von einem
Bearbeiter h weiterreichbaren Ausnahmen mit **Propagate$_h$**.

Für die durchzuführende statische Analyse werden weitere Mengen benötigt.
Diese Mengen können aufgrund von Informationen zusammengestellt werden,
die bereits während der Syntaxanalyse zur Verfügung stehen.

Definition 5-2:

Classes$_U$ Menge aller Klassen der Übersetzungseinheit U.

Meth$_C$ Menge aller Methoden der Klasse C; diese Menge
umfaßt sowohl die öffentlichen als auch die privaten
Methoden.

Meth Menge aller vorgesehenen Methoden; falls Klassen
angegeben sind gilt: $\text{Meth} := \bigcup_{C \in \text{Classes}_U} \text{Meth}_C$.

CalledMeth$_m$ Menge aller innerhalb der Methode oder des Bearbeiters m aufgerufenen Methoden.

DirRaised$_m$ Menge aller Ausnahmen, für die im Rumpf der Methode oder des Bearbeiters m ein Bearbeiteraufruf
(RAISE) existiert.

Handler$_U$ Menge der globalen Bearbeiter, d.h. der Bearbeiter
auf Unit-Ebene;

$\mathbf{Handler}_C$ Menge der klassenlokalen Bearbeiter der Klasse C;

$\mathbf{Handler}_m$ Menge der methodenlokalen Bearbeiter der Methode m;

Zur Schreibweise der Mengen, die Methoden zugeordnet werden, ist folgendes anzumerken. Diese Mengen können zum einen lediglich mit dem Methodenbezeichner als Index, zum anderen mit dem Klassenbezeichner und dem Methodenbezeichner als Index notiert werden. Beide Schreibweisen sind äquivalent. Die gewählte Schreibweise hängt im Einzelfall davon ab, ob aus dem Kontext die Zugehörigkeit der Methode zu einer Klasse bereits ersichtlich ist, oder ob die Klasse explizit erwähnt werden soll.

Beispiel 5-1:

$\mathbf{Handler}_{C.m}$ bezeichnet die Menge der methodenlokalen Bearbeiter der Methode m innerhalb der Klasse C.

$\mathbf{Handler}_m$ bezeichnet die Menge der methodenlokalen Bearbeiter der Methode m.

Definition 5-3:

Die Menge der Bearbeiter, die einer bestimmten Methode m statisch zugeordnet sind, wird wie folgt definiert:

$$\mathbf{RespHand}_{C.m} := \mathbf{Handler}_{C.m} \cup \mathbf{Handler}_C \cup \mathbf{Handler}_U .$$

Hier werden alle Bearbeiter erfaßt, die methodenlokal, klassenlokal und global deklariert sind.

Wir fordern, daß Bearbeiter, die für gleiche Ausnahmen zuständig sind, auch den gleichen Ausnahmebezeichner tragen. Aufgrund der Übereinstimmung von Ausnahmebezeichner und Bearbeiterbezeichner kann die Menge RespHand sowohl mit Bearbeiter- oder Methodenmengen als auch mit Ausnahmemengen über mengentheoretische Operationen verknüpft werden. RespHand_m bezeichnet also zum einen die einer Methode m statisch zugeordneten Bearbeiter und zum anderen, die innerhalb der Methode m statisch bearbeitbaren Ausnahmen.

Zur Bestimmung der weiterreichbaren Ausnahmen einer Methode bzw. eines Bearbeiters benötigt man einen Aufrufgraphen, in dem alle zulässigen Methodenaufrufe und alle für eine Methode zuständigen Bearbeiter eingetragen sind.

Im folgenden geben wir die Definition des Aufrufgraphen und der Aufrufbahn an. Beide Definitionen bauen auf anderen Definitionen auf, die sich an /Müll87/ und /Dörf73/ anlehnen und im Anhang B zusammengefaßt sind.

Definition 5-4:

> Ein **Aufrufgraph mit Bearbeitern** (oder kurz: **Aufrufgraph**) ist ein gerichteter Graph ExcCall = (N,E,s,t)
> mit
>> N := Meth ∪ Handler, wobei *Meth* eine endliche Menge von Methoden und *Handler* eine endliche Menge von Bearbeitern bezeichnet,
>
> und
> $(\forall\ e \in E) : (\ (\ s(e) = a \wedge t(e) = b\ ) \Leftrightarrow$
>> $b \in \text{CalledMeth}_a \vee b \in \text{RespHand}_a\ ).$

Ein Aufrufgraph gibt für endliche Mengen von Methoden und Bearbeitern die Aufrufbeziehungen wieder.

Definition 5-5:

> Eine **Aufrufbahn einer Methode m** in einem Aufrufgraphen ExcCall ist
> eine Bahn in ExcCall mit Anfangspunkt m.

Anhand des folgenden Programmbeispiels "Suchen und Zählen" erläutern wir
den Aufbau des Aufrufgraphen. Aufgabe der Methode *SearchAndCount* ist es,
in einer vorgegebenen Liste ein Element zu suchen. Falls das Element in der
Liste enthalten ist, wird die Suche abgebrochen und der Zähler für die Anzahl
der Vorkommen des Elements um 1 erhöht, sowie die Position des Elements
in der Liste als Ergebnis zurückgeliefert. Ist das Element noch nicht in der
Liste enthalten, so wird es eingetragen und der Zähler für dieses Element
auf 1 gesetzt.

In unserem Beispiel wurde eine Implementierung mit zwei Ausnahmen gewählt:

- Die Ausnahme *NotFound* tritt ein, wenn das Element noch nicht in der
  Liste enthalten war. *NotFound* wird von *SearchAndCount* an den Aufrufer,
  in unserem Fall die Methode *Analyse*, weitergereicht. *Analyse* stellt
  einen Bearbeiter zur Verfügung, der nach Abschluß der Ausnahmebehandlung die Bearbeitermethode – hier also *Analyse* – fortsetzt (SELF_RESUME).

- Die Ausnahme *Found* tritt innerhalb der Methode *SearchAndCount* ein,
  sobald das Element in der Liste gefunden wird. Damit wird ein vorzeitiger
  Abbruch der WHILE-Schleife erreicht. Die Ausnahme selbst wird durch
  einen methodenlokalen Bearbeiter behandelt. Der Bearbeiter beendet den
  Verursacher – in unserem Fall *SearchAndCount* – mittels TERMINATE
  und liefert die Position des Elements in der Liste an den Aufrufer *Analyse*
  zurück.

Beispiel 5-2: Suchen und Zählen

```
    Analyse: METHOD;
    BODY
      . . .
      Result := SearchAndCount(Sequence, Symbol);
      . . .
      ON  NotFound(x:Element) DO
        Result := 0;
        SELF_RESUME;
      END ON;
    END METHOD;


    SearchAndCount: METHOD(s:List; e:Element) : Index EXC NotFound(Element);
    BODY
      VAR i: Index INIT(1);
      WHILE i ≤ Max DO BEGIN
        IF s[i] .Content( ) = e
        THEN RAISE Found(i);
        ELSE i := i + 1;
        END IF;
      END WHILE;
      s[ i ] . Content( ) := e;
      s[ i ] . Occurrence( ) := 1;
      RAISE NotFound(e);
      ON  Found ( j: Index ) : Index DO
        s[j] . Occurrence( ) := s[ j ] . Occurrence( ) + 1;
        TERMINATE ( j );
      END ON;
    END METHOD;
```

Die Methoden *Analyse* und *SearchAndCount* gehören dabei der gleichen
Klasse an. Die Methoden *Content* und *Occurrence* sind einer anderen Klasse
zugeordnet. Sie sind in dem vorliegenden Programmausschnitt nicht definiert
und werden deshalb auch im Aufrufgraphen nicht näher aufgeschlüsselt
(Anmerkung: Genauer betrachtet ist der Aufrufgraph ein *Intraklassen-Aufruf-*
graph; im Anschluß an das Beispiel werden wir seine exakte Definition angeben.).

Der zugehörige Aufrufgraph ExcCall über den Mengen Meth = { Analyse, SearchAndCount, Content, Occurrence } und Handler = { Found, NotFound } hat folgendes Aussehen:

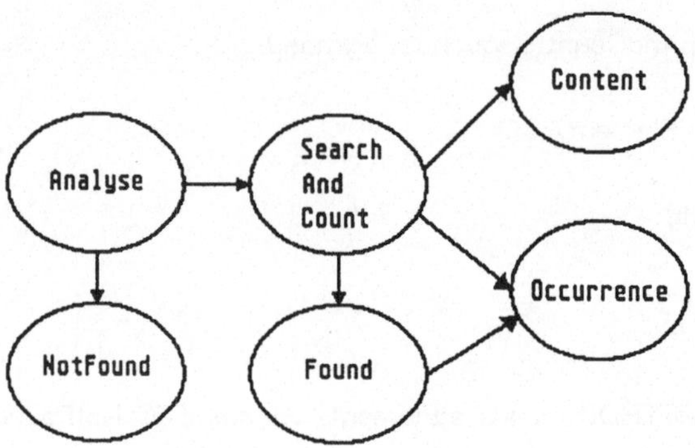

Bild 5-1: Aufrufgraph zum Beispiel "Suchen und Zählen"

Für die bisher eingeführten Mengen ergeben sich in unserem Beispiel folgende Werte:

$$\text{CalledMeth}_{\text{Analyse}} = \{ \text{ SearchAndCount } \};$$
$$\text{CalledMeth}_{\text{SearchAndCount}} = \{ \text{ Content, Occurrence } \};$$
$$\text{CalledMeth}_{\text{Found}} = \{ \text{ Occurrence } \};$$
$$\text{CalledMeth}_{\text{NotFound}} = \Phi;$$

$$\text{DirRaised}_{\text{Analyse}} = \Phi;$$
$$\text{DirRaised}_{\text{SearchAndCount}} = \{ \text{ Found, NotFound } \};$$
$$\text{DirRaised}_{\text{Found}} = \text{DirRaised}_{\text{NotFound}} = \Phi;$$

$$\text{Handler}_{\text{Analyse}} = \{ \text{ NotFound } \};$$
$$\text{Handler}_{\text{SearchAndCount}} = \{ \text{ Found } \};$$

$$\text{RespHand}_{\text{Analyse}} = \text{Handler}_{\text{Analyse}};$$
$$\text{RespHand}_{\text{SearchAndCount}} = \text{Handler}_{\text{SearchAndCount}};$$

Über die Methoden *Content* und *Occurrence* können wir aufgrund des Programms keine Aussagen machen.

Damit ist die Besprechung des Beispiels zunächst abgeschlossen. Wir werden am Ende dieses Abschnitts noch einmal auf das Beispiel zurückkommen.

Für die Bestimmung der weiterreichbaren Ausnahmen von Methoden und Bearbeitern stellen wir sowohl die klassenlokale als auch die globale Überprüfungsmöglichkeit vor. Dazu werden die Begriffe Intraklassen-Aufrufgraph und globaler Aufrufgraph definiert und die unterschiedlichen Vorgehensweisen erläutert.

1. Der Intraklassen-Aufrufgraph

Eine Klasse C wird bei der klassenlokalen Datenflußanalyse unabhängig von anderen Klassen untersucht. Die Methodenschnittstellen anderer Klassen werden als gegeben angenommen. Insbesondere seien für diese Methoden die Mengen aller weiterreichbaren Ausnahmen bekannt, d.h. die Mengen $Propagate_m$ sind für alle Methoden $m \in UsedMeth_C$ gegeben. Dabei ist die Menge $UsedMeth_C$ wie folgt definiert:

Definition 5-6:

UsedMeth$_C$ ist die Menge der von C aus aufrufbaren Methoden, die nicht in C selbst definiert sind:

$$UsedMeth_C := \{ n \in Meth \mid (n \notin Meth_C) \wedge$$
$$((\exists m \in Meth_C) (n \in CalledMeth_m) \vee$$
$$(\exists h \in Hand_C) (n \in CalledMeth_h)) \}.$$

Definition 5-7:

Die Menge **Hand$_C$** ist die Menge aller Bearbeiter, die den Methoden der
Klasse C statisch zugeordnet sind, d.h.

$$\text{Hand}_C := \bigcup_{m \,\epsilon\, \text{Meth}_C} \text{RespHand}_m.$$

Für jede Methode *m* der Klasse *C*, d.h. *m ϵ Meth$_C$*, ist jetzt die Menge aller
Ausnahmen, die von *m* weitergereicht werden können (*Propagate$_m$*), zu ermitteln.

Definition 5-8:

Der **Intraklassen-Aufrufgraph** für die Klasse C mit den Mengen Meth$_C$,
UsedMeth$_C$ und Hand$_C$ ist ein Aufrufgraph IntraExcCall = (N,E,s,t),
wobei

$$N := \text{Meth}_C \cup \text{UsedMeth}_C \cup \text{Hand}_C$$

und

$$(\forall\, e \,\epsilon\, E) : (\,(\, s(e) = a\,) \wedge (t(e) = b\,)\, \Leftrightarrow$$
$$(\, b \,\epsilon\, \text{CalledMeth}_a\,) \vee (\, b \,\epsilon\, \text{RespHand}_a\,)\,).$$

Die Knoten des Aufrufgraphen werden von den Methoden der Klasse *C*, den
von *C* aus aufrufbaren Methoden anderer Klassen, sowie den der Klasse *C*
statisch zugeordneten Bearbeitern gebildet.

Für den Fall, daß die Methode m sich nicht selbst aufruft, ist die Menge der
von m aus weiterreichbaren Ausnahmen folgendermaßen definiert:

Definition 5-9:

$$\text{Propagate}_m := (\ \text{DirRaised}_m \cup \bigcup_{n\,\in\,\text{CalledMeth}_m} \text{Propagate}_n\ ) \setminus \text{RespHand}_m$$

$$\cup \bigcup_{h\,\in\,\text{RespHand}_m} \text{Propagate}_h;$$

Für die Bestimmung der Menge *Propagate$_m$* werden also die folgenden Mengen benötigt:

- die Menge der Ausnahmen, die in *m* eintreten können (DirRaised_m);

- die Mengen aller Ausnahmen, die von aufgerufenen Methoden weitergereicht werden können;

- die Menge der Ausnahmen, die statisch bearbeitet werden können;

- die Mengen aller Ausnahmen, die wiederum in den statisch zugeordneten Bearbeitern eintreten oder an diese Bearbeiter weitergereicht werden können.

Obige Gleichung kann für den Fall zyklischer Methodenaufrufe, wenn etwa $m \in \text{CalledMeth}_m$ gilt, nicht gelöst werden. Um auch diesen Fall behandeln zu können, wird eine induktive Definition der Menge Propagate_m angegeben.

Definition 5-10:

$$\text{Propagate}_m^0 := \text{DirRaised}_m \setminus \text{RespHand}_m.$$

$$\text{Propagate}_m^{i+1} := (\text{DirRaised}_m \cup \bigcup_{n\,\in\,\text{CalledMeth}_m} \text{Propagate}_n^i\ ) \setminus \text{RespHand}_m$$

$$\cup \bigcup_{h\,\in\,\text{RespHand}_m} \text{Propagate}_h^i\ .$$

Die Berechnung der Mengen Propagate_m^i wird so lange durchgeführt, bis gilt:

$$\text{Propagate}_m^{j+1} = \text{Propagate}_m^j \quad \text{und}$$

$$(\forall i : 0 \leq i \leq j\text{-}1) : \quad \text{Propagate}_m^i \neq \text{Propagate}_m^{i+1}.$$

Die Menge Propagate_m wird dann definiert als:

$$\text{Propagate}_m := \text{Propagate}_m^j \; .$$

Propagate_m^0 taucht in Propagate_m^1 nur dann auf, wenn m rekursiv ist. Deshalb muß DirRaised_m nochmals in die Definition von Propagate_m^{i+1} aufgenommen werden.

Die Berechnung der Menge Propagate_m ist

- beschränkt, da es nur endlich viele Ausnahmen gibt;
- monoton, da einmal hinzugefügte Ausnahmen nicht wieder entfernt werden.

Für die Analyse der Methode *m* benötigt man maximal so viele Iterationsschritte, wie es Methoden in der Klasse gibt. Dabei werden, im ungünstigsten Fall, von m aus alle Methoden der Klasse aufgerufen. Präziser läßt sich folgendes feststellen: Zur Berechnung von *Propagate*$_m$ werden maximal so viele Iterationsschritte benötigt, wie die längste Aufrufbahn für die Methode *m* lang ist /Geus89/.

Die Bestimmung der von einem Ausnahmebearbeiter weitergereichten Ausnahmen kann gegenüber obiger allgemeiner Formel vereinfacht werden, wenn wir davon ausgehen, daß die in einem Bearbeiter *h* eingetretenen oder an ihn weitergereichten Ausnahmen nicht durch statisch zugeordnete Bearbeiter behandelt werden. Diese Annahme erscheint programmiertechnisch wünschenswert, da beliebig geschachtelte Bearbeiter nicht sinnvoll sind. Mit dieser Voraussetzung gilt $RespHand_h = \emptyset$ und die Berechnung der Menge $Propagate_h$ vereinfacht sich zu:

$$Propagate_h^0 \; := \; DirRaised_h.$$
$$Propagate_h^{i+1} \; := \; DirRaised_h \; \cup \; \bigcup_{n \, \in \, CalledMeth_h} Propagate_n^i \; .$$

Fortsetzung des Beispiels 5-2:

Für unser Beispiel "Suchen und Zählen" wird angenommen, daß die Methoden *Content* und *Occurrence* keine Ausnahmen weiterreichen. Damit ergeben sich mit Hilfe des Intraklassen-Aufrufgraphen folgende Mengen weiterreichbarer Ausnahmen:

$$Propagate_{Analyse} := \emptyset;$$
$$Propagate_{SearchAndCount} := \{ \text{ NotFound } \};$$
$$Propagate_{Found} := \emptyset;$$
$$Propagate_{NotFound} := \emptyset;$$

2. Der globale Aufrufgraph

Hier wird die Analyse der Methoden für eine ganze Übersetzungseinheit (*Unit*) durchgeführt. Man geht davon aus, ein vollständiges System vorliegen zu haben, so daß keinerlei Deklarationen vorausgesetzt werden müssen. Die Bearbeitung von Methoden aus verschiedenen Klassen wird nicht von der Bearbeitung von Methoden aus der gleichen Klasse unterschieden. Im Gegensatz zum Intraklassen-Aufrufgraphen wird jetzt ein globaler Aufrufgraph, über Klassengrenzen hinweg, für die gesamte Übersetzungseinheit aufgebaut. Am Ende der Berechnungen kann das Ergebnis mit den vorliegenden Methoden- und Bearbeiterdeklarationen verglichen werden.

Definition 5-11:

Der globale Aufrufgraph für eine Einheit U wird definiert als Aufrufgraph GlobExcCall = (N,E,s,t)   mit

$$N := Meth \cup Handler_U \cup \bigcup_{C \in Classes_U} (Handler_C \cup \bigcup_{m \in Meth_C} Handler_m).$$

und

$$(\forall e \in E) : (s(e) = a) \wedge (t(e) = b) \Leftrightarrow$$

$$(b \in CalledMeth_a) \vee (b \in RespHand_a).$$

Damit sind die Untersuchungen zur Ermittlung der weiterreichbaren Ausnahmen im Rahmen einer Datenflußanalyse abgeschlossen. Wir haben definiert,
welche Informationen aus der Syntaxanalyse zur Durchführung der Datenflußanalyse eingesetzt werden können. Außerdem haben wir mit dem Intraklassen-
Aufrufgraph und dem globalen Aufrufgraph zwei verschiedene Wege aufgezeigt,
wie die Mengen der weiterreichbaren Ausnahmen bestimmt werden können.
Im folgenden Abschnitt zeigen wir, welche statischen Prüfungen unter Verwendung der Mengen *Propagate* für die Ausnahmebehandlung durchführbar
sind.

5.3 Die Prüfungsmöglichkeiten

Im zweiten Abschnitt dieses Kapitels haben wir gezeigt, wie aus einem Programm Informationen über die weiterreichbaren Ausnahmen einer Methode (*Propagate*) abgeleitet werden können. Wir wollen nun diese Informationen verwenden, um Prüfungen zur Übersetzungszeit durchzuführen . Insbesondere soll ein Vergleich der gewonnenen Information mit den im Programm angegebenen Deklarationen vorgenommen werden.

Wir werden in diesem Abschnitt beschreiben, welche Anforderungen an Ausnahmedeklarationen und Bearbeiterdeklarationen gestellt werden müssen, um eine korrekte Ausnahmebearbeitung durchführen zu können. Außerdem zeigen wir, welche Definitionsmöglichkeiten für die statische Zuordnung eines Bearbeiters zu einer Methode denkbar sind. In diesem Zusammenhang geben wir an, wie sich die unterschiedlichen Definitionen auf die statischen Prüfungen auswirken. Schließlich gehen wir auf die Integration systemdefinierter Ausnahmen und Ausnahmebearbeiter in die statischen Korrektheitsprüfungen ein.

5.3.1 Ausnahmedeklaration

Die Deklarationen eines Programms können, entsprechend der Datenflußinformationen, in Form von Mengen angegeben werden. Zunächst benötigen wir die folgenden Mengen:

Definition 5-12:

Exc_m Menge aller in der Methodenschnittstelle der Methode m deklarierten Ausnahmen; für die Definition bzgl. der Klasse C gilt auch hier die Schreibweise $Exc_{C.m}$.

Exc$_h$ Menge aller in der Bearbeiterschnittstelle des Bearbeiters h deklarierten Ausnahmen.

Exc$_C$ Menge aller in der Klasse C deklarierten Ausnahmen.

Exc$_U$ Menge aller global deklarierten Ausnahmen.

Diese Mengen werden eingesetzt, um Korrektheitsprüfungen vornehmen zu können. Im folgenden geben wir eine Reihe von Prüfungsmöglichkeiten an, die für Ausnahmedeklarationen durchgeführt werden können.

In der Methodenschnittstelle einer Methode m sind **überflüssige Ausnahmen** deklariert gdw. $\text{Exc}_m \supseteq \text{Propagate}_m$.

Werden mehr Ausnahmen von der Methode m weitergereicht als deklariert wurden, so heißt die Methodendeklaration **unvollständig**:

$$\text{Propagate}_m \setminus \text{Exc}_m \neq \emptyset.$$

Völlig analog werden die entsprechenden Definitionen für einen Bearbeiter h eingeführt:

$$\text{Exc}_h \supseteq \text{Propagate}_h \qquad \text{"überflüssige Ausnahmen"},$$
$$\text{Propagate}_h \setminus \text{Exc}_h \neq \emptyset \qquad \text{"unvollständige Bearbeiterdeklaration"}.$$

Die Überwachung des Gültigkeitsbereichs von Ausnahmen kann ebenfalls mit unserer Mengenkonstruktion ausgedrückt werden.

Definition 5-13:

Mit **EnvExc$_m$** wollen wir die Menge aller in der Aufrufumgebung der Methode m gültigen Ausnahmen bezeichnen:

$$\text{EnvExc}_m := \bigcap_{p \,\in\, \text{Caller}_m} \text{ValidExc}_p \,,$$

---

wobei gilt:

$\text{Caller}_m := \{ \, p \in \text{Meth} \cup \text{Handler} \mid m \in \text{CalledMeth}_p \, \}$ bezeichnet die Menge aller direkten Aufrufer der Methode m,

und

$\text{ValidExc}_{C.p} := \text{Exc}_{C.p} \cup \text{Exc}_C \cup \text{Exc}_U$

bezeichnet die Menge der in der Methode p gültigen Ausnahmen.

Hier werden die Gültigkeitsregeln von Programmiersprachen mit Blockstruktur übernommen. Ausnahmen sind genau dann gleich, wenn sie den gleichen Bezeichner besitzen. Die Definition des Gültigkeitsbereichs von Ausnahmen wirkt sich zum einen auf die möglichen Gültigkeitsbereiche der Bearbeiter, zum anderen auf die zulässigen weiterreichbaren Ausnahmen aus. Eine Methode m darf nur diejenigen Ausnahmen an ihren Aufrufer weiterreichen, die in der Aufrufumgebung gültig sind. Diese Forderung an weiterreichbare Ausnahmen kann folgendermaßen formuliert werden:

$$\text{Propagate}_m \overset{!}{\subseteq} \text{EnvExc}_m.$$

Damit haben wir die Prüfungsmöglichkeiten vorgestellt, die für Ausnahmedeklarationen durchgeführt werden können. Wir können überflüssige Ausnahmen und unvollständige Methoden- und Bearbeiterdeklarationen erkennen. Außerdem ist feststellbar, ob eine Methode eine Ausnahme immer an den Aufrufer weiterreichen darf.

5.3.2 Bearbeiterdeklaration

Ein Bearbeiter wird als **überflüssig** bezeichnet, wenn innerhalb seines Gültigkeitsbereichs keine Ausnahme eintritt, für die er zuständig ist, und es außerdem keine Ausnahme gibt, die in seinen Gültigkeitsbereich weitergereicht wird.

Bezüglich der Methode m gibt es überflüssige Bezeichner, wenn gilt

$$\text{DirRaised}_m \cup \bigcup_{q \,\in\, \text{CalledMeth}_m} \text{Propagate}_q \;\not\subseteq\; \text{RespHand}_m.$$

Um im folgenden die überflüssigen Bearbeiter eindeutig identifizieren zu können, führen wir folgende Mengendifferenz ein:

$$\text{Diff}_m \;:=\; \text{RespHand}_m \setminus (\,\text{DirRaised}_m \cup \bigcup_{q \,\in\, \text{CalledMeth}_m} \text{Propagate}_q\,).$$

Bei der Übersetzung eines Programms können nur solche Bearbeiter h weggelassen werden, die

- in $Diff_m$ liegen und methodenlokal in m deklariert sind, d.h. $h \in \text{Diff1}_m$, wobei $\text{Diff1}_m := \text{Diff}_m \cap \text{Handler}_m$,

  oder

- für alle Methoden m der Klasse C in $Diff1_m$ liegen und klassenlokal in der Klasse C deklariert sind, d.h. $h \in \text{Diff2}_m$, wobei

  $$\text{Diff2}_m := (\,\bigcap_{m \,\in\, \text{Meth}_C} \text{Diff1}_m\,) \cap \text{Handler}_C ,$$

  oder

- für alle Klassen C in $Diff2_m$ liegen und global deklariert sind, d.h. $h \in \text{Diff3}_m$, wobei

  $$\text{Diff3}_m := (\,\bigcap_{C \,\in\, \text{Classes}_U} \text{Diff2}_m\,) \cap \text{Handler}_U.$$

Schließlich kann man Bearbeiter identifizieren, die bzgl. des Gültigkeitsbereichs völlig von anderen Bearbeitern überlagert werden:

1. Klassenlokale Bearbeiter, die in jeder Methode der Klasse wieder neu
definiert werden:

$$\text{Handler}_C \cap \bigcap_{m \,\in\, \text{Meth}_C} \text{Handler}_m.$$

2. Globale Bearbeiter, die in jeder Klasse oder in jeder Methode einer
Klasse neu definiert werden:

$$\text{Handler}_U \cap \bigcap_{C \,\in\, \text{Classes}_U} \left(\text{Handler}_C \cup \left(\bigcap_{m \,\in\, \text{Meth}_C} \text{Handler}_m \right) \right)$$

Wesentlich bei der Deklaration von Bearbeitern ist die Angabe eines Bearbeiter-
rückgabeparameters, der mit der Fortsetzung der Ausnahmebearbeitung und
dem Rückgabeparameter des Bezugspunktes der Fortsetzung verträglich sein
muß. Als mögliche Fortsetzungsbezugspunkte hatten wir in Kapitel 3.3.1 den
Verursacher, den Aufrufer und die Bearbeitermethode definiert.

Das Fortsetzen oder Neustarten der Bezugsmethoden ist unproblematisch, da
hierbei keine Parameter angegeben werden. Soll die Bezugsmethode jedoch
beendet werden und besitzt sie einen Rückgabeparameter, so muß der Rückgabeparameter des Bearbeiters damit verträglich sein, d.h. den gleichen Typ
besitzen.

Definition 5-14:

ExcCont$_h$ bezeichnet die Menge aller im Bearbeiter h vorkommenden
Fortsetzungsanweisungen (die Terminologie entspricht
dabei den in Kapitel 3.3.1 eingeführten Fortsetzungsmöglichkeiten).

HandRange$_h$ gibt den Rückgabeparametertyp des Bearbeiters an. Ist kein
Rückgabeparameter vorgesehen, gilt: HandRange$_h$:= Φ.

MethRange$_m$ gibt den Rückgabeparametertyp der Methode m an.

Im folgenden wird formal definiert, welchen Anforderungen die Rückgabeparametertypen von Bearbeitern und Methoden in Abhängigkeit von den jeweiligen Fortsetzungsmöglichkeiten genügen müssen. Für einen Bearbeiter h können vier verschiedene Fortsetzungssituationen unterschieden werden:

a) $\{$ SELF_TERMINATE, PROP_TERMINATE, TERMINATE $\} \cap \text{ExcCont}_h = \emptyset$

In den Bearbeiterfortsetzungen taucht keine Anweisung zum Beenden des Bezugspunktes auf, somit darf der Bearbeiter keinen Rückgabeparameter besitzen. Es wird deshalb gefordert: $\text{HandRange}_h \overset{!}{=} \emptyset$.

b) SELF_TERMINATE $\in \text{ExcCont}_h$

Die Fortsetzungsanweisung SELF_TERMINATE gibt an, daß die Bearbeitermethode beendet werden soll. Davon können diejenigen Methoden betroffen sein, denen der Bearbeiter h statisch zugeordnet ist:

$$(\forall\, m \in \text{Meth}) : ((\, h \in \text{RespHand}_m) \wedge (\text{ SELF\_TERMINATE } \in \text{ExcCont}_h\,) \Rightarrow$$
$$\text{HandRange}_h = \text{MethRange}_m\,).$$

Eine etwas weniger restriktive und genauere Aussage erhält man, wenn man zusätzlich voraussetzt, daß in den zu prüfenden Methoden die jeweilige Ausnahme eintreten können muß:

$$(\forall\, m \in \text{Meth}) : (\,(\, h \in \text{RespHand}_m) \wedge (\text{ SELF\_TERMINATE } \in \text{ExcCont}_h\,)$$
$$\wedge\, (\, h \in \text{DirRaised}_m \cup \bigcup_{n\, \in\, \text{CalledMeth}_m} \text{Propagate}_n\,) \Rightarrow$$
$$\text{HandRange}_h = \text{MethRange}_m\,)\, .$$

c) PROP_TERMINATE ϵ ExcCont$_h$

Die Fortsetzungsanweisung PROP_TERMINATE im Bearbeiter h beendet die Auslösermethode:

$$(\forall\ m\ \epsilon\ \text{Meth}) : ((h\ \epsilon\ \text{RespHand}_m) \wedge (\text{PROP\_TERMINATE}\ \epsilon\ \text{ExcCont}_h\ ) \Rightarrow$$
$$((\forall\ n\ \epsilon\ \text{CalledMeth}_m) : (h\ \epsilon\ \text{Propagate}_n\ ) \Rightarrow$$
$$\text{HandRange}_h = \text{MethRange}_n\ )\ ).$$

d) TERMINATE ϵ ExcCont$_h$

Hier muß der Bearbeiter h den Verursacher beenden:

$$(\forall\ m\ \epsilon\ \text{Meth}) : ((h\ \epsilon\ \text{RespHand}_m) \wedge (\text{SELF\_TERMINATE}\ \epsilon\ \text{ExcCont}_h\ ) \Rightarrow$$
$$((\forall\ n\ \epsilon\ \text{Meth}) : ((\exists\ n_0, \ldots, n_s) (n_{i+1}\ \epsilon\ \text{CalledMeth}_{n_i}\ ,$$
$$0 \leq i < s \wedge (n_0 = m) \wedge (n_s = n)\ )\ ) \wedge (h\ \epsilon\ \text{DirRaised}_n\ )$$
$$\Rightarrow \text{HandRange}_h = \text{MethRange}_n)\ ).$$

Für alle Methoden m, denen der zu untersuchende Bearbeiter h statisch zugeordnet ist, muß geprüft werden, ob alle von m aus erreichbaren Methoden n, in denen die Ausnahme h eintritt, den zu h passenden Rückgabeparametertyp besitzen.

Fortsetzung von Beispiel 5-1:

Betrachten wir wieder unser obiges Beispiel "Sortieren und Zählen", so lassen sich bezüglich der Bearbeiterfortsetzung folgende Aussagen machen:

Es gilt *TERMINATE* ϵ *ExcCont*$_{Found}$. Damit wird gefordert, daß der Rückgabeparametertyp des Bearbeiters *Found* mit dem Rückgabeparametertyp der Verursachermethode *SearchAndCount* übereinstimmt.

$$\text{HandRange}_{\text{Found}} = \{ \text{ Index } \},$$
$$\text{MethRange}_{\text{SearchAndCount}} = \{ \text{ Index } \}.$$

Die beiden Rückgabeparametertypen stimmen überein, somit ist der Bearbeiter korrekt typisiert.

Fassen wir kurz die Ergebnisse dieses Abschnitts zusammen. Wir haben gezeigt, welche Möglichkeiten es gibt, überflüssige Ausnahmebearbeiter zu identifizieren. Für die korrekte Bearbeiterdeklaration ist außerdem wichtig, daß der Rückgabeparameter des Bearbeiters mit der jeweiligen Fortsetzungsmöglichkeit nach Abschluß der Ausnahmebearbeitung verträglich ist. Auch hierfür haben wir die erforderlichen Prüfungen formuliert.

5.3.3 Statische Zuordnung von Bearbeitern zu Methoden

Als Definition für den Gültigkeitsbereich eines Bearbeiters war im dritten Kapitel die Definition des Gültigkeitsbereichs für Sprachen mit Blockstruktur gewählt worden. In Anlehnung daran wurde die statische Zuordnung eines Bearbeiters zu einer Methode m definiert, die wiederum ausschlaggebend für die Festlegung der Menge $RespHand_m$ ist. $RespHand_m$ wird zur Ableitung der Menge $Propagate_m$ benötigt. Erst dann, wenn in $RespHand_m$ kein geeigneter Bearbeiter für eine ausgelöste Ausnahme gefunden werden kann, wird die Ausnahme an den Aufrufer der Methode m weitergereicht.

Die Definition der Menge $RespHand_{C.m}$ lautete:

$$RespHand_{C.m} := \text{Handler}_{C.m} \cup \text{Handler}_C \cup \text{Handler}_U .$$

Ein globaler Bearbeiter wird überlagert von klassenlokalen Bearbeitern, die wiederum von methodenlokalen Bearbeitern überlagert werden. Erst wenn auf diese Weise kein statisch zugeordneter Bearbeiter für die eingetretene Ausnahme gefunden wird, muß die Ausnahme an den Aufrufer weitergereicht werden.

Darüber hinaus sind jedoch auch andere statische Zuordnungsmöglichkeiten denkbar, die im folgenden vorgestellt werden.

a) $RespHand_{C.m}$ umfaßt klassenlokale und methodenlokale Bearbeiter, aber keine globalen Bearbeiter.

Lediglich für die Methoden, die von der Bedienoberfläche der Programmier- bzw. Laufzeitumgebung aus gestartet werden, also innerhalb des Programms keinen Aufrufer besitzen, werden auch die global definierten Bearbeiter überprüft. Für Methoden m, die einen Aufrufer innerhalb des Programms besitzen, gilt:

$$RespHand_{C.m} := Handler_{C.m} \cup Handler_C .$$

Methoden, die von der Bedienoberfläche aus gestartet werden, können zur Übersetzungszeit noch nicht identifiziert werden. Sie unterscheiden sich im Aufrufgraphen nicht von anderen Methoden. Es ist denkbar, daß eine Methode sowohl von der Bedienoberfläche als auch von einer anderen Methode aufgerufen wird.

Zur Übersetzungszeit wird die Möglichkeit des Aufrufs von Benutzerseite berücksichtigt. Dazu wird die Bestimmung der weiterreichbaren Ausnahmen unter Verwendung der ursprünglichen $RespHand_m$-Definition durchgeführt.

b) RespHand$_m$ wird abhängig von der Klassenzugehörigkeit des Aufrufers definiert.

b1) Die klassenlokalen Bearbeiter werden erst vor einem Klassenwechsel betrachtet.

Innerhalb einer Klasse C werden für jede Methode lediglich die methodenlokalen Bearbeiter überprüft:

$$(\forall m \in \text{Meth}_C) : ((\forall n \in \text{Meth}_C): (n \in \text{Caller}_m) \Rightarrow$$
$$\text{RespHand}_{C.m} := \text{Handler}_{C.m}).$$

Bevor eine Ausnahme über die Klassengrenze hinweg weitergereicht wird, wird zusätzlich der klassenlokale Bearbeiter überprüft:

$$(\forall m \in \text{Meth}_C) : ((\forall n \notin \text{Meth}_C): (n \in \text{Caller}_m) \Rightarrow$$
$$\text{RespHand}_{C.m} := \text{Handler}_{C.m} \cup \text{Handler}_C).$$

b2) Die globalen und die klassenlokalen Bearbeiter werden erst vor einem Klassenwechsel einbezogen.

Innerhalb einer Klasse werden lediglich die methodenlokalen Bearbeiter in die Bildung der Menge *RespHand$_m$* einbezogen:

$$(\forall m \in \text{Meth}_C) : ((\forall n \in \text{Meth}_C): (n \in \text{Caller}_m) \Rightarrow$$
$$\text{RespHand}_{C.m} := \text{Handler}_{C.m}).$$

Erst wenn der Aufrufer der Methode *m* einer anderen Klasse als *m* angehört, werden auch die klassenlokalen und globalen Bearbeiter mit einbezogen:

$$(\forall m \in Meth_C) : ((\forall n \notin Meth_C): (n \in Caller_m) \Rightarrow$$
$$RespHand_{C.m} := Handler_{C.m} \cup Handler_C \cup Handler_U).$$

In diesem Abschnitt haben wir gezeigt, wie sich die Definition des Gültigkeitsbereichs von Bearbeiterdeklarationen auf die statischen Prüfungen auswirkt. Die Definition der Ausnahmen, die von einer Methode oder einem Bearbeiter weitergereicht werden können, hängt davon ab, welche Bearbeiter einer eingetretenen Ausnahme statisch zugeordnet sind. Wir haben dabei auch Zuordnungen vorgestellt, die abhängig vom Aufrufer der jeweiligen Methode sind. Da es sich hierbei um eine Eigenschaft handelt, die erst zur Laufzeit des Programms wirksam wird, sind hier Prüfungen zur Übersetzungszeit entsprechend allgemein und ungenau. Gerade diese Nachteile hinsichtlich der statischen Prüfbarkeit haben uns dazu bewogen, diese Varianten nicht in unser Ausnahmekonzept aufzunehmen.

5.3.4 Systemdefinierte Ausnahmen und Ausnahmebearbeiter

Aus der Sprachbeschreibung oder aufgrund der in einem Programm verwendeten vordefinierten Methoden können folgende Mengen abgeleitet werden:

Definition 5-15:

Exc_{Sys} bezeichnet die Menge der systemdefinierten Ausnahmen.
$Handler_{Sys}$ bezeichnet die Menge der systemdefinierten Bearbeiter.

Alle bearbeitbaren systemdefinierten Ausnahmen müssen auch vorgesehen sein, d.h. es muß gelten: $Handler_{Sys} \subseteq Exc_{Sys}$.

Die Umkehrung gilt dagegen nicht. Nicht zu jeder systemdefinierten Ausnahme muß ein systemdefinierter Bearbeiter vorgesehen sein. Um ein hinsichtlich der Ausnahmebehandlung sicheres Programm zu erhalten, müssen für alle systemdefinierten Ausnahmen, für die kein systemdefinierter Bearbeiter vorliegt, benutzerdefinierte Bearbeiter angegeben werden.

Systemdefinierte Bearbeiter sind global gültig. Ihr Gültigkeitsbereich kann jedoch durch benutzerdefinierte Bearbeiter eingeschränkt werden. Ist der entsprechende benutzerdefinierte Bearbeiter global definiert, so wird immer er und nicht der systemdefinierte Bearbeiter aktiviert. Die Definitionen von $RespHand_m$, die globale Bearbeiter verwenden, müssen jetzt um eine Alternative erweitert werden:

$$RespHand_m := \ldots \cup (Handler_U \setminus \ldots)$$

wird zu

$$RespHand_m^{neu} := RespHand_m \cup (Handler_{Sys} \setminus Handler_U \setminus \ldots).$$

Mit dieser Betrachtung der systemdefinierten Ausnahmen und Bearbeiter sind die Untersuchungen der statischen Prüfungsmöglichkeiten abgeschlossen. Wir fassen im folgenden Abschnitt die Ergebnisse zusammen.

5.4 Zusammenfassung

Das Ziel einer Datenflußanalyse ist es, bereits zur Übersetzungszeit möglichst viele Fehler in einem Programm zu erkennen, die zur Laufzeit des Programms auftreten können. Dabei können jedoch nicht alle Laufzeitfehler aufgedeckt werden. Deshalb sollen im Rahmen der statischen Analyse gerade soviele Prüfungen durchgeführt werden, daß eine Steigerung der Robustheit und Effizienz mit vertretbarem Aufwand erreicht wird.

Die statische Analyse der Ausnahmebehandlung kann, wie im dritten Abschnitt dieses Kapitels gezeigt wurde, nur bis zu einem gewissen Umfang Informationen über die Ausnahmen gewinnen, die eintreten können. Aufgrund dieser Informationen läßt sich die Situation umso präziser einschätzen, je

-   weniger Ausnahmen weitergereicht werden;
-   lokaler die Ausnahmebearbeitung erfolgt;
-   differenzierter die Bearbeitung, z.B. durch verschiedene Ausnahmebezeichner, durchgeführt wird;
-   weniger systemdefinierte Ausnahmen einbezogen werden.

Bei allen statischen Korrektheitsprüfungen zur Ausnahmebehandlung geht man davon aus, daß ein Bearbeiter, der in einer Klasse oder einer Methode definiert ist, zur Laufzeit auch zur Verfügung steht. In einem objektorientierten Programm muß dies jedoch nicht der Fall sein. Hier kann ohne zusätzliche Prüfungsmechanismen nicht garantiert werden, daß alle Objekte, die einen Bearbeiter zur Verfügung stellen oder auf die ein Bearbeiter zugreift, auch tatsächlich existieren.

Man kann natürlich den Zugriff auf ein nicht existierendes Objekt mit Hilfe einer Ausnahme überwachen und bestimmte Reaktionen, etwa in Form system-definierter Bearbeiter, festlegen. Da die Prüfung der Existenz von Objekten in einem objektorientierten System aber zu einer der zentralen Aufgaben gehört, ist hier eine Unterstützung durch Betriebssystem-Funktionen oder eine Laufzeit-Objektverwaltung wünschenswert.

Das Problem der Existenz von Objekten ist eine spezielle Eigenschaft objekt-orientierter Programme. Ein weiteres Problem, daß allen Prüfungsmöglich-keiten zur Übersetzungszeit gemeinsam ist, ist die (Un-) Genauigkeit der gewonnenen Prüfungsergebnisse. Wie dieses Problem - zumindest teilweise - gelöst werden kann, wird im folgenden erläutert.

Die von uns vorgenommenen Prüfungen setzen nur den vorgestellten Aufruf-graph voraus. Durch ihn können Rückgabeparameter eines Bearbeiters als fehlerhaft gemeldet werden, selbst wenn die Bezugsmethode nie aufgerufen wird oder der Bearbeiter die TERMINATE-Anweisung nie erreicht. Mit einem optimierten Aufrufgraph können solche Situationen erkannt werden.

Bevor statische Korrektheitsprüfungen zur Ausnahmebehandlung durchgeführt werden, sollte deshalb zunächst eine allgemeine Datenflußanalyse erfolgen. Diese Analyse dient beispielsweise dem

- Bestimmen nicht verwendeter Methoden;
- Bestimmen von benutzerdefinierten Ausnahmen, die nicht eintreten können;
- Bestimmen von systemdefinierten Ausnahmen, die nicht eintreten können;
- Einschränken der tatsächlichen Fortsetzungsmöglichkeiten eines Bearbei-ters durch die Bestimmung nicht erreichbarer Fortsetzungsanweisungen;
- Bestimmen von Ausnahmen, die immer gesperrt sind;
- Bestimmen von Bearbeitern, die allein für immer gesperrte Ausnahmen zuständig sind.

Für diese Prüfungen können bereits bekannte Datenflußanalyse-Algorithmen eingesetzt werden, die etwa eine Erreichbarkeitsanalyse durchführen. Auf diese Algorithmen soll im Rahmen der vorliegenden Arbeit nicht eingegangen werden.

Ohne diese zusätzlichen Optimierungsverfahren, die im Rahmen einer allgemeinen Datenflußanalyse gesehen werden können und nicht ausnahmespezifisch sind, handelt es sich bei den von uns vorgenommenen Prüfungen im Aufrufgraph jeweils um "worst- case"-Annahmen. Nach Abschluß der Prüfungen ist man jedoch sicher, daß für die untersuchten Ausnahmeeigenschaften keine Laufzeitfehler hinsichtlich der Ausnahmebehandlung auftreten können.

6. Erfahrungen

Ziel der vorliegenden Arbeit war die Entwicklung eines neuen Ansatzes zur Ausnahmebehandlung in objektorientierten Programmiersprachen und die formale Definition der Semantik dieses Ausnahmekonzepts.

Hierfür haben wir zunächst

- den programmiersprachlichen Rahmen definiert, der zur Integration der Ausnahmebehandlung geeignet ist, und

- ein Klassifikationsschema eingeführt, anhand dessen die Eigenschaften von Ausnahmekonzepten beschrieben und verglichen werden können.

Im folgenden skizzieren wir die wesentlichen Ergebnisse dieser beiden grundlegenden Untersuchungen.

Der neue Ansatz zur Ausnahmebehandlung wurde in objektorientierte Programmiersprachen integriert. Die Analyse der Eigenschaften verschiedener objektorientierter Sprachen hat gezeigt, daß einem gemeinsamen Ausnahmemechanismus für alle objektorientierten Sprachen lediglich die Eigenschaften der dynamischen Instanziierung und der Datenabstraktion zugrunde gelegt werden müssen.

Als programmiersprachlichen Rahmen für Untersuchungen zur Ausnahmebehandlung halten wir die objektorientierten Sprachen für besonders gut geeignet. Sie kommen mit wenigen grundlegenden Sprachelementen aus, und Methodenaufrufe stellen die einzige Kommunikationsmöglichkeit zwischen Objekten dar. Trotzdem schränken objektorientierte Sprachen die Einsatzmöglichkeiten des Ausnahmekonzepts in keiner Weise ein. Die im Rahmen der Arbeit entwickelten Ideen für objektorientierte Sprachen können ebenso auf funktionale oder prozedurale Programmiersprachen übertragen werden. Die Bedeutung, die Methoden bei der Ausnahmebehandlung besitzen, kann den Funktionen bzw. Prozeduren zugeordnet werden, die Bedeutung der Klassen oder Objekte findet man im Umgebungsbegriff bzw. in den Modulstrukturen wieder. Die Deklarationen von Ausnahmen und Ausnahmebearbeitern und die damit verbundenen Begriffe Gültigkeitsbereich, Lokalisierung und Zugriffsbereich müssen den jeweils üblichen Deklarationsmöglichkeiten angepaßt werden. Für zusätzliche Sprachelemente, wie etwa Kontrollstrukturen oder besondere Anweisungen zur Kommunikation von Prozessen, die bei objektorientierten Sprachen bereits in Form von Methoden erfaßt sind, ist ebenfalls eine Anpassung der Konzepte erforderlich. Eventuelle Einschränkungen der Fortsetzungsmöglichkeiten, wie sie für objektorientierte Sprachen leicht vorgenommen werden konnten, sind den jeweiligen Sprachbesonderheiten anzugleichen.

Die zweite grundlegende Untersuchung galt der eigentlichen Ausnahmebehandlung. Hier wurde ein Klassifikationsschema für Mechanismen zur Ausnahmebehandlung entwickelt. Dabei haben wir die Eigenschaften bereits existierender Ausnahmemechanismen ebenso berücksichtigt, wie zusätzliche Eigenschaften, die uns sinnvoll erschienen, aber bisher nicht vorgeschlagen wurden. Wir haben die verwendeten Begriffe definiert, um das von uns entwickelte Ausnahmekonzept auf der Grundlage einer konsistenten Terminologie vorstellen zu können. Das Klassifikationsschema ist darüber hinaus geeignet, bereits existierende Mechanismen zur Ausnahmebehandlung zu beschreiben.

Bei der Entwicklung des neuen Ausnahmekonzepts für objektorientierte Programmiersprachen wurden drei Schwerpunkte gesetzt:

-   Informelle Beschreibung der Eigenschaften des Ausnahmekonzepts unter Verwendung des neu eingeführten Klassifikationsschemas;

- Formale Definition der Eigenschaften mit Hilfe der denotationellen
  Methode der Semantikdefinition;

- Formulierung der Prüfungsmöglichkeiten zur Übersetzungszeit.

Wir fassen im folgenden die dabei erzielten Ergebnisse und gesammelten
Erfahrungen zusammen.

Auf den neuen Ansatz zur Ausnahmebehandlung wirkt sich vor allem die
Eigenschaft der Datenabstraktion objektorientierter Sprachen aus, die besagt,
daß Zugriffe auf ein Objekt nur unter Verwendung von Methoden möglich
sind. Methodenaufrufe sind damit in sequentiellen Programmen die einzigen
Sprachmittel, die Zustandsänderungen vornehmen und in denen Ausnahmen
eintreten können. Kann eine eingetretene Ausnahme nicht lokal innerhalb der
Methode bearbeitet werden, so wird die Ausnahme an den jeweiligen Aufrufer
der Methode weitergereicht. In Prozeßsystemen können Ausnahmen sowohl
in Methodenaufrufen als auch in Objektaktivitäten eintreten. Da Objektaktivitäten eigenständige Einheiten darstellen, die keinen Aufrufer besitzen, ist ein
Weiterreichen von eingetretenen Ausnahmen über Objektaktivitätsgrenzen
hinweg nicht sinnvoll.

Die beiden wesentlichen Elemente eines Ausnahmekonzepts sind Ausnahmen
und Ausnahmebearbeiter. Mit Hilfe des Klassifikationsschemas werden diesen
beiden Elementen die Eigenschaften des Ausnahmekonzepts systematisch
zugeordnet. Eine besondere Rolle spielen die Fortsetzungsmöglichkeiten als
Eigenschaft der Bearbeiter. Nach Eintreten einer Ausnahme und anschließender
Ausnahmebearbeitung kann die Abarbeitung des Programms mit verschiedenen
Anweisungen fortgesetzt werden. Es ist gelungen, für diese Fortsetzungsmöglichkeiten ein Gliederungsschema zu entwerfen, das eine klare Identifizierung der jeweiligen Anweisungen zuläßt. Durch diese systematische Er-

fassung aller Fortsetzungsmöglichkeiten wurde es möglich, die ungenaue Begriffsbildung bisheriger Veröffentlichungen zur Ausnahmebehandlung aufzuzeigen und die unterschiedlichen Ansätze aufgrund der jeweiligen Semantikbeschreibung einzuordnen und zu vergleichen.

Als Konsequenz der Datenabstraktion bzw. der Objektstruktur sind die Fortsetzungsmöglichkeiten zwischen verschiedenen Objekten gegenüber den Möglichkeiten innerhalb eines Objekts stark eingeschränkt. Ausnahmen, die über Objektgrenzen hinweg weitergereicht werden, müssen ohne Kenntnis der Interna dieser "verlassenen" Objekte bearbeitet werden können. Unter Berücksichtigung dieser Einschränkung haben wir die verbleibenden Fortsetzungsmöglichkeiten angegeben.

Es konnte gezeigt werden, daß der neue Ansatz zur Ausnahmebehandlung sowohl für sequentielle Programme als auch für objektorientierte Prozeßsysteme geeignet ist. Insbesondere haben wir erläutert, daß das Gliederungsschema für Fortsetzungsmöglichkeiten auch für asynchrone Methodenaufrufe gültig ist, wenn die dabei auftretenden Besonderheiten (nebeneinander bestehende Prozesse, wobei verschiedene Prozeßzustände unterschieden werden müssen) berücksichtigt werden.

Die Verwendung der denotationellen Methode zur Definition der Semantik des Ausnahmekonzepts hat sich als vorteilhaft erwiesen. Die Befehlsfortsetzungssemantik, als denotationelle Beschreibungsart, wurde von uns als ein Mechanismus eingesetzt, mit dem die Beeinflussung des Kontrollflusses im Programm durch die Ausnahmebehandlung elegant und übersichtlich dargestellt werden kann. Die Semantikdefinition zeigt deutlich, wie sich einzelne Sprachelemente, wie etwa das Einplanen von Ausnahmen oder unterschiedliche Möglichkeiten der Fortsetzung, auf die Semantik anderer Sprachelemente, zum Beispiel Methoden- oder Bearbeiterdeklaration bzw. Methodenaufruf, auswirken. Wir haben die Semantiken der verschiedenen Sprachkonstrukte und Eigenschaften des Ausnahmekonzepts in der vorliegenden Arbeit soweit wie möglich unabhängig voneinander vorgestellt und definiert.

Aufbauend auf den in dieser Arbeit entwickelten Semantikdefinitionen kann in Zukunft ein konkreter Ausnahmemechanismus nach dem Baukastenprinzip zusammengestellt werden. Aus der Gesamtheit aller vorgestellten Eigenschaften kann für einen konkreten Sprachentwurf eine geeignete Auswahl getroffen werden. Die gewünschten Eigenschaften und ihre denotationellen Beschreibungen müssen dann nur noch, unter Berücksichtigung der jeweiligen Randbedingungen, zu einer gemeinsamen Semantikdefinition zusammengefaßt werden.

Wir verstehen das neue Ausnahmekonzept für objektorientierte Programmiersprachen als Sprachmittel zur strukturierten Programmierung. Kann die korrekte Verwendung dieses Sprachmittels bereits zur Übersetzungszeit eines Programms geprüft werden, so wird damit ein wertvoller Beitrag zur Steigerung der Robustheit von Programmen geleistet. Die Syntax und die Semantik des neu entwickelten Ausnahmekonzepts wurde von uns deshalb so gewählt, daß bereits zur Übersetzungszeit eines Programms möglichst viele Korrektheitsprüfungen möglich sind. Diese statischen Prüfungen können zum Teil im Rahmen der statischen Typprüfungen durchgeführt, zum Teil aber auch der Datenflußanalyse zugeordnet werden. Aufgrund dieser Prüfungen kann die korrekte Verwendung der Sprachmittel zur Ausnahmebehandlung bereits zur Übersetzungszeit sichergestellt werden.

Mit der vorliegenden Arbeit wurden erstmals die formalen Grundlagen für die Ausnahmebehandlung umfassend untersucht. Die von uns erzielten Ergebnisse können nun die Grundlage für weitere Arbeiten bilden. Wir wollen abschließend einige Anregungen für uns interessant erscheinende zukünftige Arbeiten geben.

Das vorgeschlagene Ausnahmekonzepts kann im Rahmen einer Sprachimplementierung realisiert werden. Da die Semantik in Form denotationeller Definitionen vorliegt, bietet es sich an, hierfür Compilergeneratoren einzusetzen, die denotationelle Semantik direkt verarbeiten können. Ein Überblick über bereits

existierende Generatoren, die sich vor allem in der Art des von dem generier-
ten Compiler erzeugten Zielcodes unterscheiden, ist in /Schm86/ gegeben.

Ein weiteres interessantes Arbeitsgebiet scheint uns auch die Übertragung
des in dieser Arbeit für Programmiersprachen vorgeschlagenen Ausnahmekonzepts auf objektorientierte Spezifikationsmethoden zu sein. So kann die
algebraische Spezifikationsmethode im Rahmen der Entwicklung objektorientierter Programme als geeigneter Ansatz zur Spezifikation gesehen werden.
Der Begriff des Objekts bzw. der Klasse ist in Form des abstrakten Datentyps
wiederzufinden. Die Vererbungskonzepte können mit Hilfe spezieller Arten
von Kombinationen modelliert werden, parametrisierte Spezifikationen spiegeln
gerade die parametrisierten Klassen wider.

Diese Ähnlichkeiten zwischen objektorientierten Programmiersprachen und
algebraischen Spezifikationen waren der Anlaß, bereits erste Untersuchungen
für eine Integration des neu entwickelten Ausnahmekonzepts in algebraische
Spezifikationen vorzunehmen. Die Erfahrungen, die bei der Analyse parametrisierter und kombinierter Spezifikationen gesammelt wurden, sind in /Holl89/
und /Leib89/ zusammengefaßt. Sie können den Ausgangspunkt für weitere
Untersuchungen objektorientierter Spezifikationen unter dem Gesichtspunkt
der Ausnahmebehandlung bilden.

Literaturverzeichnis

/Abel85/   Abelson, H.; Sussman, G.J.; Sussman, J.:
                Structure and interpretation of computer programs. MIT Press,
                Cambridge, 1985.

/Agha86/   Agha, G.:
                ACTORS: A model of concurrent computation in distributed
                systems. MIT Press, Cambridge, 1986.

/Berr80/   Berry, D.M.; Kemmerer, R.H.; von Staa, A.; Yemini, S.:
                Toward modular verifiable exception handling. Computing
                Languages, 5, (2), 1980, pp.77-101.

/Blac86/   Black, A.; Hutchinson, N.; Jul, E.; Levy, H.:
                Object structure in the Emerald system. ACM Conference on
                Object-Oriented Programming Systems, Languages and Appli-
                cations, Portland, 1986, pp.78-86.

/Böhm66/   Böhm, C.; Jacopini, G.:
                Flow diagrams, Turing machines and languages with only two
                formation rules. Communications of the ACM, 9, 5, 1966.

/Bord86/   Bordiga, A.:
                Exceptions in object-oriented languages. ACM SIGPLAN Notices,
                V21, #10, Oct 1986, pp.107-119.

/Born82/   Borning, A.H.; Ingalls, D.H.H.:
                A type declaration and inference system for Smalltalk. 9th
                Annual ACM Symposium on Principles of Programming Languages,
                1982, pp.133-139.

/Bret86/   Bretz, M.:

              Zur Ausnahmebehandlung in Programmiersprachen. Seminar für
              Informatik, EWH Koblenz, Interner Bericht 8/86, 1986.

/Card84/   Cardelli, L.:

              A semantics of multiple inheritance. LNCS 173 (Semantics of
              Data Types), Springer, 1984, pp.51-67.

/Cocc82/   Cocco, N.; Dulli, S.:

              A mechanism for exception handling and its verification rules.
              Computing Languages, Vol.7, 1982, pp.89-102.

/Cris82a/   Cristian, F.:

              Exception handling and software fault tolerance. IEEE Trans-
              actions on Computers, June 1982, pp.531-540.

/Cris82b/   Cristian, F.:

              Robust data types. Acta Informatica, 17, 1982, pp.365-397.

/Cris84/   Cristian, F.:

              Correct and robust programs. IEEE Transactions on Software
              Engineering, SE-10, 2 (March 1984), pp.163-174.

/Danf88/   Danforth, S.; Tomlinson, C.:

              Type theories and object oriented programming. ACM Computing
              Surveys, Vol.20, No.1, 1988, pp.29-72.

/Dijk69/   Dijkstra, E.W.:

              Structured programming. Software Engineering Techniques,
              Report on a Conference, Rom, 1969, pp.84-88.

/Dörf73/   Dörfler, W.; Mühlbacher, J.:

              Graphentheorie für Informatiker, DeGruyter, 1973.

/Dony88/   Dony, C.:

                An object-oriented exception handling system for an object-
                oriented language. Springer LNCS 322, European Conference on
                Object-Oriented Programming, Proceedings, Oslo, 1988, pp.146-161.

/Frev87/   Frevert, L.:

                Echtzeit-Praxis mit Pearl. Teubner, Stuttgart, 1987, pp.135-140.

/Geus89/   Geus, L.:

                Konzepte für Robotersprachen - Ein Sprachentwurf. Dissertation,
                Arbeitsbericht des IMMD, Band 22, Nr.6, Erlangen, 1989.

/Gold83/   Goldberg, A.; Robson, D.:

                Smalltalk-80: The language and its implementation. Reading,
                Mass: Addison-Wesley, 1983.

/Good75/   Goodenough, J.R.:

                Exception handling: issues and a proposed notation. Communi-
                cations of the ACM, 18, 12 (1975), pp.683-696.

/Gord79/   Gordon, M.J.C.:

                The denotational description of programming languages. Springer,
                1979.

/Hans88/   Hanschke, I.:

                Definition der Semantik eines hierarchischen Typkonzepts mit
                Hilfe L-attributierter Grammatiken, Diplomarbeit am IMMD II,
                Universität Erlangen-Nürnberg, 1988.

/Hill72/   Hill, I.D.:

                Faults in functions, in ALGOL and FORTRAN. Computer Journal
                14, 3, 1972, pp.315-316.

/Hind88/   Hindel, B:

                Definition einer objektorientierten Programmiersprache mit
                hierarchischem Typkonzept. Arbeitsbericht des IMMD, Band 21,
                Nr.4, Universität Erlangen-Nürnberg, 1988, pp.15-116.

/Hoar73/   Hoare, C.A.R.; Wirth, N.:

                An axiomatic definition of the programming language PASCAL.
                Acta Informatica, 2, 1973, pp.335-355.

/Hoff87/   Hoffmann, H.-J.:

                Smalltalk verstehen und anwenden. Hanser-Verlag, München,
                1987.

/Holl89/   Hollweck, A.:

                Parametrisierte Spezifikationen mit Ausnahmebehandlung.
                Diplomarbeit am IMMD II, Universität Erlangen-Nürnberg 1989.

/John86/   Johnson, R.:

                Type checking Smalltalk. ACM Conference on Object-Oriented
                Programming Systems, Languages and Applications, Portland,
                1986, pp.315-321.

/Knud84/   Knudsen, J.L.:

                Exception handling - a static approach. Software Practice and
                Experience, Vol.14, No.5, May 1984, pp.429-449.

/Kons88/   Konstantas, D.; Nierstrasz, O.; Papathomas, M.:

                An implementation of HYBRID - A concurrent object oriented
                language. Arbeitsbericht der Universität Genf, 6/88, 1988,
                pp.61-105.

/Kris87/   Kristensen, B.B.; Madsen, O.L.; Moller-Pedersen, B.; Nygaard, K.:
              The BETA programming language. Research Directions in Object-Oriented Programming (Ed.: Shriver, B.; Wegner, P.), MIT Press, 1987, pp.7-48.

/Ledg81/   Ledgard, H.:
              ADA An introduction & ADA Reference manual. Springer, New York, 1981.

/Leib89/   Leibold, B.:
              Erweiterung von Spezifikationen mit Ausnahmebehandlung. Diplomarbeit am IMMD II, Universität Erlangen-Nürnberg 1989.

/Lisk79/   Liskov, B.; Snyder, A.:
              Exception handling in CLU. IEEE Transactions on Software Engineering, Vol 5, 1979, pp.546-556.

/Luck80/   Luckham, D.C.; Polak, W.:
              ADA exception handling: an axiomatic approach. ACM Transactions on Programming Languages and Systems, 2, 1980, pp.225-233.

/MacL77/   MacLaren, M.D.:
              Exception handling in Pl/I. ACM SIGPLAN Notices, 12, (3), 1977, pp.101-104.

/Mads87/   Madsen, O.L:
              Block-structure and object-oriented Languages. Research Directions in Object-Oriented Programming (Ed.: Shriver, B.; Wegner, P.), MIT Press, 1987, pp.113-128.

/Maie85/   Maier, G.E.:

Exceptionbehandlung und Synchronisation - Entwurf und Methode.
Springer, Heidelberg, Informatik-Fachberichte 105, 1985.

/Mell77/   Melliar-Smith, P.M.; Randell, B.:

Software reliability: the role of programmed exception handling.
ACM SIGPLAN Notices, 12, #3, 1977, pp.95-100.

/Meye86/   Meyer, B.:

Genericity versus inheritance. ACM Conference on Object-
Oriented Programming Systems, Languages and Applications,
Portland, 1986, pp.391-405.

/Meye88/   Meyer, B.:

Disciplined exceptions. Interactive Software Engineering Inc.,
TR-EI-22/EX, Version 2.1, 1988.

/Müll87/   Müller, H.:

Diskrete algebraische Strukturen: Stichworte, Definitionen und
Sätze. Arbeitsbericht des IMMD, Band 20, Nr.5, Universität
Erlangen-Nürnberg, 1987.

/Nehm85/   Nehmer, J.:

Softwaretechnik für verteilte Systeme, Springer, Berlin, 1985.

/Parn72/   Parnas, D.L.:

Response to detected errors in well-structured programs.
Department of Computer Science, Carnegie-Mellon Univ., Pitts-
burgh, 1972.

/Rand75/   Randell, G.:

System structure for software fault tolerance. ACM SIGPLAN
Notices 10, 6, 1975, pp.437-449.

/Sand86/   Sandberg, D.:

An alternative to subclassing. ACM Conference on Object-Oriented Programming Systems, Languages and Applications, Portland, 1986, ACM SIGPLAN Notices 21,11,1986, pp.424-428.

/Schi88/   Schill, A.; Heuser, L.:

Der objektorientierte Ansatz in Programmiersprachen und verteilten Systemen. Universität Karlsruhe, Interner Bericht 10/88, 1988.

/Schm86/   Schmidt, D.A.:

Denotational semantics - a methodology for language development. Allyn and Bacon, Newton, USA, 1986.

/Schn86/   Schneider, H.J.:

Programmverifikation. Computer Magazin, 4'86, 1986, pp.50-55.

/Schn88a/   Schneider, H.J.:

Objektorientierte Strukturierung verteilter Software und statische Typprüfung. Prozeßrechnersysteme '88 (Stuttgart, März 1988; Ed.: R. Lauber), Informatik Fachberichte 167, Berlin, Springer, 1988, pp.546-555.

/Schn88b/   Schneider, H.J.:

Maintenance of distributed software by a hierarchy of task types. Arbeitsbericht des IMMD, Band 21, Nr.4, Universität Erlangen-Nürnberg, 1988, pp.1-13.

/Scho89/   Schorr, R.:

Denotationelle Semantik verschiedener Mechanismen zur Ausnahmebehandlung. Studienarbeit am IMMD II, Universität Erlangen-Nürnberg, 1989.

/Snyd86/   Snyder, A.:

Encapsulation and inheritance in object-oriented programming languages. ACM Conference on Object-Oriented Programming Systems, Languages and Applications, Portland, ACM SIGPLAN Notices 21, 11, 1986, pp.38-45.

/Szal85/   Szalas, A.; Szczepanska, A.:

Exception handling in parallel computing. ACM SIGPLAN Notices V20, 10, 1985, pp.95-104.

/Suzu81/   Suzuki, N.:

Inferring types in Smalltalk. 8th Annual ACM Symposium on Principles of Programming Languages, 1981, pp.187-199.

/Tenn77/   Tennent, R.D.:

Language design methods based on semantic principles. Acta Informatica, vol 8, 1977, pp.97-112.

/Tenn82/   Tennent, R.D.:

Grundlagen der Programmiersprachen, Hanser, München, 1982.

/Wegn86/   Wegner. P.:

Classification in object-oriented systems. ACM SIGPLAN Notices V21, #10, 1986, pp.173-182.

/Wegn88/   Wegner. P.; Zdonik, S.B.:

Inheritance as an incremental modification mechanism - or - what like is and isn't like. Springer LNCS 322, European Conference on Object-Oriented Programming, Proceedings, Oslo, 1988, pp.55-75.

/Wirt85/   Wirth, N.:

             Programming in Modula-2. Springer-Verlag, Berlin/Heidelberg,
             1985.

/Yemi85/   Yemini, S.; Berry, D.M.:

             A modular verifiable exception handling mechanism. ACM
             Transactions on Programming Languages and Systems, 7, 2(1985),
             pp.214-243.

/Yoko86/   Yokote, Y.; Tokoro, M.:

             The design and implementation of Concurrent Smalltalk. ACM
             Conference on Object-Oriented Programming Systems, Languages
             and Applications, Portland, ACM SIGPLAN Notices V21, 11, 1986,
             pp.331-340.

Anhang A: Syntaxdefinition der Spezifikationssprache

A.1 Notation der Syntaxbeschreibung

Bevor wir die kontextfreie Grammatik der Spezifikationssprache angeben, stellen wir zunächst die von uns verwendete Notation vor.

Eine **kontextfreie Grammatik** ist ein Quadrupel G = (T,N,P,S), wobei gilt:

T	ist die endliche Menge der Terminalsymbole,
N	ist die endliche Menge der Nichtterminalsymbole,
$P \subset N \times (T \cup N)^*$	ist die endliche Menge von Produktionen und
$S \in N$	ist das Startsymbol.

Die Produktionen werden in erweiterter Backus-Naur-Form (EBNF) notiert /Wirt85/. Wir geben im folgenden einen Überblick über diese Schreibweise.

::=	Diese Zeichenfolge trennt die linke Seite von der rechten Seite einer Produktion.
.	Das Ende einer Produktion wird durch den Punkt festgelegt.
|	Mit diesem Zeichen werden alternative Folgen voneinander getrennt.
[ ]	Optionale Symbolfolgen werden in eckige Klammern eingeschlossen.

{ }	In geschweifte Klammern werden Symbolfolgen eingeschlossen, die beliebig oft wiederholt werden können. Die Wiederholung wird dabei so verstanden, daß die Symbolfolge auch nicht auftreten muß.
" "	Die Terminalsymbole der Grammatik, die reservierte Wörter oder Sonderzeichen sind, werden in Hochkommata eingeschlossen.

Reservierte Wörter der Spezifikationssprache sind in Großbuchstaben geschrieben. Standardbezeichner, wie vordefinierte Klassen und Methoden, haben wir nicht angegeben. Hier sei auf bereits bestehende objektorientierte Programmiersprachen verwiesen.

Die Produktionen sind durchnumeriert. Die Nummern werden in den Kapiteln 2 und 3 verwendet, um die Sprachelemente der Spezifikationssprache vorzustellen. Außerdem geben wir für jedes Nichtterminal eine Liste von Produktionsnummern an, die auf die jeweiligen Produktionen hinweisen, in denen das Nichtterminal vorkommt. Kursiv geschrieben ist die Nummer der Produktion, in der das Nichtterminal definiert wird.

A.2 Grammatik der Spezifikationssprache

Die Grammatik der Spezifikationssprache ist folgendermaßen festgelegt:

Startsymbol: Unit

Terminalsymbole:

ACTIVITY	BODY	CLASS
DISABLE_CLASS_HAND	DISABLE_EXC	DISABLE_METH_HAND

DISABLE_NEXT_HAND   DISABLE_UNIT_HAND   DO

END   EXC   ENABLE_CLASS_HAND

ENABLE_EXC   ENABLE_METH_HAND   ENABLE_UNIT_HAND

Identifier   INIT   METHOD

NEW   ON   PROP_REINIT

PROP_RESUME   PROP_RETRY   PROP_TERMINATE

RAISE   REINIT   RESUME

RETRY   RETURN   SELF_REINIT

SELF_RESUME   SELF_RETRY   SELF_TERMINATE

TERMINATE   UNIT   VAR

WHEN

;   =   :   ,   (   )

Nichtterminalsymbole:

ActivityDec   4, *13*

ClassDec   1, *2*

ClassIdent   5, *6*, 8, 9, 10, 12, 27

Designator   20, *21*

ExcDec   1, 4, 13, 14, *24*

ExcStmt   19, *30*

ExcType   25, *26*

ExcTypeList   24, *25*, 27

Expr   17, 22, *23*, 23, 29, 30

ExprList   5, 20, *22*, 30

FormParam   11, *12*

FormParamList   10, *11*, 27

HandDec   1, 4, 13, 14, *27*

HandStmt   28, *29*

HandStmtList   27, *28*

IdentList   5, *7*

MethBody   10, *14*

MethCall	19, *20*, 23
MethDec	4, *10*
MethSpec	3, *8*
MethStmt	15, *16*
MethStmtList	14, *15*
ParamClassList	8, *9*, 26
PrivateSec	2, *4*
PublicSec	2, *3*
ReturnStmt	16, *17*
Stmt	16, *19*, 29
StmtList	13, *18*
Unit	*1*
VarDec	4, *5*, 13, 14, 27

Produktionen:

```
(1)   Unit              ::=   "UNIT"
                              [ ExcDec ] ClassDec { ";" ClassDec } { HandDec }
                              "END" "UNIT".

(2)   ClassDec          ::=   Identifier "=" PublicSec PrivateSec.

(3)   PublicSec         ::=   "CLASS" { MethSpec } .

(4)   PrivateSec        ::=   "BODY"
                              [ ExcDec ] { VarDec } { MethDec }
                              [ ActivityDec ] { HandDec } .
                              "END" "CLASS".

(5)   VarDec            ::=   "VAR" { IdentList ":" ClassIdent
                              [ "INIT" "(" ExprList ")" ] ";" }.

(6)   ClassIdent        ::=   Identifier.

(7)   IdentList         ::=   Identifier { "," Identifier } .

(8)   MethSpec          ::=   Identifier ":" "METHOD" [ "(" ParamClassList ")" ]
                              [ ":" ClassIdent ] [ "EXC" ExcTypeList ] ";" .

(9)   ParamClassList    ::=   ClassIdent { "," ClassIdent }.
```

```
(10)  MethDec          ::=   Identifier ":" "METHOD" [ "(" FormParamList ")" ]
                             [ ":" ClassIdent ] [ "EXC" ExcTypeList ] ";"
                             MethBody ";" .

(11)  FormParamList    ::=   FormParam   { ";" FormParam  }.

(12)  FormParam        ::=   Identifier ":" ClassIdent.

(13)  ActivityDec      ::=   "ACTIVITY"
                             [ ExcDec ] { VarDec } [ StmtList ] { HandDec }
                             "END" "ACTIVITY" ";".

(14)  MethBody         ::=   "BODY"
                             [ ExcDec ] { VarDec }
                             [ MethStmtList ] { HandDec }
                             "END" "METHOD".

(15)  MethStmtList     ::=   MethStmt { ";" MethStmt }.

(16)  MethStmt         ::=   ReturnStmt | Stmt.

(17)  ReturnStmt       ::=   "RETURN" "(" Expr ")".

(18)  StmtList         ::=   Stmt { ";" Stmt }.

(19)  Stmt             ::=   MethCall | ExcStmt.

(20)  MethCall         ::=   Designator "(" [ ExprList ] ")" .

(21)  Designator       ::=   Identifier [ "." Identifier ] .

(22)  ExprList         ::=   Expr { ";" Expr }.

(23)  Expr             ::=   MethCall { "." MethCall } | Identifier |
                             "(" Expr ")" | Identifier "." "NEW" .

(24)  ExcDec           ::=   "EXC" ExcTypeList ";".

(25)  ExcTypeList      ::=   ExcType { ";" ExcType }.

(26)  ExcType          ::=   Identifier [ "(" ParamClassList ")" ].

(27)  HandDec          ::=   "ON" Identifier [ "(" FormParamList ")" ]
                             [ ":" ClassIdent ] [ "EXC" ExcTypeList ] "DO"
                             { VarDec } [ HandStmtList ]
                             "END" "ON" ";" .

(28)  HandStmtList     ::=   HandStmt { ";" HandStmt }.
```

```
(29) HandStmt      ::=   Stmt | "RETRY" | "REINIT" | "RESUME" |
                         "TERMINATE" [ "(" Expr ")"] | "PROP_RETRY" |
                         "PROP_REINIT" | "PROP_RESUME" |
                         "PROP_TERMINATE" [ "(" Expr ")" ] |
                         "SELF_RETRY" | "SELF_REINIT" | "SELF_RESUME"|
                         "SELF_TERMINATE" [ "(" Expr ")" ].

(30) ExcStmt       ::=   [ "WHEN" Expr ] "RAISE" Identifier
                         [ "(" ExprList ")" ] |
                         "ENABLE_EXC" Identifier| "DISABLE_EXC" Identifier |
                         "ENABLE_NEXT_HAND" Identifier     |
                         "DISABLE_NEXT_HAND" Identifier    |
                         "ENABLE_METH_HAND" Identifier     |
                         "DISABLE_METH_HAND" Identifier    |
                         "ENABLE_CLASS_HAND" Identifier    |
                         "DISABLE_CLASS_HAND" Identifier   |
                         "ENABLE_UNIT_HAND" Identifier     |
                         "DISABLE_UNIT_HAND" Identifier
```

Anhang B: Definitionen für Aktivierungsbaum und Aufrufgraph

Die folgenden Definitionen sind im wesentlichen /Müll87/ und /Dörf73/ entnommen und wurden lediglich hinsichtlich der Namensgebung vereinheitlicht und unserer Anwendung angepaßt.

Definition 1:

Ein **gerichteter Graph** ist ein Quadrupel $G = (N,E,s,t)$, wobei

N	Menge von Knoten,
E	Menge von Kanten,
$s: E \rightarrow N$	Funktion, die den Anfangspunkt einer Kante angibt,
$t: E \rightarrow N$	Funktion, die den Endpunkt einer Kante definiert.

Für die folgenden Definitionen sei $G = (N,E,s,t)$ ein gerichteter Graph.

Definition 2:

Sei $n \in N$.

Der **Außengrad** $g^+(n)$ ist definiert als $| \{e \in E \mid s(e) = n\} |$.

Der **Innengrad** $g^-(n)$ ist definiert als $| \{e \in E \mid t(e) = n\} |$.

Definition 3:

Sei $z = \langle n_0, e_1, n_1, e_2, \ldots, e_r, n_r \rangle$ eine endliche nichtleere Folge.

z heißt **Bahn**, wenn

(i) $\{n_0, \ldots, n_r\} \subseteq N$

(ii) $\{e_1, \ldots, e_r\} \subseteq E$

(iii) $(\forall\, 1 \leq i \leq r) : (s(e_i) = n_{i-1}) \wedge (t(e_i) = n_i)$

(iv) $(\forall\, 0 \leq i < j \leq n) : \quad n_i \neq n_j$

Definition 4:

Seien a, b $\in$ N.

b heißt **von a in G erreichbar**, wenn es eine Bahn von a nach b gibt.

Definition 5:

Seien a, b $\in$ N.

Die **Erreichbarkeitsmenge** ist definiert als

[a> := { b | b ist von a in G erreichbar).

Definition 6:

Seien G = (N,E,s,t) und G' = (N',E',s',t') gegeben.

G' heißt **Untergraph zu G** genau dann wenn gilt

(i)   N' $\subset$ N

(ii)   E' = { e $\in$ E | s(e) $\in$ N' $\wedge$ t(e) $\in$ N'}

(iii)   s' = s eingeschränkt auf E'

(iv)   t' = t eingeschränkt auf E'

Anmerkung: G' ist durch N' und G eindeutig bestimmt.

Definition 7:

Ein **Binärbaum** ist ein gerichteter Graph G = (N,E,s,t) mit folgenden Eigenschaften:

(i)   G besitzt genau einen Knoten w $\in$ N (Wurzel) mit $g^-(w)= 0$;

(ii)   für jeden Knoten a $\in$ N\{w} gibt es genau eine Bahn, so daß a von w erreichbar ist;

(iii) $(\forall\ n \in N\backslash\{w\}) : g^-(n) = 1$;

(iv) $(\forall\ n \in N) : g^+(n) \leq 2$.

Definition 8:

Sei $G = (N,E,s,t)$ ein Binärbaum und $n \in N$.

Als **Unterbaum** mit Wurzel n wird der von $[n\rangle$ aufgespannte Untergraph von G bezeichnet.

Definition 9:

Sei $G' = (N,E,s,t)$ ein Binärbaum.

Seien M_N und M_E zwei feste Markierungsalphabete.

Existieren zwei Abbildungen $m_N: N \to M_N$ und $m_E: E \to M_E$, so ist $G = (N,E,s,t,M)$ ein **markierter Binärbaum**.

Mit $M = (M_N, M_E, m_N, m_E)$ wird die **Markierung** bezeichnet.

Definition 10:

Sei $G = (N,E,s,t,M)$ ein markierter Binärbaum.

Sei $\chi = \langle\, x_1, x_2, \ldots, x_r\, \rangle$ eine endliche nichtleere Folge.

χ heißt **Selektorpfad** gdw.

$(\exists\, e_1, \ldots, e_r \in E)\ (\exists\, n_0, n_1, \ldots, n_r \in N)$ mit

(i) $\quad \langle\, n_0, e_1, n_1, \ldots, e_r, n_r\, \rangle$ ist Bahn in G

(ii) $\quad (\forall\, 1 \leq i \leq r) : x_i = m_E(e_i)$

Definition 11:

Sei $G = (N,E,s,t,M)$ ein markierter Binärbaum.

Ein Unterbaum mit der Wurzel b heißt in G **vom Knoten a über den Selektorpfad** $\chi = \langle x_1, \ldots, x_r\rangle$ **erreichbar** gdw.

$\langle\, a, e_1, n_1, \ldots, e_r, b\, \rangle$ ist zugehörige Bahn aus Definition 3.

Definition 12:

Ein **Aktivierungsbaum der Aktivität A** ist ein markierter Binärbaum $G_A =$ (N,E,s,t,M) mit folgenden Eigenschaften:

(i) $M_N := \{A\} \cup$ endliche Menge von Methodenbezeichnern

     $M_E := \{Calls, Before\}$

(ii)   Sei $w \in N$ Wurzel.

     $(m_N(w) = A) \wedge (g^+(w) \leq 1)$

     $\wedge \; (g^+(w) = 1 \Rightarrow ((\exists \; e \in E) : (s(e) = w) \wedge (m_E(e) = Calls)))$

     $\wedge \; (\forall \; n \in N\backslash\{w\}) : (m_N(n) \neq A)$

(iii)   Sei $e \in E$ und seien $a = s(e)$ und $b = t(e) \in N$.

    (a) $m_E(e) = Calls$ gdw.

       $m_N(b)$ ist die Methode, die im Rumpf von $m_N(a)$ als erste aufgerufen wurde.

    (b) $m_E(e) = Before$ gdw.

       $m_N(b)$ wird im gleichen Rumpf wie $m_N(a)$, aber zeitlich direkt nach $m_N(a)$ aufgerufen.

Definition 13:

Ein **Aufrufgraph mit Bearbeitern** (oder kurz: **Aufrufgraph**) ist ein gerichteter Graph ExcCall = (N,E,s,t)

mit

    N := Meth $\cup$ Handler, wobei *Meth* eine endliche Menge von Methoden und *Handler* eine endliche Menge von Bearbeitern bezeichnet,

und

$(\forall \; e \in E)$ gilt: $(\; s(e) = a \wedge t(e) = b \;) \Leftrightarrow$

       $b \in CalledMeth_a \vee b \in RespHand_a$.

Definition 14:

Eine **Aufrufbahn einer Methode m** in einem Aufrufgraphen ExcCall ist eine Bahn in ExcCall mit Anfangspunkt m.

Anhang C: Primitive und zusammengesetzte semantische Bereiche

C.1 Primitive Bereiche:

I. Natürliche Zahlen Nat = $\mathbb{N}$

    Operationen:

        plus, minus, times: Nat × Nat → Nat;

        equals, lessthan, greaterthan: Nat × Nat → Bool;

II. Wahrheitswerte Bool = $\mathbb{B}$

    Operationen:

        true, false : Bool;

        not: Bool → Bool;

        or: Bool × Bool → Bool;

    Auswahlfunktion:

        (_ → _ ▯ _) : Bool × D × D → D;

        für b ∈ Bool und d_1, d_2 ∈ D gilt: (b → d_1 ▯ d_2) ∈ D;

        wobei: true → d_1 ▯ d_2 = d_1 ;

        und: false → d_1 ▯ d_2 = d_2 ;

C.2 Zusammengesetzte Bereiche:

Gegeben seien zwei Bereiche A und B.

III. Kreuzprodukt A × B

    Für a ∈ A und b ∈ B gilt : (a,b) ∈ A × B;

    Projektion auf die erste Komponente:

        fst : A × B → A;

        für (a,b) ∈ A × B gilt: fst(a,b) = a;

Projektion auf die zweite Komponente:

  snd: $A \times B \to B$;

  für $(a,b) \in A \times B$ gilt: $snd(a,b) = b$;

Allgemeine Projektion:

  $\downarrow i : A_1 \times A_2 \times \ldots \times A_n \to A_i$, für $1 \leq i \leq n$;

  für $(a_1, \ldots, a_i, \ldots, a_n) \in A_1 \times A_2 \times \ldots \times A_n$ gilt: $(a_1, \ldots, a_i, \ldots, a_n)\downarrow i = a_i$;

IV. Disjunkte Vereinigung $A + B$

Injektion der ersten Komponente:

  inA: $A \to A + B$;

  dabei gilt für $a \in A$: $inA(a) = (zero,a)$;

Injektion der zweiten Komponente:

  inB: $B \to A + B$;

  dabei gilt für $b \in B$: $inB(b) = (one,b)$;

V. Funktion $A \to B$

Funktionskonstruktor:

  Für $e \in B$ und $x \in A$ gilt: $(\lambda x.e) \in A \to B$;

  für alle $a \in A$ liefert $(\lambda x.e)$ $a = [a/x]e$ genau einen Wert aus B;

Funktionsanwendung:

  Für g: $A \to B$ und $a \in A$ gilt: $g(a) \in B$;

  aus $g = \lambda x.e$ folgt $g(a) = [a/x]$ e;

Funktionskomposition:

  Für f: $A \to B$ und g: $B \to C$ gilt: $g \circ f : A \to C$ und $g \circ f (x) = g(f(x))$;

Mehrfache Fallunterscheidung:

  Sei $d \in A+B$, $(\lambda x.e_1)$: $A \to C$ und $(\lambda y.e_2)$: $B \to C$. Dann gilt:

$$(\text{ cases } d \text{ of}$$

$$isA(x) \to e_1$$

$$\square \quad isB(y) \to e_2$$

$$\text{end }) \in C ;$$

für a $\in$ A gilt: (cases inA(a) of

      ·   isA(x) $\to$ e_1

           $\square$ isB(y) $\to$ e_2

           end) = [a/x] e_1 ;

für b $\in$ B gilt: (cases inB(b) of

           isA(x) $\to$ e_1

           $\square$ isB(y) $\to$ e_2

           end) = [b/y] e_2 .

Anmerkungen zur Notation:

(g a)   ist eine andere Schreibweise für g(a);

[x $\mapsto$ v] g   ist definiert als $\lambda x'$. (equals x' x $\to$ v $\square$ g(x'));

[a/x] e   heißt "ersetze im Ausdruck e alle freien Vorkommen des

Bezeichners x durch den Ausdruck a".

Anhang D: Semantische Algebren

Wir fassen im folgenden die semantischen Algebren zusammen, die wir für die denotationelle Semantikdefinition in Kapitel 4.3 einsetzen. Die semantischen Bereiche mit den zugeordneten Operationen sind in alphabetischer Reihenfolge angegeben.

Class Declared Handlers:
    Bereich ClassDecl = Errvalue;

Class Environments:
    Bereich ce ϵ ClassEnvironment = Id $\rightarrow$ DenotableValue ;

Command Continuations:
    Bereich c ϵ Cmdcont = Store $\rightarrow$ Store ;

Complex Values:
    Bereich cv ϵ ComplexValue = Handler + Variable + Errvalue ;

Condition Elements:
    Bereich cde ϵ ConditionElem = Id $\times$ (Store $\rightarrow$ Bool);

Condition Lists:
    Bereich cl ϵ ConditionList = ConditionElem*;
    Operationen:

        cons: ConditionElem $\times$ ConditionList $\rightarrow$ ConditionList
        cons = λ (cde,cl). cases cl of
                        isErrvalue() $\rightarrow$ inConditionElem(cde)
                        $\square$ isConditionElem(y) $\rightarrow$ inConditionElem $\times$
                                            ConditionElem(cde, y)
                        $\square$ isConditionElem $\times$ ConditionElem(y)
                            $\rightarrow$ inConditionElem $\times$ (ConditionElem $\times$
                                    ConditionElem) (cde,y)
                        $\square$ . . .
                        end

---

nil: ConditionList
nil = inErrvalue( )

remove: Id → ConditionList → ConditionList
remove = λi.λcl. cases cl of
                isErrvalue( ) → inErrvalue( )
                ▯ isConditionElem(y)
                   → equal fst(y) i → nil
                                        ▯ inConditionElem(y)
                ▯ isConditionElem × ConditionElem(y)
                   → equal fst(fst(y)) i → inConditionElem(snd(y))
                                        ▯ cons (fst(y), remove(i snd(y)))

                ▯ . . .
                end

Denotable Values:
    Bereich d   ε DenotableValue = Environment + Location + Cmdcont +
                                     Method + Handler + ExcDecl +
                                     Nat + Bool + Errvalue . . . ;

Disabled Exceptions:
    Bereich DisabledExc = Errvalue ;

Enabled Exceptions:
    Bereich EnabledExc = Errvalue ;

Environments (Semantikbeschreibungen 1 bis 9):
    Bereich e ε Environment = ClassEnvironment × MethodEnvironment;
    Operationen:

    emptyenv : Environment
    emptyenv = (λi.inErrvalue(), λi.inErrvalue())

    emptymethenv : Environment → Environment
    emptymethenv = λ(ce,me). (ce, λi.inErrvalue( ))

    emptyclassenv : Environment
    emptyclassenv = (λi. inErrvalue( ), λi.inErrvalue( ))

    accessmethenv : Id → Environment → ComplexValue
    accessmethenv = λi.λ(ce,me). me(i)

accessclassenv : Id → Environment → DenotableValue
accessclassenv = λi.λ(ce,me). ce(i)

updatemethenv : Id → ComplexValue → Environment → Environment
updatemethenv = λi. λcv. λ(ce,me). (ce, [i ↦ cv] me)

updateclassenv : Id → DenotableValue → Environment → Environment
updateclassenv = λi. λd. λ(ce,me). ([i ↦ d] ce, me)

Environments (Semantikbeschreibung 10):

Bereich e ϵ Environment = UnitEnvironment × ClassEnvironment
$$× \text{MethodEnvironment};$$
Operationen:

emptyenv : Environment
emptyenv = (λi.inErrvalue(), λi.inErrvalue(), λi.inErrvalue())

emptyunitenv : Environment → Environment
emptyunitenv = (λi.inErrvalue(), λi.inErrvalue(), λi.inErrvalue())

emptyclassenv : Environment
emptyclassenv = λ(ue,ce,me). (ue, λi. inErrvalue( ), me)

emptymethenv : Environment → Environment
emptymethenv = λ(ue,ce,me). (ue,ce, λi.inErrvalue( ))

accessunitenv : Id → Environment → SystemValue
accessunitenv = λi.λ(ue,ce,me). ue(i)

accessclassenv : Id → Environment → DenotableValue
accessclassenv = λi.λ(ue,ce,me). ce(i)

accessmethenv : Id → Environment → ComplexValue
accessmethenv = λi.λ(ue,ce,me). me(i)

updateunitenv : Id → SystemValue → Environment → Environment
updateunitenv = λi. λsv. λ(ue,ce,me). ([i ↦ sv] ue, ce, me)

updateclassenv : Id → DenotableValue → Environment → Environment
updateclassenv = λi. λd. λ(ue,ce,me). (ue,[i ↦ d] ce, me)

updatemethenv : Id → ComplexValue → Environment → Environment
updatemethenv = λi. λcv. λ(ue,ce,me). (ue,ce, [i ↦ cv] me)

Environments (Semantikbeschreibung 11):

Bereich e ϵ Environment = UnitEnvironment × ClassEnvironment ×
                        MethodEnvironment × ConditionList;
Operationen:

    emptyenv : Environment
    emptyenv = (λi.inErrvalue(), λi.inErrvalue(), λi.inErrvalue() , nil)

    emptyunitenv : Environment $\to$ Environment
    emptyunitenv = (λi.inErrvalue(), λi.inErrvalue(), λi.inErrvalue() , nil)

    emptyclassenv : Environment $\to$ Environment
    emptyclassenv = λ(ue,ce,me,cl). (ue, λi. inErrvalue( ), me,cl)

    emptymethenv : Environment $\to$ Environment
    emptymethenv = λ(ue,ce,me,cl). (ue,ce, λi.inErrvalue( ),nil)

    accessunitenv : Id $\to$ Environment $\to$ SystemValue
    accessunitenv = λi.λ(ue,ce,me,cl). ue(i)

    accessclassenv : Id $\to$ Environment $\to$ DenotableValue
    accessclassenv = λi.λ(ue,ce,me,cl). ce(i)

    accessmethenv : Id $\to$ Environment $\to$ ComplexValue
    accessmethenv = λi.λ(ue,ce,me,cl). me(i)

    updateunitenv : Id $\to$ SystemValue $\to$ Environment $\to$ Environment
    updateunitenv = λi. λsv. λ(ue,ce,me,cl). ([i $\mapsto$ sv] ue, ce, me,cl)

    updateclassenv : Id $\to$ DenotableValue $\to$ Environment $\to$ Environment
    updateclassenv = λi. λd. λ(ue,ce,me,cl). (ue,[i $\mapsto$ d] ce, me,cl)

    updatemethenv : Id $\to$ ComplexValue $\to$ Environment $\to$ Environment
    updatemethenv = λi. λcv. λ(ue,ce,me,cl). (ue,ce, [i $\mapsto$ cv] me,cl)

Environments (Semantikbeschreibung 12):

  Bereich e ϵ Environment = UnitEnvironment $\times$ ClassEnvironment
                  $\times$ MethodEnvironment $\times$ ConditionList $\times$ ExcEnvironment;
Operationen:

  emptyenv : Environment
  emptyenv = (λi.inErrvalue(), λi.inErrvalue(), λi.inErrvalue(),
              nil , λi.inEnabledExc( ))

  emptyunitenv : Environment $\rightarrow$ Environment
  emptyunitenv = (λi.inErrvalue(), λi.inErrvalue(), λi.inErrvalue(),
                  nil , λi.inEnabledExc( ))

  emptyclassenv : Environment
  emptyclassenv = λ(ue,ce,me,cl,ee). (ue, λi. inErrvalue( ), me, cl,ee)

  emptymethenv : Environment $\rightarrow$ Environment
  emptymethenv = λ(ue,ce,me,cl,ee). (ue,ce, λi.inErrvalue( ),
                                nil, λi.inEnabledExc())

  accessunitenv : Id $\rightarrow$ Environment $\rightarrow$ SystemValue
  accessunitenv = λi.λ(ue,ce,me,cl,ee). ue(i)

  accessclassenv : Id $\rightarrow$ Environment $\rightarrow$ DenotableValue
  accessclassenv = λi.λ(ue,ce,me,cl,ee). ce(i)

  accessmethenv : Id $\rightarrow$ Environment $\rightarrow$ ComplexValue
  accessmethenv = λi.λ(ue,ce,me,cl,ee). me(i)

  accessexcenv : Id $\rightarrow$ Environment $\rightarrow$ ExcValue
  accessexcenv = λi.λ(ue,ce,me,cl,ee). ee(i)

  updateunitenv : Id $\rightarrow$ SystemValue $\rightarrow$ Environment $\rightarrow$ Environment
  updateunitenv = λi. λsv. λ(ue,ce,me,cl,ee). ([i $\mapsto$ sv] ue, ce, me,cl,ee)

  updateclassenv : Id $\rightarrow$ DenotableValue $\rightarrow$ Environment $\rightarrow$ Environment
  updateclassenv = λi. λd. λ(ue,ce,me,cl,ee). (ue,[i $\mapsto$ d] ce, me,cl,ee)

  updatemethenv : Id $\rightarrow$ ComplexValue $\rightarrow$ Environment $\rightarrow$ Environment
  updatemethenv = λi. λcv. λ(ue,ce,me,cl,ee). (ue,ce, [i $\mapsto$ cv] me,cl,ee)

  updateexcenv : Id $\rightarrow$ ExcValue $\rightarrow$ Environment $\rightarrow$ Environment
  updateexcenv = λi.λev.λ(ue,ce,me,cl,ee). (ue, ce, me, cl, [i $\mapsto$ ev] ee)

Error Values:
    Bereich Errvalue;
    Operationen:

    ( ): Errvalue

Exception Declarations:
    Bereich edec ϵ ExcDecl = Errvalue;

Exception Environments:
    Bereich ee ϵ ExcEnvironment = Id $\rightarrow$ ExcValue;

Exception Values:
    Bereich ev ϵ ExcValue = EnabledExc + DisabledExc;

Expressible Values:
    Bereich x ϵ Exprval = Storval;

Expression Continuations:
    Bereich k ϵ Exprcont = Exprval $\rightarrow$ Cmdcont;
    Operationen:

        assign : Location $\rightarrow$ Cmdcont $\rightarrow$ Exprcont
        assign = λl.λc.λx.λs. c(update l x s)

        return-value : Exprval $\rightarrow$ Exprcont $\rightarrow$ Cmdcont
        return-value = λx.λk. k(x)

Handlers (Semantikbeschreibungen 1 bis 12):
    Bereich h ϵ Handler = Cmdcont $\rightarrow$ Cmdcont;

Handlers (Semantikbeschreibung 13):
    Bereich h ϵ Handler = (Cmdcont $\rightarrow$ Cmdcont) $\times$ Status;

Identifiers:
    Bereich i ϵ Id = Identifier;

Locations:
    Bereich l ∈ Location;
    Operation:

       next-locn: Location

Methods:
    Bereich m ∈ Method = Environment → Cmdcont → Cmdcont;

Method Declared Handlers:
    Bereich MethodDecl = Errvalue;

Method Environments:
    Bereich me ∈ MethodEnvironment = Id → ComplexValue ;

Regions:
    Bereich Region = UnitDecl + ClassDecl + MethodDecl ;

Status:
    Bereich Status = Bool ;

Storable Values:
    Bereich sv ∈ Storval = Nat + Bool + ... ;

Stores:
    Bereich s ∈ Store = Location → Storval;
    Operationen:

access : Location → Store → Storval
    access = $\lambda l.\lambda s.\ s(l)$

update : Location → Storval → Store → Store
    update = $\lambda l.\lambda sv.\lambda s.\ [\ l \mapsto sv\ ]\ s$

System Values:
    Bereich sv   ∈ SystemValue = Errvalue + Handler + ExcDecl
                                   + Environment + ClassEnvironment + . . . ;

Types:
    Bereich t ϵ Type;
    Operationen:

        Nat, Bool: Type
        equal : Type $\to$ Type $\to$ Bool

Unit Environments:
    Bereich ue ϵ UnitEnvironment = Id $\to$ SystemValue ;

Unit Declared Handlers:
    Bereich UnitDecl = Errvalue;

Variables
    Bereich v ϵ Variable = Location $\times$ Type;

Stichwortverzeichnis

Band 190: D. Maurer, Relevanzanalyse. VIII, 239 Seiten. 1988.

Band 191: P. Levi, Planen für autonome Montageroboter. XIII, 259 Seiten. 1988.

Band 192: K. Kansy, P. Wißkirchen (Hrsg.), Graphik im Bürobereich. Proceedings, 1988. VIII, 187 Seiten. 1988.

Band 193: W. Gotthard, Datenbanksysteme für Software-Produktionsumgebungen. X, 193 Seiten. 1988.

Band 194: C. Lewerentz, Interaktives Entwerfen großer Programmsysteme. VII, 179 Seiten. 1988.

Band 195: I. S. Bátori, U. Hahn, M. Pinkal, W. Wahlster (Hrsg.), Computerlinguistik und ihre theoretischen Grundlagen. Proceedings. IX, 218 Seiten. 1988.

Band 197: M. Leszak, H. Eggert, Petri-Netz-Methoden und -Werkzeuge. XII, 254 Seiten. 1989.

Band 198: U. Reimer, FRM: Ein Frame-Repräsentationsmodell und seine formale Semantik. VIII, 161 Seiten. 1988.

Band 199: C. Beckstein, Zur Logik der Logik-Programmierung. IX, 246 Seiten. 1988.

Band 200: A. Reinefeld, Spielbaum-Suchverfahren. IX, 191 Seiten. 1989.

Band 201: A. M. Kotz, Triggermechanismen in Datenbanksystemen. VIII, 187 Seiten. 1989.

Band 202: Th. Christaller (Hrsg.), Künstliche Intelligenz. 5. Frühjahrsschule, KIFS-87, Günne, März/April 1987. Proceedings. VII, 403 Seiten. 1989.

Band 203: K. v. Luck (Hrsg.), Künstliche Intelligenz. 7. Frühjahrsschule, KIFS-89, Günne, März 1989. Proceedings. VII, 302 Seiten. 1989.

Band 204: T. Härder (Hrsg.), Datenbanksysteme in Büro, Technik und Wissenschaft. GI/SI-Fachtagung, Zürich, März 1989. Proceedings. XII, 427 Seiten. 1989.

Band 205: P. J. Kühn (Hrsg.), Kommunikation in verteilten Systemen. ITG/GI-Fachtagung, Stuttgart, Februar 1989. Proceedings. XII, 907 Seiten. 1989.

Band 206: P. Horster, H. Isselhorst, Approximative Public-Key-Kryptosysteme. VII, 174 Seiten. 1989.

Band 207: J. Knop (Hrsg.), Organisation der Datenverarbeitung an der Schwelle der 90er Jahre. 8. GI-Fachgespräch, Düsseldorf, März 1989. Proceedings. IX, 276 Seiten. 1989.

Band 208: J. Retti, K. Leidlmair (Hrsg.), 5. Österreichische Artificial-Intelligence-Tagung, Igls/Tirol, März 1989. Proceedings. XI, 452 Seiten. 1989.

Band 209: U. W. Lipeck, Dynamische Integrität von Datenbanken. VIII, 140 Seiten. 1989.

Band 210: K. Drosten, Termersetzungssysteme. IX, 152 Seiten. 1989.

Band 211: H. W. Meuer (Hrsg.), SUPERCOMPUTER '89. Proceedings, 1989. VIII, 171 Seiten. 1989.

Band 212: W.-M. Lippe (Hrsg.), Software-Entwicklung. Fachtagung, Marburg, Juni 1989. Proceedings. IX, 290 Seiten. 1989.

Band 213: I. Walter, Datenbankgestützte Repräsentation und Extraktion von Episodenbeschreibungen aus Bildfolgen. VIII, 243 Seiten. 1989.

Band 214: W. Görke, H. Sörensen (Hrsg.), Fehlertolerierende Rechensysteme / Fault-Tolerant Computing Systems. 4. Internationale GI/ITG/GMA-Fachtagung, Baden-Baden, September 1989. Proceedings. XI, 390 Seiten. 1989.

Band 215: M. Bidjan-Irani, Qualität und Testbarkeit hochintegrierter Schaltungen. IX, 169 Seiten. 1989.

Band 216: D. Metzing (Hrsg.), GWAI-89. 13th German Workshop on Artificial Intelligence. Eringerfeld, September 1989. Proceedings. XII, 485 Seiten. 1989.

Band 217: M. Zieher, Kopplung von Rechnernetzen. XII, 218 Seiten. 1989.

Band 218: G. Stiege, J. S. Lie (Hrsg.), Messung, Modellierung und Bewertung von Rechensystemen und Netzen. 5. GI/ITG-Fachtagung, Braunschweig, September 1989. Proceedings. IX, 342 Seiten. 1989.

Band 219: H. Burkhardt, K. H. Höhne, B. Neumann (Hrsg.), Mustererkennung 1989. 11. DAGM-Symposium, Hamburg, Oktober 1989. Proceedings. XIX, 575 Seiten. 1989

Band 220: F. Stetter, W. Brauer (Hrsg.), Informatik und Schule 1989: Zukunftsperspektiven der Informatik für Schule und Ausbildung. GI-Fachtagung, München, November 1989. Proceedings. XI, 359 Seiten. 1989.

Band 221: H. Schelhowe (Hrsg.), Frauenwelt – Computerräume. GI-Fachtagung, Bremen, September 1989. Proceedings. XV, 284 Seiten. 1989.

Band 222: M. Paul (Hrsg.), GI-19. Jahrestagung I. München, Oktober 1989. Proceedings. XVI, 717 Seiten. 1989.

Band 223: M. Paul (Hrsg.), GI-19. Jahrestagung II. München, Oktober 1989. Proceedings. XVI, 719 Seiten. 1989.

Band 224: U. Voges, Software-Diversität und ihre Modellierung. VIII, 211 Seiten. 1989

Band 225: W. Stoll, Test von OSI-Protokollen. IX, 205 Seiten. 1989.

Band 226: F. Mattern, Verteilte Basisalgorithmen. IX, 285 Seiten. 1989.

Band 227: W. Brauer, C. Freksa (Hrsg.), Wissensbasierte Systeme. 3. Internationaler GI-Kongreß, München, Oktober 1989. Proceedings. X, 544 Seiten. 1989.

Band 228: A. Jaeschke, W. Geiger, B. Page (Hrsg.), Informatik im Umweltschutz. 4. Symposium, Karlsruhe, November 1989. Proceedings. XII, 452 Seiten. 1989.

Band 229: W. Coy, L. Bonsiepen, Erfahrung und Berechnung. Kritik der Expertensystemtechnik. VII, 209 Seiten. 1989.

Band 231: R. Henn, K. Stieger (Hrsg.), PEARL 89 – Workshop über Realzeitsysteme. 10. Fachtagung, Boppard, Dezember 1989. Proceedings. X, 243 Seiten. 1989.

Band 232: R. Loogen, Parallele Implementierung funktionaler Programmiersprachen. IX, 385 Seiten. 1990.

Band 233: S. Jablonski, Datenverwaltung in verteilten Systemen. XIII, 336 Seiten. 1990.

Band 234: A. Pfitzmann, Diensteintegrierende Kommunikationsnetze mit teilnehmerüberprüfbarem Datenschutz. XII, 343 Seiten. 1990.

Band 235: C. Feder, Ausnahmebehandlung in objektorientierten Programmiersprachen. IX, 250 Seiten. 1990.

Band 236: J. Stoll, Fehlertoleranz in verteilten Realzeitsystemen. IX, 200 Seiten. 1990.

Band 237: R. Grebe (Hrsg.), Parallele Datenverarbeitung mit dem Transputer. Proceedings, 1989. VIII, 241 Seiten. 1990.

Band 238: B. Endres-Niggemeyer, T. Herrmann, A. Kobsa, D. Rösner (Hrsg.), Interaktion und Kommunikation mit dem Computer. Proceedings, 1989. VIII, 175 Seiten. 1990.

Band 239: K. Kansy, P. Wißkirchen (Hrsg.), Graphik und KI. Proceedings, 1990. VII, 125 Seiten. 1990.